广东省哲学社会科学"十三五"规划学科共建项目 (GD16XJY20)

广东省教育厅特色创新类项目（2016GXJK125）

广东省教育科学"十三五"规划2018年度教育科研重点项目（2018JKZ016）的成果

广东省第9批特色重点学科《教育学》研究成果之一

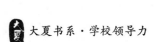

大夏书系·学校领导力

让校长成为教育家

实践探索 与 案例研究

于慧　谈心　龚孝华　主编

华东师范大学出版社

全国百佳图书出版单位

·上海·

目　录
Contents

绪论
教育家型校长培养模式的新思考

　　《国家中长期教育改革和发展规划纲要（2010—2020 年）》明确提出"创造有利条件，造就一批教育家，倡导教育家办学"。2015 年，教育部启动了旨在培养教育家型校长的首期中小学名校长领航工程。在经历三年一周期的培养后，结出了丰硕成果。2018 年又启动了第二期中小学名校长领航工程。作为连续两期承担教育部名校长领航任务的培养基地，广东省中小学校长培训中心（广东第二师范学院）一直承担研究、培养教育家型校长的重要使命。为此，我们先后研究和出版了《校长应该研究什么问题》《现代学校管理创新》等著作，把领航项目培养过程中的顶层架构、所思所想和领航校长及其学校的典型案例呈现出来，希望在长期的跟踪研究与实践中整理出教育家型校长培养的若干有效模式。

　　《中共中央国务院关于全面深化新时代教师队伍建设改革的意见》进一步提出"到 2035 年，教师综合素质、专业化水平和创新能力大幅提升，培养造就数以万计的教育家型教师"的目标，再次吹响了整体建构教育家培养的号角。与传统教育家以个体形象出现不同，在教育高度普及化、知识网络化、教育思想多元化的当代社会，教育家以群体形象出现的特征已经显现，培养活动可以使这种群体形象的自然涌现走向自觉呈现[1]。我们推进教育家型校长培养模式创新的力度也随之不断加大。

一、问题及策略

　　在国家政策新要求、区域教育新需求和校长发展新追求下，综观教育家型校长培养，至少基于两条主线：一方面，着力于结合时代背景在理论层面探析

---

[1] 杨九俊，王一军.教育家群体：从自然涌现走向自觉成长——以江苏教育家培养为例 [J].人民教育，2014（14）：10-15.

教育家型校长的本质属性与成长规律，分析教育家型校长应有的培养逻辑；另一方面，着力于结合培养过程在实践层面探究支持教育家型校长成长的系统结构和方法体系，探析验证与发挥教育家型校长培养模式功能的实践路径。具体来说，在创新与实践教育家型校长培养模式的过程中，包含着四个相互关联的问题：

（1）如何正确认识教育家型校长的本质属性和成长规律？

（2）如何构建能够引领教育改革发展和体现教育家校长成长规律的教育家型校长的培养逻辑？

（3）如何基于教育家校长的学校情境构建起教育家型校长培养过程结构与方法体系？

（4）如何在更大范围内验证与发挥教育家型校长培养模式对于促进教育家群体形成态势的功能？

聚焦这四个问题，历经六年两个周期的教育部中小学领航名校长培养历程，我们以宏观整体设计培养方案为前提，以分布推进项目实践探索为基础，经过持续研究与实践、不断学习与反思、综合整理与提炼，形成如下教育家型校长培养研究与实践的策略和方法。

1. 深度对话

针对问题 1，我们以深度对话为探究教育家型校长本质属性和成长规律的主要方法。通过相互独立的表现性对话、互动交流的理解性对话、自我重构的反思性对话，得出教育家型校长是实践教育家，其成长过程就是身处复杂办学情境中，持续不断地进行理性追问和深度思考的过程。

深度对话，既是一种学习的历程，也是一种学习的方法。它建构在三种对话形态之中，即相互独立的表现性对话、互动交流的理解性对话、自我重构的反思性对话。这种方法的特点体现在以学员为中心，以话题为导向，以对话为策略，彼此间既相对独立，又相互关联，引领共同认知的智慧生长，使双方原有的认知结构获得重构。[1] 结合教育家型校长培养过程，三种对话形态的运用如下。

首先，相互独立的表现性对话主要是通过深度研读中外教育史上著名教育

---

[1]　林春曹.深度对话的三种形态 [J].教育视界，2018（18）：20–25.

家校长的教育专著，力求发现教育家型校长的共同特质，探索其成长规律，并按此假设设计培养方式。我们认为：校长作为教育家是实践教育家，而非理论教育家，校长教育家形成的标志是教育家办学，是立德树人，是培养人才，而非一大堆论文和专著，校长教育家研究学校是天经地义的事。[1]

其次，互动交流的理解性对话主要是通过受邀专家学者与教育家校长培养对象的对话，以及培养对象之间的对话，依托校长专业发展自画像、学校发展自我诊断等方式，促进培养对象对个人发展进程及影响学校未来发展重大实践问题进行深入反思，并以此为出发点，形成培养对象"一人一案"的设计。

最后，在前两类对话基础上的"自我重构的反思性对话"中，回到对教育家型校长根本特征及其成长规律的思考上。我们认为，无论时代如何变化，独特的教育思想始终是区分教育家型校长与普通校长的重要标志，而教育家型校长的教育思想是在办学实践中形成的，只有不断实践，校长的教育思想才能形成、发展和完善。

2. 学习产出教育模式

针对问题 2，我们以 OBE（outcomes-based education）学习产出教育模式为建构教育家型校长培养逻辑的基本理念。学习产出是培养教育家型校长和实现教育家办学，是个人提升和学校发展的统一，培养逻辑要从参培校长出发，而非从培养机构出发。

学习产出教育模式作为一种现代教育范式，提出了"成果导向"的基本理念，是一种以预期学习成果为中心来组织、实施和评价教育的结构模式。其特征主要体现在，以目标需求为基础，构建的课程体系与能力结构之间有清晰的映射关系，注重教学的个性化和学习的主动性，重视采用多元化、递进式的评价方式，全面评价学习效果。[2]OBE 带动了我们的分析逻辑：参培校长的学习产出与培养机构的培养目标应该保持密切联系。如果不是基于学习产出，我们的培养目标就无法达成。据此，我们的培养策略必须注重让校长的成长扎根于学校现实情境、作用于学校的革新与发展，不能让校长们像博士研究生那样，过

---

[1] 龚孝华. 领航，从校长和学校实践出发 [N]. 中国教育报，2018-06-27（7）.
[2] 林晓芳，张东东. 基于 OBE 的工作室教学法研究与实践 [J]. 轻纺工业与技术，2019（3）：39-42.

分强调系统化的思想、理性的分析和抽象概括的成果；我们应该让校长面对现实、面对学校、面对自己，系统总结办学成果，形成从理论到实践的回路。我们的任务在于"催生"，而不是"给予"；我们需要提供"一人一案"，而不是"多人一案"。[1]

3. 行动研究

针对问题 3，我们以行动研究为构建教育家型校长培养结构与方法体系的主要方式。教育家培养对象的行动研究，使用了课题研究与行动改进相融合的双螺旋推进策略。培训机构的行动研究将培养课程革新作为模式创新最核心的内容，边实施，边观察，边调整，边总结。

基于上述逻辑，培养教育家型校长和实现教育家办学是互融共生的，那么行动研究无疑是最可行的主要培养方式，因为其典型特征就是：研究的问题就是行动的问题；研究的人员就是行动的人员；研究的过程就是行动的过程；研究的成果就是行动的成果。在培养教育家型校长的行动研究中，培养课程革新作为模式创新中最为核心的内容，亦是保障和提升整个培养过程质量的重要抓手。培养教育家型校长的课程设计价值取向应包括三方面：一是重要教育问题的解决；二是切实促进学校发展的实践导向；三是教育思想或理论建构能力、教育实践创新能力与教育思想或文化传播能力的综合提升。其中，问题解决是课程设计与开发的逻辑起点，实践导向是课程实施的价值追求，能力本位是课程评价的核心原则。[2]

4. 教育家型校长的培养

针对问题 4，我们以渐进实验为验证和发挥教育家型校长培养模式功能的基本策略。实验对象扩展到省内外不同类型的学校、不同特点的校长，以期形成可迁移的经验。

教育家型校长的培养不可能一蹴而就，而对其培养模式的规律性总结却可以经迁移而多次验证。在一般理解意义上，社会上更容易关注和培养来自经济发达区域和品牌知名学校的校长。我们则通过渐进实验将培养模式扩展到省内

---

[1] 龚孝华. 领航，从校长和学校实践出发 [N]. 中国教育报，2018-06-27（7）.

[2] 于慧. 课程管理，助推领航名校长成长 [N]. 中国教育报，2015-07-30（3）.

外不同类型的学校、不同特点的校长。渐进实验本是实验教学的一种方式，是指循序渐进推进基础性实验、探索性实验和研究性实验，以不断提升思维和能力的过程。我们借用于此，将规定的培养对象和培养动作理解为基础性实验，是奠基性的核心路径；再进行渐进式推广实验，一是地域与规模逐渐扩大，二是实验内容程度的逐渐加深。如进一步探索面对新校、弱校、名校等不同类型学校时，教育家型校长如何办学？面对青年教师、骨干教师、优秀教师等不同人群时，如何引领其发展？面对不同生源的学生，又该如何开展优质教育？再深入研究教育家型校长与一般校长在办学整体思路、着力点上有什么不同。[1] 通过切实支持校长们的办学追求，指导不同区域、不同类型的学校优质发展，以期形成可迁移的优秀校长培养模式，进一步创生经验，走向共生互促。

在上述方法的支撑下，我们培养机构和领航校长一起得出了教育家型校长培养模式创新的主要内容与结论。

一是探寻本质认知：教育家型校长培养，是基于学校教育重大实践问题研究的培养。

教育家型校长核心素养突出地体现为基于理性自觉的实践创新能力的不断提升[2]，要同时指向个人及所在学校发展追求、区域教育发展诉求和国家社会发展要求。这就意味着它是基于学校教育重大实践问题研究的培养。教育家型校长应该研究什么样的问题？我们认为至少有四条标准：第一，基础教育中重大的、具有普遍性和前瞻性的实践性问题，而不是具体的学科问题或研究者自身的专业问题；第二，这些问题可以通过校长的努力，在现实中做出预期的成果，即有可预期和可操作的蓝图；第三，这些问题的研究和解决至少须经由行动研究的路径；第四，研究问题的同时，达到提升自我、改善实践、影响理论、引领他人的目标。[3]

由此，在引导教育家型校长研究具有时代性的重要教育问题中，要大胆超越原有的思维局限，发展他们的系统思维能力和创新能力，提升其思维品质。比如，可以通过参培校长向专家组和同伴汇报研究问题，经专家会诊、联合论

---

[1] 龚孝华. 领航，从校长和学校实践出发 [N]. 中国教育报，2018-06-27（7）.

[2] 季春梅. 教育家型校长的实践创新素养：为何与何为 [J]. 中小学管理，2018（5）：45-47.

[3] 龚孝华. 校长领航，如何启航 [N]. 中国教育报，2015-05-28（10）.

绪论　教育家型校长培养模式的新思考 · 005

证、反复追问，不断深入探究问题的内核，集中精力帮助参培校长围绕"立德树人"的根本任务，从战略高度审视我国基础教育改革和学校发展中的重要问题，回归教育本真，创新学校教育。

二是坚守培养逻辑：教育家型校长培养，是以"个人提升，学校发展"为产出的双维导向型培养。

教育家型校长的培养过程是一个不断反思自我与革新自我的过程，是在先进教育理论引领下的互动成长过程，也是对教育规律的持续坚守过程。同时，教育家型校长的成长离不开其所在的具体学校场域。教育家型校长的成长与学校发展之间是相辅相成、互动共进的关系。[1] 为此，培养机构须通过"高层次的理论研修、高水准的思维训练和高品质的实践创新"来培育教育家型校长。其中，高层次理论研修聚焦提升培养对象的价值素养和教育素养；高水准的思维训练包括但不限于基于全面实施素质教育中重难点的问题中心思维、突破学科和学段界限的大教育思维、多元跨界思维、国际比较思维、团队领导思维、批判性思维和创造力培养、教育哲学素养与思维、个性化教育思想的系统提炼与专业表达等；高品质的实践创新则应在学校现场帮助每个校长打通过去、现在、未来的历史关联，建立理论、实践的现实关联，助力其形成自己的教育思想。可以通过权威理论与实践专家的持续指导、课题研究和项目改革的双向推动，支持学校实现创新性变革，促进学校自主发展。[2]

三是建构方法体系：教育家型校长培养，是以整体设计的个性化、多元化策略为支持的培养。

我们按照"整体规划、个性指导、训用结合、连续培养、协同创新"的思路，采用"任务化驱动"下的"个性化、项目化、平台化"培养模式，综合设计"理论研修、实践浸润、境外拓展、流动站短期访学、习惯书写、影响力论坛、责任辐射"等多元培养方式，助推教育家型校长成长和教育实践创新。

四是促进群体形成：教育家型校长培养，是追求协同创新、促生区域优秀校长群落成效的培养。

---

[1] 季春梅.教育家型校长的实践创新素养：为何与何为 [J]. 中小学管理，2018（5）：45-47.
[2] 龚孝华.领航，从校长和学校实践出发 [N]. 中国教育报，2018-06-27（7）.

教育家型校长的影响力应该能够影响教育实践界、教育理论界、教育决策界。[1]可见，我们开展教育家型校长培养，不但是推动其个体成为先进思想文化的传播者、党执政的坚定支持者、学生健康成长的指导者、有个人教育哲学的思想者，更注重推动其成为对教育改革与发展充满使命感和责任感、在本区域乃至全国具有影响的新时代实践创新先行者，能够领军区域内优秀校长群落的形成。以培养模式中的工作室研修平台为例，由于校长工作室模式通常设定在一个特定的时间和空间内，成员们对区域文化与环境有着共同的反应，组织层面和个体层面都在相互影响、紧密联系，因此，以工作室为发展平台的校长群体在共同成长中更容易展示出独特的气质、结构与功能。这种区域创新系统更容易促生优秀校长群落。[2]因此，对教育家型校长的培养应打破阶段合作、任务合作的困境，努力形成培养机构（高校）与地方教育部门及中小学校协同创新、互利共赢的长效机制，用互开放、重融合、见成效的态度和信心集中优势，显化成果。

在以上教育家型校长培养体系中，硬核就是"一人一案"。这里的"人"就是领航校长，每一位都呈现出个体自主成长与他人、环境共同成长交织的生动图景。

二、八位校长的实践案例

1. 一所不断向着未来出发的学校

扬州市梅岭小学的陈文艳校长从精神面相——素颜梅岭、办学主张——朝向未来、课程引领——为了儿童、管理道法——寻迹自然、校本研修——成就生命、评价重塑——全人发展、向美而生——拥抱卓越七个角度，用故事的方式娓娓道来，自画出了梅岭中的"我"。

她在理性剖析梅岭小学人力资源现状、内涵发展现状、外部资源现状的基础上，找出学校发展的优势与机遇，厘清现实的危机与挑战，结合历史、现实与未来进行学校发展定位：以办面向未来的学校为宗旨，坚持"文化自觉·师

[1] 杨九俊，王一军.教育家群体：从自然涌现走向自觉成长——以江苏教育家培养为例[J].人民教育，2014（14）：10-15.
[2] 熊焰.从他者到我者：中小学校长工作室运作机制探析[J].中小学管理，2017（9）：54-55.

生共长"，追溯教育本源，提升办学哲学，崇尚自然、简约、素朴；描绘梅岭教育生活蓝图，回归"慢"的教育，遵循教育的内在节律，改善教育教学的生态；确立"面向未来"的学生培养目标，研发"儿童立场"的课程，以全面的课程变革推动学校教育教学质量的内涵提升；实施集约化的管理，用科学的方式提高管理效益，形成"高效、节能"的管理质态；探索国际化的办学方向，以信息化试点工作推动学校现代化建设层次的提升，以对外教育教学交流合作推动学校国际化办学特色的形成，从而让梅岭的师生成为积极、自由、快乐、有意义的生活者，让梅岭教育为未来社会注入积极的能量。

2. 锻造区域品牌示范学校

绍兴市上虞区城东小学林建锋校长以"一只永远奔跑的蜗牛"来刻画自己，从"蜗牛行迟，然努力不息"来描写自己工作以来的关键事件，主张认真踏实、不计回报地去做事情；从"蜗牛无华，然情怀至上"来描述热爱学生，爱生如子，用实践丰盈教育理念，学做人师，亦师亦友，用真心润泽教育情怀；从"蜗牛身小，然梦想远大"描绘以培养"有爱、有梦、有才"的"三有"好学生为育人目标，打造"三有"教育特色学校成为过去12年乃至今后他和团队追逐的教育梦想。

3. 办为孩子的幸福成长奠基的学校

叶丽敏校长，现任琼山区椰博小学党支部书记、校长。她进入教育部领航班时是琼山区第三小学书记、校长。从个人成长经历，她得出一个人要想身心健康地成长并拥有善良的本质，和睦的家庭氛围、知书达理的家长、和谐的学习环境、和美的工作条件都起着关键性的作用。她坚持文化立校，办有文化气质的学校；坚持从"心"开始，构建亲人关系的团队群体；坚持用"爱"相随，培育向上向善的时代英才。

4. 与世界一起奔跑

湖北襄阳市恒大名都小学张德兰校长的自画像也许可以从这里找到影子。首批荆楚教育名家颁奖词是这样写的："一直在引领，从不怕超越。当校长13年，她和团队培养出了6名特级教师，11名隆中名师；她以楹联为切口，把中华传统文化精粹植根于学生的心田，学校楹联文化飘香海外。五十岁高龄，她请缨挂帅，掌舵新建的恒大小学。她以不老的激情，率领年轻的团队，与世界一起奔跑！她被称为激情校长、亮剑校长、奔跑校长，她就是襄阳市恒大名都小学的校长——张德兰。""一花独放不是春，百花齐放春满园。"张校长运用她的"三五六"练兵方略，开启的是注重激发群体激情、挖掘群体优势、展示群体风采、提高群体素质的"群发展"之旅。

5. 传统名校文化传承者

昆明市五华区武成小学的任慧校长是百年老校武成小学自新中国成立以来的第9任校长。她接手时，学校经历了前两任校长的更换、办学理念的碰撞起伏、两校合并的文化融合、教育质量提升的瓶颈等。任校长进行了发展抉择：提升办学理念，为学校发展注入时代活力；文化传承：挖掘底蕴积淀，为集团化办学寻找文化根基；课程创新：开发特色课程，让师生享受教育的幸福；未来发展：引领课题研究，推动云南特色课程发展。她将自己定位为：传统名校文化传承者与课程创新的开拓者。

6. 办新时代的优质学校

广州秀雅学校的张忠宝校长在进入教育部领航班时是锦州市第八中学校长，后工作调动至广州任教。他从自己作为生物教师形成独特教学风格说起，到潜心工作，形成领航办学大格局，认为领航校长的政治意识必须是坚定的，应该体现在"为谁培养人""培养什么人""怎样培养人"上面；领航校长的政治意识必须是自觉的，应该体现在"办学理念设计""教育目标落实""教育行动研究"上面；领航校长的"品格能力"必须以卓越的专业领导力做基础，保证学校办学品质的不断提升；以高度的社会责任感携手更多的学校优质均衡发展。

7. 擦亮名校品牌

江西省南昌市第一中学的熊绮校长以做一个"立体"的教育人来刻画自己。立身，率先垂范，做有情怀的教育人——到南昌一中之后，她时刻思索着这所百年老校新的办学方向，不断创新工作方法，着眼于一中校史、校情，从大处着手，从小处落笔，提出了"国学人文"教育的办学新特色。

立心，创新引领，做有理念的教育人——她始终着眼于"干部队伍、教师队伍和学生队伍"的建设，强调制度治校、文化立校、科研助校、质量兴校、特色强校"五位一体"的办学方针，始终牢记自己的教育使命，始终把法纪挺在前面，把师生放在心里，不断提升全体教职工的幸福感。立德，全人教育，做有目标的教育人——她始终坚持"面向全体学生，促进全面发展，培养特色人才，为学生的终身发展奠基"的人才培养目标，"因校制宜"地面对学生的实际学情进行特色培养。立行，内涵建设，做有特色的教育人——她始终注重学校文化内涵建设与管理，从讲政治、讲精神、讲人文、讲奉献等各方面来丰富学校特色文化，通过优雅教育走进国学人文、精细管理发展外语教育和互联网时代的智慧课堂探索模式这"三驾马车"的并驾齐驱，使教师博学儒雅和学生知书达理的同时，形成别具一中特色的教育景观。

8. 教育是一种幸福

宁夏银川第六中学的王骋校长坚持幸福教育的理念，他认为"教育是一种幸福，教育的理想就是引领孩子们一心一意、时时刻刻去追求本来就应该属于他们的幸福，去成为他们本来就应该成为的人……所以，我们要关注每一个孩子，使每一个孩子都能在自己应有的发展空间中自由、充分、和谐地发展"。在王骋看来，每一个孩子都有闪光点，在教育的过程中，老师要让孩子们感受到学习的快乐，并成为德智双全、身心两健的学生。

领航六年，与校长相伴同行，真情相待，真心相处，难以忘怀。当我们和校长聊天时，他们说得最多的是他们的学校；当我们举办校长教育思想研讨会时，他们谈得最多的是他们的办学实践；当我们翻阅校长们一本本教育专著时，深感其中蕴含的思与行之丰富、之不易。我一直在感慨，一谈到学校，他们就显得那么自信，他们的思想、研究都是根植于具体学校场景中逐步体系化的理论与实践成果。所以，我们更坚信，我们需要回到事物本身，即回到校长本身，回到学校本身。我们要理解校长的个性，尊重校长的选择，鼓励校长研究自己的问题，支持校长找到自己研究的问题，并确认他就是研究这一问题和在这个问题领域实践创新的最佳人选。这就是我们主张并践行"一人一案"培养模式的初衷。

广东第二师范学院　广东省中小学校长培训中心基地

于　慧

第一辑

用整个心灵书写教育的故事

陈文艳，扬州市梅岭小学校长。在梅岭小学近 20 年的校长岗位上，不仅经历了学校发展外部环境的 3 次行政区划调整，更经历了学校从办学低谷到实现品牌复苏以及品牌输出的过程。在 20 年的校长历程中，始终抱持"对鲜活生命的无限尊重和对美好事物的执着向往"，成功创办了 3 所省市基础教育名校，实现了区域教育与社会事业的整体融合发展，形成了新时代推进区域教育优质均衡发展的"梅岭模式"。

　　有着 70 多年办学历史的梅岭小学，始终围绕"办面向未来的学校"的发展目标，聚焦"以人为本，为学生终身发展奠基；重塑文化，为教师享受教育服务"的办学理念，明确"育一粒真的种子，做一片美的叶子，成一座善的家园"的教育追求。通过"小种子评价变革"，构建"从知识转向素养"的梅岭小学学生评价体系，为学生终身发展奠基。

　　围绕促进教育优质均衡实现高质量发展的时代主题，从系统思考与整体建构的角度，结合办学的校本经历经验，聚焦"后集团化"时代的办学方向，为区域教育的优质均衡、高质量发展提供了可以借鉴的解决方案。

校长自画像：
用整个心灵书写教育的故事

距离 1985 年来到梅岭小学这块热土，已经过去了 36 年。36 年，对于有着 70 多年办学历史的梅岭，几乎占去她一半的时光。正如我在 2017 年 12 月 26 日，梅岭小学 70 周年校庆活动上的致辞里所说的那样："当记忆像河流缓缓穿越 70 年的光阴流淌到今日，汇聚到梅岭，这是一种怎样的百感交集！"

岁月不负勤勉人。36 年的教育生涯，18 年的校长经历，我和我的伙伴们带领着梅岭小学，始终在嬗变与坚守中不断突破和创造教育的美好未来，自己也从一名普通教师成长为有着鲜明办学思想的校长，先后被评为扬州市名校长、扬州市语文学科带头人、扬州市有突出贡献的中青年专家、江苏省第四期"333 工程"第三层次培养对象，获得全国优秀教育工作者、2014 年中国"课改杰出校长"、全国校园媒体先进工作者、中国长三角最具影响力校长等荣誉，先后主持十余项课题研究，其中国家级课题 4 项、省级课题 8 项，发表教育类文章近百篇，主编《童趣读写》（1、2 集）、《执守童年的教席》、《我们爱数学》三部教育图书。

36 年来，我已经习惯了与梅岭吐纳相连的生活方式，从某种程度上说，已经把自己的人生交付于这所学校的成长与发展，使得自己和梅岭一样拥有了时间与空间上的一种刻度，因而也就有了我的教育故事。而我的教育故事是从生长开始的……

一、精神面相：素颜梅岭

这是一个关于学校文化的生长故事。一所学校的发展必然会打上校长的烙印，因而，一个校长的精神面相必然会影响一所学校的精神面相，进而甚至决定一所学校生长出什么样的文化。

到过梅岭的人，常常用这样一句话来形容我们的学校："梅岭深处有文化。"这句话的含义其实包含着三个层面：首先，梅岭深处的文化在传承历史。今天的梅岭文化当然来源于这所学校的历史基因，但是又融入了现代的理念和文明的精神。其次，梅岭深处的文化在坚守价值。梅岭的办学理念是："以人为本，为学生终身发展奠基；重塑文化，为教师享受教育服务"，与史公精神是一脉相承的，同时又转化为时代的教育话语。更为重要的是，梅岭不仅倡导，而且践行。最后，梅岭深处的文化在养成习惯。无论是从教师身上，还是从学生身上，都能够看到这样一种符合梅岭自身文化理念与价值追求的特征，更为重要的是，它们融入了梅岭师生的日常生活中，成为一种习惯，成为一种品质。回顾梅岭的发展，正是这种"文化自觉"给予了学校生生不息的力量。

还记得，1999 年，我刚以副代正主持学校工作，由于区域教育发展定位的调整，学校面临被兼并或被取代的窘境，这对我来说无疑是一个巨大的挑战。是接受顺境的安逸，还是迎接逆境的劳苦？是接受既定命运的安排，还是开拓进取为学校生存增加可能性？历史虽然没有如果，但我清醒地认识到，不同的选择一定会产生不一样的结果。而我，和梅岭小学一起选择了未来……类似的选择还有很多，比如，3 次重大行政区划调整后不同办学环境下的文化坚守；又如，创办梅岭小学西区校和梅岭小学花都汇校区，成为促进区域教育优质均衡发展的成功案例；再如，"常春藤"学院的十年坚持。

其实，早在 2011 年，《江苏教育》就以"重塑学校的文化图腾"为题深入解读了梅岭的"文化自觉"的发展之路。在文中，我解读了梅岭"文化自觉"具有的三层主要意蕴。第一，在熔铸历史的过程中，凸显学校的"可法文化"。具体体现在：一是在历史中寻找，让可法精神启迪梅岭人的文化发现；二是在历史中提炼，让可法精神引发梅岭人的文化理解；三是在历史中认同，让可法精神成为梅岭人的文化心灵。第二，在立足当下的行动里，发展学校的"可法文化"。具体体现在：一是在学校发展中始终坚持价值引领，让教育成为信仰；二是在学校发展中始终坚持实验精神，在课程改革、制度创新、育人模式等方面勇于开拓与探索；三是在学校发展中始终坚持自我反思，让超越自我成为习惯。

第三，在透视未来的思考中，展望学校的"可法文化"。具体体现在：一是思考学校的文化走向，二是定位学校的文化基因，三是重塑学校的文化图腾。我相信，拥有"文化自觉"的灵魂，梅岭小学将会不断超越自我，走向未来。

正如江苏省教育学会会长杨九俊这样评价梅岭小学："她（他）们纯净、专注，行事低调，人们誉为'安静的歌者'。在学校文化建设的大合唱中，梅岭小学也被同行称为'安静的歌者'，他们积极而不张扬，丰富而不喧哗，努力探索教育的内在规律，抒写创新发展的美好乐章。"所谓素颜梅岭，是指一种"积极而不张扬，丰富而不喧哗"的特质。在梅岭数十年的发展中，来自心灵投射的美好力量足以改变许多现实，因而，梅岭似我，我亦似梅岭。

二、办学主张：朝向未来

这是一个关于办学思想的生长故事。没有一种办学思想是可以离开学校自身土壤的，也没有一种办学思想是可以离开办学者的追求的。数十年的梅岭教育生活，不仅从中生长出了学校文化的精神面相，也从中生长出了我的教育思想和办学主张。

我常常追问自己：教育是什么？学校为什么而存在？孩子们为什么到学校来？我给自己的回答是这样的：教育是一棵枝繁叶茂、根深枝虬、摇曳生姿、缀满果实又花开四季的大树。对于这样一棵曾根植于每个人生命中的大树，实用者看见的是栋材，唯美者看见的是风景，功利者看见的是效益……而我，欣赏的是它在清风流岚中慢慢生长的姿态，流连的是它在吐故纳新中悠游自在的存在，沉醉的是它在倾情哺育中智慧奉献的泰然与欢喜……我欣赏"生长的姿态"，流连"自在的存在"，沉醉"智慧奉献的泰然与欢喜"，同时，也理性地认识到：教育是为孩子的明天准备的，而我们给予孩子最好的礼物，莫过于给予他们生长的力量。作为教育者，我想，没有比"向着未来生长"更令我们激动与向往的了。因而，"向着未来生长"成为我鲜明的办学主张，也成为梅岭教育鲜明的办学特色。

首先，"向着"是教育的姿态。既然"向着"是一种教育姿态，那么这种教育姿态必定是立足于当下，同时也是根植于学校的历史与发展愿景的，也就是说在教育追求的背后蕴藏着梅岭的教育情怀。这种教育情怀是积极的，是阳光的，是向上的。其次，"未来"是教育的方向。未来在哪里，教育就在哪里。"未来"包含两个层面的意思：第一，未来是一个时间概念，是"即将来到的日子"；第二，未来是一个教育概念，作为教育概念，未来是一种预言，是一种愿景，也是一种准备，使我们始终处于教育的"不满足"之中，始终不忘寻找"新的教育目光"。最后，"生长"是教育过程。作为教育学上的"生长"不同于生理学中的概念，我坚信"生长"是自我寻找、自我发现、自我创造、自我实现的过程。

36年的教育生涯，我越来越深刻地认识到，学校办学当崇尚顺应自然而不妄为，让学校的发展符合自身教育规律；学校办学主张当追求道法自然，尽可能以隐性的方式达成教育的本质诉求；学校当无为而无不为，尊重它，感应它，顺应它，方能形成葱茏的教育生态，进而实现学校办学主张的核心价值追求——让师生成为积极、自由、快乐、有意义的生活者。

三、课程引领：为了儿童

这是一个关于课程的生长故事。课程是学校核心的教育产品，正是通过课程产品的设计、研发与实施推动学校的发展。作为校长，其实就是学校课程的总设计师，她需要将学校的办学愿景、育人目标等转化为集体的意志和行动，而这一切只有一个目标，那就是为了儿童的生长。

经过十多年的课程改革实践与探索，作为校长，我常常思考如何带领教师进入课程改革的"深水区"，真正回归课程改革的本质、提升课程实施的品质、丰富课程教学资源、满足学生学习与发展的需求。从最初的关注课堂教学到关注国家课程校本化研究再到学校课程的系统建构，我先后提出了"如果只有课程标准""课堂，给学生带得走的能力"等一系列前瞻性的问题，并带领所有梅岭人紧紧围绕"办面向未来的学校"的目标，紧紧锁定"为了儿童发展"的命题，经过近七年的实践探索，构建了一个以"未来课程"命名的课程体系。

首先，确立"未来课程"目标。梅岭小学将"未来课程"定位于：传递社会和世界文化的精华，赋予学生认识自己、发现自己和实现自己的文化能力。

其次，建立"未来课程"结构，提出了"过去＋现在＋未来"的课程结构，即"未来课程"是过去的经验、现在的知识和未来的创造的融合与整合。再次，整合"未来课程"内容。梅岭小学形成了"求知与发现、实践与创造、合作与适应、发展与改变"四大门类课程。最后，开展"未来课程"实践。"十二五"以来，我领衔了许多关乎学校未来发展、重大变革的课题项目，其中比较重要的有江苏省教育科学"十二五"规划课题"基于儿童发展的国家课程校本化的实践研究"以及江苏省基础教育前瞻性教学改革项目"时光轴：小学生自主学习支持系统建构"。在两个重大课题的引领下，我再次明确了"未来课程"的核心主题，以各个学科的课堂教学为"未来课程"的研究载体，以"学习方式变革"为"未来课程"的突破环节，以学习科学、教育技术相互融合为"未来课程"的重要手段。我也因此获得了全国"课改杰出校长"的称号。

四、管理道法：寻迹自然

这是一个关于管理创新的生长故事。管理的核心是提高学校的办学质量，因而管理只是过程，并不是最终目的。在梅岭小学数十年的发展历程中，数次面临着发展的重大挑战，这些挑战也是校长面临的挑战。化解发展的挑战，其核心任务就是寻求最适合的管理，解决最迫切的问题。

2017年9月，随着梅岭小学花都汇校区正式投入使用，梅岭小学形成了以史可法路、吕庄和花都汇三个校区共同组成的大型学校。面对超大规模学校，如果再用传统的管理办法，不仅不能实现学校追求卓越的管理效果，甚至还会降低学校品质。事实上，在学校超速发展的过程中，学校赖以生存的教育生态显得如此脆弱，卓越的发展标准还没有完全成为所有人的共识，教育理念转化为行动的能力还有待提升。面对发展的内部困境与外部挑战，我带领管理团队寻找学校持续、健康发展的内生动力，不断寻求自我的突破与革新，基于对学校管理的系统理解，借助生态学的视角，提出并构建了"生态管理"范式，即向自然学习。

首先，学校生态管理是一种"循环渐进式"管理，从传统的"线性"管理向"循环渐进式"转变的管理。其次，学校生态管理是一种"整体系统性"管理，用整体的、系统的视角去构建工作思路，运行工作程序。最后，学校生态管理是一种"民主多元化"的管理，是一种民主的而非保守的管理方式。

除此之外，我还提炼出学校生态管理需要遵循四大基本原则，即整体性原则、动态性原则、多样性原则以及持续性原则。整体性原则是指以整体性的眼光去梳理研究学校环境中的每一个组成因素，并进行评估；动态性原则是指充分考虑到教育的复杂性和学生成长的过程性，在紧扣管理目标的情况下，在动态中调整，在动态中发展；多样性原则是指学校管理要以这种新的发现和理解为基础，重新构建学校管理的体系，为教师、学生的发展与成长留下空间；持续性原则是指学校管理要以促进人的可持续发展为重要衡量标准。

五、校本研修：成就生命

这是一个关于校本研修的生长故事。校本研修是一所学校卓越发展的密码。任何一所卓越的学校，在完成教育的各级各类规定动作之外，一定有其独特的创新与创造，而关乎一所学校最本质发展的是校本研修。校本研修融入了学校的文化基因、办学追求、特色内涵以及集体创造，从而以成就师生的生命为最终目的。

2009 年，我和管理团队面临着优质教育资源稀释的严重问题，尤其是优质师资的稀释。同时，我们还要回答时代赋予的教育均衡发展的重要命题，这似乎是不可能解决的问题。我深刻地认识到，学校内部资源将面临常规性的变化，在此背景下，唯有另辟蹊径谋求学校可持续发展。于是，源于学校文化的呼唤以及学校主体性的觉醒，一个叫作"常春藤"的学院在梅岭小学诞生了，人们称它为"学校中的学校"。来过梅岭或者没有来过梅岭的人或许有所了解，这其实是梅岭对交汇在这个时空里的每一个生命所能达到的精神高度的期许，也是梅岭对小学教育所能够达到的精神高度的向往。2013 年，梅岭小学"常春藤学院：教师校本研修的创新与实践"获得更大认可，被评为江苏省教学成果奖一等奖。

十年来，梅岭"常春藤"学院的主题分别是：职业规划与专业启航；文化自觉、师生成长、学校发展；文化阅读与教师专业发展；文化视野下学科核心的再认与重建；课程校本化中的教师专业作为；寻找回到儿童之路；等等。从这些活动主题中，细心的你会触摸到这样一条脉络：从专业的表象回归教育的本质。这样一条回归之路是"常春藤"学院的生长之路，是认识与实践不断走向深处之路。十年来，梅岭教师与这样一股强大的生长力量同行同歌，共同发展。从单一的、狭隘的学科视野走向全面的、宏阔的课程视野，从表面的、功利的教育教学变革走向深刻的、关注儿童生命体验与生命成长的教育创造，从理念的、精神的启蒙走向具体教育情境中的实践与创新，梅岭教师的成长故事就这样悄悄地发生在常春藤的绿荫下……

从"国家课程校本化"到"自主学习"，从"美学实践"到"生命成长"，十年来，梅岭人发现与创造的成果成为《人民教育》《江苏教育》《江苏教育研究》等刊物所关注与报道的对象。过去，人们常常说"梅岭深处有文化"，现在，人们也许还会这样说"梅岭深处有创造"。这种创造来源于现实的困境与梅岭文化的碰撞，它们的火花燎原成梅岭教师的生长之路。

六、评价重塑：全人发展

这是一个关于儿童的生长故事。在任何一所学校，关于评价的改革都是慎之又慎的，因为评价关乎学生发展的衡量指标，关乎家庭、学校以及社会整体的利益。正是因为如此，评价变革常常停留于理论层面的研究。然而，现实层面的评价问题又是如此突出，特别是随着社会发展，评价变革已经关乎学校的未来发展。

来到梅岭的人曾经惊讶地发现，学校居然不再评"三好学生"了。当你走进梅岭，深入了解她之后，你就会发现为了学生更好地成长，梅岭的变革永远都是进行时。变革需要的不仅是勇气，更是智慧。

对于为什么要变革评价方式？梅岭如此理解，首先是"时代发展"的担当，其次是"面向未来"的需要，再次是"绿色质量"的呼唤，最后是"创新突破"的选择。梅岭小学建立全新的评价体系，就是为了打破原来固有的对于好学生的观念，立足"关注每一个、激励每一个、发展每一个"，通过评价机制的改变，引导孩子做"最好的自己"，适应未来社会的发展。这样的评价机制比过去评选"三好学生"更加多维，覆盖面也更广，并且强调过程性。因而，这样的评价方式更具教育意义。

像这样成功的变革在梅岭还有很多，尤其是在梅岭小学花都汇校区的建设过程中，凭借多年办学对教育的独特理解和前瞻视角，在学校建设之初，我就提出了"空间即课程"的学校整体建设思路。因为好的建筑一定是有灵魂的，学校建筑也当如此，它是教育另一种方式的存在，既应当承载学校无形的文化、办学愿景、教育理想等，同时也应当蕴藏学校有形的且具有生命理解的课程系统、特色空间架构、情感表达脉络、生活流转轨迹等。正是因为如此，今天的梅岭小学花都汇校区充分体现出未来教育的样态，才成为人们瞩目的焦点。

七、向美而生：拥抱卓越

这是一个关于教育生活的故事。作为一个校长，她的教育生活注定就不会风平浪静，相反，校长的教育生活充满了艰难曲折。作为一个校长，她的教育生活其实就是她的生活。因而，她的生活是怎样的，她的教育生活就是怎样的。数十年来，我带领着学校团队始终追求卓越的办学品质，在一次又一次抵达卓越的过程中，我们体悟到了什么才是真正的"向美而生"。

2018年，我有幸成为第二期教育部中小学校长领航班的成员。我以为，这是我从事教育工作36年来具有里程碑意义的大事，因为这意味着我的教育生活发生了重要的转变，也意味着我站在了更高的平台上。我需要看到更远、更广阔的世界，需要肩负起更大、更多的责任，需要更好、更多地发挥教育领航的作用。

2018年12月18日，我的工作室筹备会正式启动。我向工作室各位校长介绍了工作室的章程、建设方案、管理制度和帮扶计划，并通过研究意向征询表的形式了解了工作室成员的学习设想。通过启动会，我更加体会到领航校长的责任重大，在宏观层面要以卓越的专业领导力做基础，不断推进名校长团队建设，深化中青年校长培养，切实提高成员学校的办学品质，引领基础教育学校的改革与发展。在微观层面，要关注成员学校教师专业发展的价值取向，利用国家、省、市级具有一定影响力的教育专家、学者资源，定期或不定期为教师作教育信念、教育理论、教育变革等前瞻性的报告或讲座，努力深入工作室成员学校，帮助教师找到自身存在的坐标。在此过程中，我将不断提醒自己，要始终以同伴的角色站在他们身边，不忘初心，牢记使命，以高度的社会责任感携手更多的学校，实现教育优质、均衡发展。

我始终以为，最好的发展是心灵的生长，而心灵的生长又足以改变现实，撼动那些我们以为坚不可摧的困难和障碍。我自问这些年的坚守，其实就是因为感悟到了教育与人、与生命、与未来的关联。美好不是凭空而来的，她藏在我们每个人的心灵深处，需要我们用整个生命去实现。

与梅岭同行，数十年转瞬即逝，时空须臾，心灵永驻。

学校自我诊断报告：
一所不断向着未来出发的学校

一、学校历史

1. 学校概况

1947年，史可法后裔史鉴于史公祠内创立江都县立可法初级小学；1951年，迁址更名为扬州市梅岭小学；1982年，创成江苏省实验小学；1999年，被授予"江苏省模范学校"的称号；2004年，成为扬州市首批三星级实验学校之一。发展至今，梅岭小学坐拥三个校区，共占地154亩（梅岭校区占地面积32亩，花都汇校区占地110亩，吕庄校区占地12亩），现有138个班级，6325名学生，393名教师。

2. 历史沿革

作为一所拥有74年办学历史的名校，梅岭小学始终坚持以"办面向未来的学校"为目标，以"为每一个孩子而教"的信念，努力实现"在最美的景区办最美的教育"的愿景。下面是梅岭小学重要的历史沿革，其中经历三次重大的区划调整。

梅岭小学重要历史沿革

年 份	实践轨迹	内涵轨迹
1947年	史可法后裔史鉴先生倾其所有在史公祠内创办了学校	以民族解放为己任，传承史公精神，启迪学子心智
1949年	改为扬州市史公祠初级小学	
1951年	学校迁入新址，更名为扬州市梅岭小学	隶属于扬州市广陵区

年 份	实践轨迹	内涵轨迹
1960 年	被评为扬州市第一批教改试点小学	
1978 年	被评为扬州市重点小学	"小红花"艺术团享誉省内外
1982 年	由江苏省重点小学更名为江苏省实验小学	"四了三不"教学改革实验开启
1997 年	通过江苏省实验小学验收	"轻负高质"的办学特色在《光明日报》《香港大公报》《明报》和《星岛日报》等媒体上被报道
1999 年	被授予"江苏省模范学校"的称号	1999 年 9 月,新东方扬州外国语学校在梅岭成立
2001 年年底	扬州市进行市区规划调整,学校划归郊区,后郊区更名为维扬区,梅岭成为维扬区小学教育的核心	★第一次区划调整
2004 年	成为扬州市首批三星级实验学校	
2007 年	创建"三级一系统"管理模式,推行级部管理	
2008 年	创办梅岭小学西校区(五年后独立办学)	实现了梅岭小学教育品牌的成功输出
2009 年	创建促进教师专业发展的"常春藤"学院	为学校实现内涵式发展、构建良好的人力资源自我优化系统奠定了基础
2011 年年底	扬州市再次进行市区规划调整,维扬区与邗江区合并,划入邗江区,成为邗江区的教育地标	★第二次区划调整
2013 年	梅岭小学"常春藤学院:教师校本研修的创新与实践"获得江苏省教学成果奖一等奖	
2013 年年底	扬州市进行第三次市区规划调整,梅岭小学从邗江区划入功能区域,即现在的蜀冈 – 瘦西湖风景名胜区	★第三次区划调整
2016 年	梅岭小学的"时光轴:小学生自主学习支持系统建构"项目成功入围江苏省基础教育前瞻性教学改革实验项目	
2017 年	总投资 3.6 亿元,占地 110 亩的梅岭小学花都汇校区建成投入使用	实现了梅岭小学教育品牌的扩容
2018 年	9 月,工人子弟小学保留建制,并入梅岭小学,实施统一管理	梅岭小学后集团化办学启动

3. 文化演进

一所学校的发展史即为一所学校的文化演进史，其教育思想的发展迭代，更是其文化演进中最核心的部分。多年来，梅岭小学始终保持探索的姿态，不断"寻找与教育有关的句子"。这些教育的表达不仅是智慧的闪光，更是文化的衍生，是梅岭基于现实的实践表达。现简要梳理如下。

梅岭小学文化演进

类　别	呈现方式	指　向
与理念表达相关的句子	小学也可拥有大学的博大与深远 小学也可拥有大学的雍容与经典 小学也可拥有大学的开放与宽容	教育愿景 （宏阔的）
	向着未来生长	教育主张
	和美好的一切在一起	教育愿景 （具象的）
	在可法的天空下	学校文化
	云端的学校	大数据研究
	让面向未来的学习，成为看得见的风景	个性化学习
与实践探索相关的主题	规范教学行为，做科研型教师	
	透视课堂本质，印证生命的互动	
	文化阅读与教师专业发展	
	文化视野下学科核心的再认与重建	
	从课程意识到课程行为	
	如果只有课程标准	
	课堂，给学生带得走的能力	
	你改变了吗？ ——拥抱梅岭新课改时代	
	寻找回到儿童之路	
	看见儿童：探寻儿童本位课程的变革之道	
	来自学院的召唤：一种有使命的学习……	
	为了美好地生长——关于新时代"空间·课程·儿童"关系的思考与实践	

类　别	呈现方式	指　向
与实践探索相关的变革	"常春藤"学院校本研修	专业发展变革
	如果只有课程标准	课程变革
	"未来课程"构建	课程变革
	"三级一系统"寻找学校管理的秘密	管理变革
	蓄力工程（管理、科研团队建设）	管理变革
	"后集团化办学"实践研究	管理变革
	多向式自主学习	教学变革
	课堂，给学生带得走的能力	教学变革
	让学习真正发生	教学变革
	名校发展创新奖（指向教师和管理）	评价变革
	"真的种子"生长记——学生成长评价	评价变革
与梅岭相关的故事	"相约星期五"	教师影视沙龙
	"闲寄"书房	教师读书分享会
	"朗读者"在线	教师经典诵读社
	梅岭儿童峰会	属于学生的节日
	梅岭的重要标识	梅岭设计

二、学校文化形成

学校文化形成的过程一定是一个在实践中自然悟得和累积的过程。在梅岭，文化赋予每一个梅岭人的是创新的勇气、执着的信念和前行的力量。梅岭的文化标识由显性的文化图腾和隐性的文化肌理两部分组成。

1. 显性的文化图腾

校歌：护城河畔，梅花岭，传唱丝丝慈母情，春风，春雨，进行耕耘的身影，握手，相拥，传递阳光般话音，尚德，谋新，坚定每一个足印，静静呵护花一般、花一般成长的生命，春天期待我们的笑容，成为梅岭最美的风景。

这是梅岭校歌《我们的笑容，最美的风景》的歌词，意在传唱梅岭发展的历史，表达梅岭的教育追求和梅岭人的教育生活。

校徽：蓝色盾牌状图案作为校标的主体。其中，字母 M 与 L 的变形，是梅岭的首字母缩写，形似一个欢跃的少年，象征着一代代在梅岭土地上茁壮成长的少年儿童。两旁交织的绿色常春藤，象征着梅岭勃发向上、个性鲜明的教师群体。数字 1947 代表梅岭小学的建校时间。

校旗：蓝白相间的条纹作为背景，校标为主体图案。蓝色代表天空，白色代表云朵，象征着希望与憧憬、纯洁与致远。

2. 隐性的文化肌理

（1）梅岭深处的文化在历史传承。梅岭文化中蕴含的价值观——责任担当、泽被天下和勇于创造根植于史公，发源于梅花岭，历史演进所衍生的经验足以镜鉴，自我的创造性转化与提升促进梅岭文化的延续，梅岭注重在人与人之间建立对话、合作、共享的文化社群，在校园生活方式中注入家园、自然理念，以天道为自我实现的根源。今天的梅岭以"立德树人"为己任，把"可法"作为自己的文化旗帜，志在将"可法""可为他人法"这样一种现代创新精神和坚守文化传统相互融合，将家国情怀、使命担当、未来意识植入儿童生命成长的过程，纯净和丰富儿童的精神底色，从而成就儿童未来的成长与发展。

（2）梅岭深处的文化在价值坚守。梅岭的办学理念是："以人为本，为学生终身发展奠基；重塑文化，为教师享受教育服务。"多年来，学校努力将"可法"文化转化为时代的教育话语，执守童年的教席，倡导追求卓越，深入践行"可法"文化。《梅岭指南1》《梅岭指南2》是学校系统管理的制度范本，既强调法度，又以人为本。学校管理制度由全校师生参与讨论制定，以"指南"的方式出现，以契约的形式引导梅岭人前行，倡导建立积极健康的管理伦理。各校区发展各具特色，各级部管理和谐有序，教学模式指向开启智慧、舒展心灵、畅想未来，追求着"自觉、自主、自在、自由"的教育境界。

（3）梅岭深处的文化在品质养成。无论是从教师身上，还是从学生身上，都能够看到印证梅岭自身文化理念与价值追求的特征，它们已经融入了梅岭师生的日常生活中，潜移默化地成为一种习惯，成为一种品质。梅岭的教师是低调而积极的，在他们的心中，学校是家园，学生是第一，所有为了学生发展的坚守与奉献就是教师存在价值的最好体现。为此，他们不断学习、创造，文化自觉中的自我迭代已经成为梅岭教师身上最宝贵的精神特质。梅岭的学生是阳光、谦逊、坚毅而富有生长力的，他们向光，向善，目光澄澈，内心充盈，以成为"中国人、世界人、现代人"为远大志向，对认识世界、发现世界充满好奇，相信自己是一粒神奇的种子，持续不断地向着未来生长，并为这个世界的美好作出贡献则是他们的责任与使命。

正是因为历史的传承、价值的坚守与品质的养成，梅岭教育拥有了深度和广度，形成了自身办学特质，拥有了较为系统的文化表达。

3. 形成的文化表达

（1）办学理念。

以人为本，为学生终身发展奠基。

重塑文化，为教师享受教育服务。

理念解读：学校是培养人的场所，所有的目标都应指向于人的成长，唯有实现对学校内每个生命个体的尊重，方能体现教育的价值。

（2）校训。

爱国、修身、齐家、治学。

（3）校风。

尚德、谋新、合作、践行。

（4）教风。

朴实、严谨、灵活、和谐。

（5）学风。

刻苦、勤思、博览、多问。

（6）教育愿景描述。

2001年学生发展愿景：肢体的解放，思想的飞翔，人格的升华，心灵的徜徉。

2003年学校发展愿景（宏阔）：小学也可拥有大学的博大与深远，小学也可拥有大学的雍容与经典，小学也可拥有大学的开放与宽容。

愿景解读：一是小学作为基础教育，在深度和广度上需要教育具有更多的丰富性、深邃性，要富有张力；二是小学的对象是儿童，在教育规律上需要更早、更好、更恰当地给予儿童往未来发展的方向感；三是小学六年的校园生活，在时间和空间上需要更加符合儿童生命成长规律的教育实践和教师积极探索的使命感与不断自我打开、修正完善的发展自觉。"小学"因其"小"而反显其"大"，"小学"的"大"体现在其基础性和未来性。

2008年学校发展愿景（具象）：真的种子、美的叶子、善的家园。

2014年学校发展愿景（具象）：在最美景区，办最美教育。

2017年学校发展愿景（具象）：和美好的一切在一起。

（7）育人目标。

育一粒真的种子，让梅岭的孩子们做中国人、做世界人、做现代人。

目标解读：育一粒真的种子具体体现在做中国人（家国情怀）、做现代人（未来眼光）、做世界人（命运共同体），与陈鹤琴先生提出的"做人，做中国人，做现代中国人"和"做人，做中国人，做世界人"的教育目的相契合。

4. 特色凝练

在74年的办学历程中，梅岭最初以教学变革孕育了学校特色，在与学校的独特历史文化基因融合之后，形成了学校最初的文化特质，也逐渐凝练成梅岭的特色。

（1）体艺兼容的培养模式。20世纪70年代中期，扬州市小红花艺术团在梅岭小学成立，一批具有艺术潜质的孩子们汇聚梅岭，开启了他们独特的小学学习生活。他们住校学习，除了学习文化知识之外，更要学习艺术课程，吹拉弹唱、舞蹈话剧、地方戏剧等都纳入了这些孩子的日常学习之中。很快，梅岭的小红花艺术团便享誉江苏，也使得梅岭小学的艺术教育水平得以迅速提升，学校的美誉度得到提高。后来，从这个艺术团中也走出了一批艺术造诣不俗的人才。与此同时，梅岭小学的田径训练队也得以成立，学校成为最早一批江苏省体育田径传统校。这使得梅岭形成了体艺兼容的学生培养模式，促使年轻梅岭的办学格局被提升，让办学者悟到教育是对人的全面发展的帮助和促进，为梅岭未来发展打下了良好的基础。

（2）轻负高质的办学特色。数十年来，翟裕康校长带领梅岭的老师们创造的"四了三不"教学法，为梅岭赢得了"质量高，负担轻，后劲足"的社会声誉，在省内外一度成为教学改革的典型经验和成功做法。中国教育学会名誉会长、北京师范大学资深教授顾明远先生，原国家督学、江苏省教育科学研究所原所长成尚荣先生，江苏省教育科学研究院研究员王林先生等教育专家当时都给予这一教学变革非常高的赞誉，曾一度掀起学习"四了三不"的热潮。这一场源于梅岭的以减负求增效的教学变革开始之初被视为教育界的"天方夜谭"，而梅岭小学作为"四了三不"的源头，在变革中冷静分析，坚持遵循规律，坚持研究、发现、遵循和运用儿童的学习规律，坚持立足课堂实践变革，从数学学科的教学变革辐射到其他学科，最终形成了具有广泛推介价值的"轻负高质"的办学特色。

（3）集约高效的管理特色。近十年来，梅岭小学的发展一直处于非典型的超速状态，管理生态的变化深刻影响着学校的发展。基于对学校管理的系统理解，梅岭提出并构建了"生态管理"范式。所谓学校生态管理，是指借助生态学的视角，利用生态的自我修复和自我维护的特性，从而促进学校生态系统健康、可持续发展，构建一个自然和谐与相互依赖的共生式发展体系。学校现有11个管理部门，为突出课程研发和质量监控，成立了课程研发部和质量监控部门，管理条块分工清晰。同时，创设了"三级一系统"管理模式，推行"1+1"级部管理结构，以此谋求内涵式发展，努力走出优质资源稀释的现实困境。

（4）前瞻实验的科研特色。2013年，梅岭小学"常春藤学院：教师校本研修的创新与实践"获得江苏省教学成果奖一等奖。2009年，在西校区（现隶属扬州市邗江区已独立办学的梅岭小学西区校）创办一年之后，梅岭小学就深刻地认识到，学校内部资源将面临常规性的变化，在此背景下，唯有另辟蹊径，谋求学校可持续发展。于是，源于学校文化的呼唤以及学校主体性的觉醒，一个叫作"常春藤"的学院在梅岭小学诞生了，人们称它为"学校中的学校"。经过十年的实践探索，"常春藤"学院的内涵已经逐渐清晰。梅岭人相信，作为以倡导文化自觉、激励教师专业发展、追求师生同步成长为价值旨归的"常春藤"学院能够依靠学校自身力量，应对现实变化，化解发展困境，生成支持学校可持续发展的人才培养循环系统。对梅岭的老师来说，"常春藤"学院是一座没有围墙的大学，从2009年创建以来，这座"学校里的学校"早已成为梅岭教师专业发展的重要平台，同时也成为教师们的精神家园。

（5）儿童立场的育人特色。学校是培养人的场所，所有的目标都应指向于人的成长，唯有实现对学校内每个生命个体的尊重，方能体现教育的价值。梅岭细化完善学校"做中国人、做现代人、做世界人"的育人目标，建立具体化的年段德育目标体系，将培养面向未来的人作为德育的旨归。梅岭从 2013 年开始全面取消"三好生"的评价，改为《梅岭小学"真的种子"生长记》，通过对单一评价方式的变革撬动学校整体育人方式的改变，促进学校整体的课程变革，深度研发德育课程，开拓教育阵地，开展主题活动，丰富学生体验，系统规划学生六年的校园生活，设计贴近学生成长需要的体验经历，以实现观照儿童未来发展的真教育，让"看见儿童"在梅岭成为现实。

（6）面向未来的课程特色。经过十多年的课程改革实践与探索，梅岭从最初的关注课堂教学到关注国家课程校本化研究，再从国家课程校本化到学校课程的系统建构，紧紧围绕"办面向未来的学校"的目标，紧紧锁定"为了儿童发展"的命题，踏上了课程探索与创新的道路。经过近五年的实践探索，梅岭构建了一个以"未来课程"命名的课程体系。回顾"十二五"以来，梅岭开展了许多关乎学校未来发展、重大变革的课题项目，其中比较重要的有江苏省教育科学"十二五"规划课题"基于儿童发展的国家课程校本化的实践研究"以及江苏省基础教育前瞻性教学改革项目"时光轴：小学生自主学习支持系统建构"。尤其在占地面积 110 亩的花都汇校区投入使用后，梅岭基于对空间、课程与儿童关系的理解，尝试着从空间、课程与儿童成长等方面进行系统的重构，基于经历生活的空间重构到基于成长的课程重构再到基于生命联结的成长重构，依据学校空间价值演绎的基本原则和基本策略，形成空间重构的基本样态和学习方式，为学生的个性化学习和独立探究提供了便捷。目前，梅岭已经形成 14个空间课程，开发出以"秋"和"冬"为主题的梅岭"时光轴"四季空间课程，梅岭建筑内的课程已初步形成。

三、现状分析

回顾这些年梅岭的变革，无论是理念还是实践都走在了许多学校前面，按理来讲，学校应该收获更为丰硕的成果，然而事实却和理想存在着不小的差距。"一些醒着时发生的错过"敦促我们进行及时而深刻的反思，需要理性剖析以下三个现状：一是人力资源现状，二是内涵发展现状，三是外部资源现状。

1. 人力资源现状

教师队伍人员构成（分析数据来源于2018年9月梅岭小学教师花名册）如下。

教师总体状况

	中学转岗教师	今年其他学校新融入梅岭教师	临时聘用教师	身体原因不能满足工作量教师	行政干部（含工小）
教师人数	16人	31人	129人	9人	27人
所占比例	4.07%	7.89%	32.8%	2.29%	6.87%

可以看到，梅岭现有393位教师，其中中学转岗教师、从其他学校（含撤并学校）转入梅岭的教师占比11.96%，这些教师在过去的工作中形成的价值认同、职业定位、专业素养、专业技能等相对固化，使其在达成梅岭品牌教育的标准上困难重重，而占到32.8%的临时聘用教师又是极其不稳定的人群，每年都会有20~30名临聘教师选择离开（还不包括中途突然离职人员）。再加上原有梅岭教师中还有一部分教师因为身体状况不能在一线教学岗位工作，梅岭小学在人员配置上已经趋近或者直逼临界点。

男女比例

性　别	男	女
教师人数	74人	319人
所占比例	18.9%	81.1%

压倒性的女教师比例，在国家生育政策放宽的背景下，很多女老师有生育二胎的准备，不少女教师在怀孕初期，就明确表示不担任班主任工作或教学工作。这部分人请假、请长假几乎是常态，由此存在因为教师生育而产生的较大的不稳定因素。

年龄构成

类　别	30 岁以下教师	30~40 岁教师	40 岁以上教师
人　数	108 人	196 人	89
所占比例	28.8%	49.8%	22.4%

其中，40 岁以下教师加起来占 78.6%，这种看似年轻化的教师队伍因为临聘教师占比太大而优势不再，从另一方面可以看出学校在创新发展过程中面临着严重的教师队伍结构性问题以及教师培养发展的问题，教师增长性资源缺乏，说明学校新生力量严重不足。

名师队伍

类　　别	省特级教师	市特级教师	市名校长	市学科带头人	市中青年骨干	市教学能手	区级名师
人　数	1	1	1	6	12	21	10
所占比例	0.25%	0.25%	0.25%	1.52%	3.04%	5.34%	2.54%
合　计	42 人（10.65%）						10 人（2.54%）

对于梅岭这样的名校而言，省、市级名师明显不足，区级名师人数应该要等于或大于市级名师，这样才能保证形成良性的"名师洼地"。从数据上明显看出，梅岭的名师还没有形成良性的循环态势。

2. 内涵发展现状

（1）文化发展现状。多次的区域调整，外部环境的变化，让学校和教师之间的紧密度低了；教师人员结构的多元，让学校固有的文化、良好的习俗异化，维护良好的学校管理生态成为当务之急。

（2）教育科研现状。通过重大项目，如江苏省教学改革前瞻性项目、省"十二五"规划课题研究等，持续开展相应的实践活动，提升教师的教育理念，改善教育行为。但目前，主学科和其他学科因为师资的专业性差异科研质态不一，教科研团队建设跟不上发展需求，管理能力特别是课程研发及领导力欠缺，课改理念不能很好落地。

（3）制度支撑现状。近三年，学校加快现代学校制度建设，先后推出《学校章程》《"常春藤"学院蓄力工程方案》《名校发展激励实施办法》《梅岭指南2》（修订版）等学校建设重要领域的行动纲领、管理制度等，凸显出管理制度的指南性、契约性。但当下管理者难以更新管理理念、提升管理能力，使得"戴明环"（PDCA）等高效管理举措未能科学有效落实。

（4）家校社关系现状。总校区处于老城区，花都汇校区更是处于城乡结合部，学生原生家庭所处的不同社会背景造成校区之间家长配合度的差异。原生家庭教育价值观的不一致，使得同一个班级生源的差异增大，加大了学生管理、教育改革的难度。

3. 外部资源现状

（1）管理机制上，从原先由区教育局垂直管理跨入校级直接垂直管理为主的现状。经过三次区域调整，梅岭面临着新的发展形势，学校发展速率未降，但区级层面原有推动力、引导力却在减弱，让学校管理失去了原先的轨道惯性。

（2）师资队伍上，由原先的区域性流动进入相对固定甚至凝固的单向度状态。作为功能区，因为区内学校太少，教师无法合理流动，群体固化的局面维持数年，常用盘活人力资源的渠道不通，调动教师积极性、创造性难度增大，致使学校现有顶层设计缺乏广泛的理解以及良好的执行。

（3）学校外部发展环境上，由原先竞争发展的局面进入相对单一独立的发展局面。当下的梅岭承担区域内80%的基础教育任务，出现了2018年仅一年级就招收36个班级的现状，区域内的学校仅存3所，除梅岭之外，一所是九年一贯制的城镇学校，一所是民办学校。区域内校际之间的横向竞争缺位，是梅岭需要面对的又一重要现实。

四、发展优势

梅岭的历史基因逐渐培育了梅岭的文化胚胎，她以自己坚定的历史步伐告诉人们，梅岭是不会因为现实的困顿而停下她朝向未来的发展探索的。这便是梅岭的学校风格！这是其历史的背影，又是时代的映照，而这一切的浑然天成，形成了一所学校的发展方向，或者说发展优势。

1. 学校具有特色鲜明的办学特色和丰富的学校文化

74年的发展，书写了梅岭独特的办学历史，为梅岭积淀了丰富而独特的学校文化。"可法，可为他人法"的文化认同在梅岭发展的每一个重要节点起到了支撑作用，梅岭人从"史可法、己可法、人可法、今可法、永可法"中不断获得创造与提升的力量。也正是这种文化衍生出了梅岭"和美好的一切在一起"的新的办学愿景，激励着当下的梅岭在育人理念、办学目标、课程研发、教学变革、管理创新等领域，努力用实践去演绎这一美好的教育意蕴。

2. 学校具有创新发展的实验精神以及一定影响力的教育品牌

在学校发展过程中，每当遭遇困境时，梅岭体现了作为一所实验小学的实验精神。在"一校三园"的管理格局下，梅岭"级部1＋1"的管理创新建构起了较大规模学校优质均衡运行的管理框架。在学校急速扩张、学校文化稀释、师资队伍发展跟不上的局面下，学校创建了"常春藤"学院教师发展平台，为学校的健康发展起到了固本、造血的作用；在学校课程改革面临"天花板"效应的时候，学校及时开展以"江苏省前瞻性教学改革项目"为主体的全校性研究，推动课改向纵深发展。梅岭的实验精神推动了学校的创新发展，也形成了梅岭的教师发展、学校管理、学生德育的品牌。

3. 学校积聚了丰富的教育资源，为学校的自主发展提供了动力

74年的办学实践，使梅岭小学成为江苏小学校长培训基地、江苏名校联盟学校、全国教育信息化试点首批学校、扬州市小学数学学科基地以及区英语学科基地。学校以其鲜明的办学特色受到美国、英国、澳大利亚、新西兰等地孔子学院的关注，拥有了较为广泛的异国学校交流渠道……学校积淀了来自教育、文化、社会等诸多领域的资源，为学校自主发展提供了强大的动力。另外，2017年投入使用的花都汇校区一流的硬件、前瞻的设计和优渥的区位优势，使得梅岭的教育发展拥有了强大的空间资源。

4. 学校教育品质具有较好的群众口碑以及较强的社会影响力

在儿童优先发展理念的引导下，梅岭人的付出与努力得到了百姓的认可，获得了较好的群众口碑。在扬州同城家长圈的一次调查中，80%的家长在最想选择的小学中选择了史可法路的梅岭小学，这是对学校发展现状的肯定，也是对学校进一步发展的最好激励。近年来，学校在管理、课程、教学研究等方面

取得的成绩得到了《光明日报》《人民教育》《江苏教育》等国家级、省级媒体的关注，形成了较强的社会影响力。

五、现实的危机、挑战以及需要把握好的发展关键

梳理学校的发展，是为了明确方向、积聚力量、树立信心，更是为了直面现实的危机与挑战。当下的梅岭要实现"办面向未来的学校"目标，要关注到三对矛盾，把握好九个关键。

1. 关注到三对矛盾

（1）学校品牌提升和文化价值认同之间的矛盾。作为一所名校，百姓对学校办学是有高标准的期待，但学校品牌在不断被稀释。主要体现在三个方面：一是奉献精神的削弱；二是建设者比例削弱；三是认同度的削弱。

（2）教育发展节律和区域教育发展节奏之间的矛盾。作为功能区，区域体量较小，几乎所有的教育检查和教育迎检工作全部由梅岭小学承担，每一次都需要倾注较大的人力，大大消耗了教师和管理的工作成本，在某种程度上打乱了学校发展节律，让学校发展失去了应有的从容。

（3）教师人力资源和区域配置不匹配之间的矛盾。第一，梅岭现有临时聘用教师比例大，不稳定造成教师归宿感的下滑；第二，教师专业发展需要不断拓展空间，需要搭建更广阔的平台，作为功能区，在职称、名师和更高级别的竞赛上都受到一定的约束，制约了教师的专业发展；第三，学校发展需要不断挖掘人力资源的潜力，最大限度地调动教师工作的积极性、创造性，需要区域从维护、激活、补充和优化四个方面盘活人力资源，改变当前教师人力结构不合理、制度不匹配的现状，但这些对区域而言还是一个新的命题。区域还处在不断调整当中，这是梅岭发展需要面对的现实危机和挑战。

2. 把握好九个关键

（1）防范文化异化——心口一致是关键。

当前学校发展到了一定时期，内外部的问题、矛盾因为客观上的一些原因没有得到很好、及时的化解，从而带来了学校文化异化、文化疏离的现象。这是学校核心价值观、重大项目等在凝聚人心、深入实施中难以有效体现的最主

要的原因。作为一种隐性的力量，文化是学校竞争的核心，文化异化必然导致学校核心竞争力的下降，成为学校持续发展、内涵发展的障碍。

（2）警惕价值模糊——知行合一是关键。

价值是文化之下的具体理念体现。当前学校价值在深入人心达成共识方面还存在诸多问题：一方面是外部问题，另一方面是内部问题。内部问题主要表现在在编人员相对固化、青年教师队伍稳定性弱带来的教师结构性贫血问题，每个人都是文化的携带者，自然对学校现有的价值体系产生影响；外部问题主要是社会发展过程中产生的消极思想对学校的冲击。价值体系是成就学校卓越发展的支撑，价值模糊必然导致价值体系的模糊，造成学校发展的不稳定。

（3）克服制度制约——集体自觉是关键。

主要是两个方面的问题：一是学校发展的外部制度。当前支撑学校发展的外部制度并非完善的，明显落后于学校快速发展的进程，某种程度上制约了学校的进一步发展。二是学校内部的管理制度。事实已经证明，当前学校的管理制度无论是执行还是架构，与学校的发展需要都存在较大差距。制度是实现学校发展的根本保障，是驱动教育前行的核心力量，制度设计与制度执行落后于发展必然导致学校出现发展困境。

（4）走出德育困境——德心相融、全学科育人、家校社统一是关键。

当前学校德育困境主要体现在四个方面：一是德育目标问题，对于梅岭小学来说，到底要培养什么的人，这样的人的梅岭特质是什么，这些问题都需要我们进一步明确，并加以创造性的实践。二是德育主体问题，德育工作主要还停留在班主任层面，还没有形成多主体育人、全方位育人的格局。三是德育内容问题，还较多停留于"三会一课"，没有与学科充分融合。四是德育方法问题，还较多停留于说教、灌输等方面，缺少德育养成的科学性研究。立德树人是学校的根本使命，德育困境导致了立德树人缺乏有效性、科学性和持续性。

（5）化解课程离散——顶层设计与教师探索相互走向是关键。

课程是学校内涵发展的体现。近年来，学校以办面向未来学校为目标，开展了"未来课程"的设计。在前瞻性项目引领下，学校对现有课程进行了升级转型，形成了以学生自主学习为核心的课程整体架构。但是，当前学校课程在核心理念上还存在着不够聚焦、不够统一的问题，在课程实施上还存在不够深入、不够全面的问题。这些问题必然导致学校课程离散现状，影响了学校内涵发展和品牌塑造。

（6）克服科研浅表——以学科发展促教师发展，最终实现学生发展是关键。

当前，学校教科研工作无论是理念，还是教科研方式方法都存在浅表化的问题，教科研工作还不能真正针对学校发展过程中的重大问题、主要问题进行深入思考，还缺乏教科研与质量提升的重要性认识，学科之间还存在较大的不均衡等问题。这些都导致了学校发展的后劲不足。

（7）改变服务粗放——技术与保障的高度融合是关键。

当前，要切实转换服务理念，要从注重考核到注重服务。一是信息技术层面，要真正了解教师、学生的真实需要，真正与学科教学研究对接，让技术服务教学，而不是让教学服务技术，切实转变无效考核。二是总务后勤层面，要充分借助现代技术的力量，建立适应学校发展的后勤管理制度，提升管理精细化水平。

（8）优化资源平台——提升学校高品质发展是关键。

作为一所名校，梅岭小学本身就是一种不断丰富和发展的优质资源。更重要的是，近年来学校在不断发展的过程中，以梅岭为核心纽带形成了一个涵盖国家、省市各个层次的优质教育资源集群，保障了学校的发展品质。当前，需要进一步整合教育资源，优化发展平台，从而更好地促进师生发展，提升学校办学品质。

（9）纯净管理伦理——打开心灵、修正自我和提升境界是关键。

当前，由于受到外部和内部各种环境、因素的影响与冲击，学校的管理伦理遭遇各种挑战，发展的环境正在呈现越来越复杂化的特征。学校的现代管理制度需要进一步完善，良好的管理生态、健康的管理文化需要进一步纯净，卓越管理效能需要进一步提升。

六、未来发展的设想

1. 发展定位

以办面向未来的学校为宗旨，坚持"文化自觉·师生共长"，追溯教育本源，提升办学哲学，崇尚自然、简约、素朴；描绘梅岭教育生活蓝图，回归"慢"的教育，遵循教育的内在节律，改善教育教学生态；确立"面向未来"的学生培养目标，研发"儿童立场"的课程，以全面的课程变革推动学校教育教学质量的内涵提升；构建集约化的管理，用科学的方式提高管理效益，形成"高效、节能"的管理质态；探索国际化的方向，以信息化试点工作推动学校现代化建设层次的提升，以对外教育教学交流合作推动学校国际化办学特色的形成，从而让梅岭的师生成为积极、自由、快乐、有意义的生活者，让梅岭教育为未来社会注入积极的能量。

2. 发展思路

（1）立足机制打开，走向后集团化办学。

我们要办一所什么样的学校取决于学校有什么样的机制，不同的机制背后是不同的价值取舍，好的机制可以激发所有人的活力。梅岭提出并构建了"生态管理"范式，在此基础上，2018年全面布局集团化办学，深刻思考"集团化办学"的治理结构，提出了"后集团化办学"实践思考，期待集团内各学校在共同的集团文化润泽下保持各自的独特文化，实现自主发展，创新发展，让集团内的每所学校都拥有开放而灵活的教育品质，最终走向普遍的优质均衡。

（2）立足课程打开，建设发展新高地。

近年来，在梅岭的课程构建探索中，我们经历了课程是跑道、课程是桥梁、课程是跳板、课程就是"时光轴"的理念更新的过程。在"时光轴"课程理念支撑下，围绕"自我认知、学会学习、联结社会、传承创造"的梅岭小学学生培养核心素养，梅岭对三级课程进行整合，形成了以国家课程为核心的"轴"课程与校本课程为核心的"光"课程，共同构成"时光轴"课程。"时光轴"课程的背后是学校立德树人的全面落实，是驱动学校教育教学的改革创新，是激活教师学生的生命活力。

（3）立足关系打开，提升办学影响力。

在这个新的时代，学校需要重新审视定位自己与社会的关系，尤其是在工业化、信息化高速发展，科学技术突飞猛进的当下，现代化教学手段日益发展等对学校教育的影响正在加强。习近平总书记说"教育是国之大计、党之大计"，今天，无论是外部环境，还是内部要求，围绕着教育的伟大使命，学校与社会之间都需要建立更加紧密的关系。梅岭将不断建立与外部世界的关联，充分利用国家级、省级、市级研究共同体平台以及学校"常春藤"学院的教师发展平台，进一步提升学校在课程改革、教师发展以及学生培养等方面的品质，进一步提炼梅岭的品牌内涵，梳理品牌标准，增加与提升梅岭教育的带动与辐射能力，让梅岭进一步引领区域学校改革，带动区域教育发展。

（4）立足生命打开，办面向未来的学校。

人而能立，不是因为物质堆积而成的躯干，而是精神充盈得以站立。教育的根本使命就是让每一个生命在民族振兴的伟大事业中唤醒尊严感和价值感。教育最根本的是将人的生命打开。将人的生命打开，意味着敞开、呼吸、联结与创造，意味着现在与未来正在对话，意味着成长与发展的无限可能。首先是教师的生命打开。梅岭将进一步为教师提供足够丰富的"常春藤"学院课程，不仅关注专业成长，还关注人文底蕴、生活领域等，让教师成为精神明亮的人。其次是学生的生命打开，让学生更加渴望学会学习，从而带走创造的素养和能力。最后是教育生命的打开。打开教育的生命，需要我们全面关注教育的理想信念、爱国情怀、求知问学、品德修养等方面在人的成长与发展整个过程中的活化与影响。

课题研究设计:
"后集团化办学"的行动研究

一、课题的提出

党的十九大报告提出中国特色社会主义进入了新时代。这是一个重大判断。新时代具有丰富的内涵和深刻的内容。对于教育发展可以说进一步指明了前进方向,具有重大现实意义和深远历史意义。尤其是对我国社会主要矛盾发生历史性变化的重大政治论断,即"我国社会主要矛盾已经转化为人民日益增长的美好生活需要和不平衡不充分的发展之间的矛盾",深刻揭示我国经济社会发展的阶段性特征,特别是为学校治理结构的转变和创新提供了重要依据和实践遵循。

在区域层面,因为"增进民生福祉是发展的根本目的",所以迫切希望实现区域教育多样化、优质均衡发展,让孩子不仅有学上,而且上好学,进一步保障和改善民生,增进百姓的获得感、幸福感。本质上,这也是对习近平总书记提出的"多谋民生之利、多解民生之忧,在发展中补齐民生短板、促进社会公平正义"的积极响应。区域对教育发展的新要求、新目标带来了新跨越。实现新跨越,增进民生福祉,真正实现教育多样化、优质均衡发展,这也是本研究课题提出的现实背景。

从集团化开展的实际情况看,经过近30年发展,集团化办学通过优势互补或以强带弱,使传统学校由单一封闭走向联合开放,推动了学校组织变革,在教育资源优质均衡发展方面起到了有效促进作用。但是,在其发展过程中,尤其是进入新时代,与社会"充分均衡"发展的总体要求比起来,集团化办学的问题也更加凸显。主要有：一是行政干预；二是造成新的不均衡；三是名校与薄弱学校关系的处理，即"集"而不"团"；四是机制不健全；五是资源共享，如何保持特色发展等问题。（梁淑丽，2013）对这些问题的解决需要我们对集团化办学进行"解构"，解构并不意味着"摧毁"，而是使其经得起检验的模块和范式得到加固，经不起检验的模块和范式重新构建。（胡国栋，2012）这是我们提出本研究课题的重要出发点。

再从梅岭小学发展史看，在学校 70 多年的发展历程中，特别是近十年，学校经历了一段独特的发展史，先后经历 3 次行政区划调整，隶属于 4 个不同的区域。从 2008 年到 2018 年，在扬州以梅岭小学命名的小学（校区）共有 6 个，它们分布在不同的行政区域里，隶属于不同的教育主管部门。因为在梅岭小学快速发展的十年中，学校事实上始终保持着一校多园的集团办学格局，始终保持着高位均衡的发展态势。

回顾梅岭小学最近十年的办学历程，呈现出非常明显的特点：一是在外部环境不断变化的过程中，学校总能积极主动应对，而不是被动消极等待，尤其在学校面临超大规模、急速扩张时管理层面的主动变革；二是梅岭小学的运行是以一种非常规性的集团化办学方式推进的；三是梅岭小学管理变革与时代发展、制度变革的要求是呼应的，比如学校关注校区运行的均衡质态是对公平取向的"均衡发展"的有效落实，再如学校关注与政府和社会等的有效联系是对《关于深化教育体制机制改革的意见》的积极尝试；四是梅岭小学的发展具有一定的跨越性，特别是面对学校超常规发展，学校管理创新变革并没有按部就班，而是始终以"立德树人"为根本目的，实现跨越式发展。

梅岭小学自身发展的现实基础和迫切需求也是本研究课题提出的重要现实基础。

综上所述，时代发展是本研究课题的重要依据，区域要求是课题研究的现实背景，集团化办学的优势和困境是课题研究的逻辑起点，学校自身的发展与积淀是课题研究的现实基础。在此之上，我们提出了"后集团化办学"的研究命题。

二、国内外研究现状评述

1. 关于集团化办学的研究现状

（1）国内研究现状。

集团化办学在中国已经走过了一段历程，它最初出现在20世纪90年代，是一种以契约为纽带构建的大规模、多层次组织形态，经过近30年发展，形成了至少三种办学模式：一是名校加薄弱学校，二是名校加新建学校，三是名校加民办学校。（钟秉林，2017）集团化办学带来了明显效应，一是扩充了优质教育资源，使得"择校热"显著降温；二是名校集团化扩大了社会弱势群体享受优质教育的公平机会；三是集团化促进了教师素质的显著提升。（杨小微，2014）但是，集团化办学实践中也带来了很多问题，如优质教育资源被稀释的问题、教育文化独特性和同质化之间的矛盾、教育集团管理的问题、仅以名校为主体造成资源输出单一的问题、教师身份意识模糊问题、心理围墙难以破除问题等。（刘莉莉，2015）应该说，集团化办学的优势和存在的问题同样明显。

（2）国外研究现状。

美国基础教育阶段的教育集团关注的是对公立学校的管理，尤其是以特许学校的管理为主。美国集团化办学主要有三类扩张模式，分别是传统公立学校接管模式、特许学校复制扩张模式、双维度混合管理模式。针对具有管理代表性的特许学校集团而言，美国集团化办学呈现的是一种多样化态势。这种多样化主要有两个原因：一是特许学校在创建时便体现学校与学校间的不同，呈现多样化发展状态，由此产生教育集团网络的多样化；二是随着教育集团的发展，其需要拓展多样化的业务来实现学校的二次发展。（王晓晨，2015）在英国，2011年开始实施"国家教学学校"计划，选择优秀学校组建"国家教学学校联盟"。截至2017年10月1日，英格兰已经建立647个教学学校联盟，它们以提升教育质量为出发点，鼓励学校之间在教育理念、教学科研、信息技术、评价模式等方面协同共享、共同治理、共促共生。（刘敏、高存，2018）

（3）国内实践现状。

集团化办学实践层面主要从优势引领到区域协同。杭州市集团化办学从1.0

走向了 3.0：一是"名校 +"的 1.0 模式；二是区域特色共同体的 2.0 模式；三是新名校集团化 3.0 模式。杭州市拱墅区提出了"后名校集团化时期区域教育高位均衡发展的初步探索"。上海市主要是"学区化、集团化"齐头并进模式，鼓励各区采取委托管理、多法人组合、单一法人、九年一贯制、同学段联盟、跨学段联合等办学形式，鼓励学校根据自身实际从有利于优质生成、均衡发展角度创新办学形式。北京市坚持教育"扩优"，以供给侧结构性改革为重点，着力推进优质教育资源实质性扩大。深圳市、广州市、成都市等积极探索集团化办学多元机制。（俞晓东、戚小丹，2017）

2. 对集团化办学的反思

（1）集团化办学的组织形态有待进一步转型。

学校的变革更多来自组织内部教育资源的优化和课堂教学的转型。即使关注与社会的联系，更多体现为一种课程资源与人力资源的整合。然而，随着信息时代的到来，社会组织正在进入第三次变革：从变革—控制型组织、部门和分支型组织，转变为信息型组织或者说是知识专家型组织。就学校而言，所谓信息型组织意味着学校需要站在组织所在的生态圈中，重视与其他组织的关系，积极获得所需的信息、资源，重新审视自身价值以及与其他组织之间的关系，构建一种新型的合作关系。集团是多所学校的共同体，不可避免会带来学校之间的竞争。如何引导同层次与同类型学校组织之间的合作与竞争是一个永恒的话题，进而引导集团化办学更好地回应第三次社会变革应该是当下重要的命题。

（2）集团化办学的学校规模有待进一步控制。

协同创新网络认为，当下的创新主体越来越寻求各种合作创新，通过交互作用和系统效应形成具有聚集优势的开放创新网络。但同时，网络规模对组织创新绩效的影响是呈现倒 U 形的，即一个网络规模在临界点之前，组织创新绩效会随着协同创新网络规模的扩大而提升，一旦超越这个临界点，则会发生相反的变化。因此，应防止无限度扩大教育集团，将集团控制在一个适度的规模，确保集团的创新力。

（3）集团化办学的内涵特质有待进一步丰富。

通过组建集团可以较快提升新办学校或原薄弱学校的知名度，并提供良好的教育教学资源，较好地满足广大人民的期待。但是，能不能真正提升集团成员校的办学质量，能不能真正丰富集团化办学的内涵特质等，需要进一步加强集团化办学的政策扶持、内部治理以及通过优质资源共建共享促进集团学校持续地走向优质特色发展之路。这应该成为今后集团化办学尤其需要关注的重点问题。

（4）集团化办学的价值导向有待进一步明确。

目前我们的集团组建还带有一定的盲目性，较多体现政府的"一厢情愿"，引发了一系列"被集团化"的办学行为。政府需要站在区域发展的宏观视角，通过需求调查和市场分析，选择有意愿、有基础、有责任、有动力、有前景的组织加以联合，建立集团有机组成结构，从而发挥整体价值和区域优势。同时，通过建立集团孵化机制，为薄弱校提供资源、课程、理念和人才的共享，经过一段时间的培育，实现被扶持薄弱校的快速成长，从而逐步脱离集团母体校。因此，应将教育集团视为一个不断引入新的成员、培育释放新的优质品牌的载体、孵化器、平台，而非一种实体办学机构。

（5）集团化办学的内外机制有待进一步完善。

集团化办学需要有良好的约束机制和保障制度。一方面，集团成员构成多样，成员之间关系复杂；另一方面，集团化办学打破了原有组织的边界，这种边界的消失必然带来运行与管理方式的变化。教育集团化办学的约束机制主要包括：政府引导与宏观管理机制、日常运行与决策机制、协商机制、项目运行机制、资源共享机制、监督和绩效评价机制等，避免集团决策的随意、组织之间利益的冲突、运行管理的不规范等。其中，日常运行机制包括合约与章程确立、民主议事流程、例会监督制度。与此同时，集团化办学治理结构中行政权的法律依据、集团成员权利与责任等也亟待法律的规范。

虽然集团化办学存在许多问题，但是我们认为其中核心的问题是作为推进教育优质均衡发展的集团化办学事实上导致了教育发展新的不均衡，更深层次的问题是当前集团化办学对于解决我国教育的不均衡、不充分发展依然乏力。

三、本课题核心概念的界定

（1）后：本课题中的"后"是"后现代"的"后"。虽然思想家们对于后现代的界定意见并不一致，我们认同利奥塔的观点，"后现代并不是与现代相断裂的一个全新的历史时代，而是现代的新生状态，它就包含在现代之中，是对现代性某些特征的重写"。因此，这里的"后"意味着一种类似转换的东西：从以前的方向转到一个新方向。（利奥塔，1997）本课题中的"后"也是"后现代管理"的"后"。西方后现代管理思潮发源于20世纪80年代，发轫于后现代主义哲学与社会理论，其理论旨趣是对现代管理进行基础性反思与批判。后现代管理倡导非理性解放、主体离心化、价值介入，强调差异性与偶然性，倡导后现代组织形态。（胡国栋，2012）因此，这里的"后"也意味着一种反思与批判。从这两个层面来说，"后"其实是一种带着反思与批判的转换。

（2）后集团化：是以后现代管理理论与社会批判理论为依据，把集团化办学当作自身批判的对象，从自我解构走向自我建构，即带着反思与批判的集团化办学的转换。这种转换基于价值共识，凭借学校个体成员协商，通过自行创生、自主演化、自我组织的过程而走向组织化或者有序化的办学样态，它是一个复杂性、非线性和动态性的有机体。

（3）后集团化办学：是指学校、行政部门以价值共识为前提，通过协商共建、自我组织的方式，在学校文化、办学理念、课程开发、教育科研、信息技术、教育评价等方面实施尊重差异性与多元化的自主管理和参与管理，从而实现真正意义上的价值共同体。后集团化办学的特征体现在三个方面，即平衡与充分、个性与自由、开放和合作。

四、本研究课题与集团化办学的关系和区别

首先，要说明的是本研究课题与集团化办学之间的关系。

第一，集团化办学和后集团化办学不是截然分开的。现代与后现代并非截然分开的两个阶段，后现代管理理论无疑是现代管理理论的一部分，按照后现代哲学大师利奥塔的说法，"后现代主义并不是现代主义的末期，而是现代主义的初始状态"（罗珉，2005）。由此可见，现代性之中就包含着后现代性。那么，我们也可以理解为集团化办学之中包含着后集团化办学。

第二，集团化办学和后集团化办学是相互完善和提升的。如同后现代管理

是对现代管理研究进行的基础性反思和批判，后集团化办学也是对集团化办学的反思和批判，但是并不意味着对集团化办学的解构与否定，而是充分发挥后集团化办学的价值批判功能，与集团化办学在促进与完善中相互提升，促使当下的集团化办学不断通过深刻反省、自我理解、自我修复与自我扬弃，从而使学校管理回归自身。

其次，本研究课题与集团化办学之间的区别。

第一，集团化办学强调控制与占有，后集团化办学强调协商与自主。集团化办学以统一性与普遍性取向，强调精准控制；后集团化办学强调偶然性与多样性，更关注集团中的薄弱学校，使集团内的每所学校都成为办学的主体，努力促进每一所学校更好地成长。

第二，集团化办学强调同一，后集团化办学强调差异。集团化办学更多地强调内、外部的同一，而忽视学校自身的个性与特色；后集团化办学强调学校与学校之间的独特性、差异性，把保护和实现集团内各个学校的差异性当作共同的价值去坚守。

第三，集团化办学强调纯粹理性推动，后集团化办学强调价值重塑。集团化办学强调服从理性规则；后集团化办学强调对人的价值和情感的尊重，在价值重塑而不是在纯粹理性规则中建立集团文化。

五、选题的意义及研究价值

选择后集团化办学的实践研究是积极主动探索突破现有学校集团化办学中的突出问题，更好地实现学校"立德树人"的根本任务，更好地追求公平、高效、优质的理想教育，从而建立适应时代要求、变革需要和学校实际的现代教育治理结构，切实解决人民的美好生活需要和不平衡不充分的教育发展之间的矛盾，切实办好人民满意的教育。

后集团化办学的真正价值不在解构，而是重建当下的集团化办学，而有意义的重建的前提是寻求现代管理学的后现代整合路径。其研究价值主要有三个方面：一是后集团化实践研究有利于突破集团化办学中的"均质化"问题，满足人们对"多样化优质均衡"的教育需求，从而真正实现教育的均衡优质发展。

二是后集团化办学有利于建立起新型的教育组织关系，构建以协商共建与价值推动的教育治理体制和机制，从而对学校管理提出新的形式。三是后集团化办学有利于促进社会和谐发展，它植根于后现代管理，通过价值批判功能使其始终处于自我修复和自我改进的状态，从而不断促进社会更加和谐发展。

六、研究目标及内容

1. 研究目标

本课题研究目标是通过开展后集团化办学行动研究，构建促进区域教育"多样优质均衡"发展的新型集团化办学管理方式、运行机制，从而实现教育真正的内涵发展。

2. 研究内容

（1）集团化办学中不同集团的体制机制的对比研究。聚焦当下集团化办学开展现状，从集团化办学典型学校的案例入手，进行体制机制的对比分析，既从中寻找到集团化办学的成功经验，又从中发现集团化办学的典型问题，为后集团化办学的体制机制创新寻找到突破口。

（2）后现代管理背景下的后集团化办学的内涵研究。后现代管理发端于后现代主义、后现代社会，对后现代管理的背景进行深入研究，有助于我们进一步理解与把握后集团化办学的方向和重点关注的内容，特别是便于扬弃后现代管理中出现的一味批判而忽视构建的倾向，从积极批判和改进的角度出发去研究后集团化办学的内涵，为本课题的实践推进提供清晰而准确的方向和目标。

（3）后集团化办学的基本范式研究。包括后集团化办学到底怎么开展，需要遵循哪些价值、原则，需要从哪些维度去推进，重点要关注哪些方面等。具体来说，包括后集团化办学的基本原则研究，也就是后集团化办学的推进需要遵循哪些基本的规范；后集团化办学组织形态的研究，也就是后集团化办学应该采取怎样的组织架构，在这样的架构中，学校与学校之间、学校与区域行政部门之间的关系如何定位与构建；后集团化办学运行方式的研究，主要是在后集团化办学过程中如何构建以价值共识、协商共建为特征的集团运行机制；后集团化办学的自我评估的研究，后集团化办学的基本取向就是自我批评、自我修复。在后集团化办学实施的过程中需要充分发挥这一特点，开展学校管理质态的自我评估。

（4）后集团化办学的再生机制研究。后集团化办学是动态的过程，是自组织的过程，在这个过程中，每一所学校都是主体，而所谓的中心一定是价值的中心，而不是权力的中心。围绕集团办学的价值中心，集团的每一所学校都在实现自我发展、自主衍生，而最终都会走向自主独立，成为促进多样优质均衡教育的重要力量。因而，我们需要关注并深入研究后集团化办学的再生机制，包括再生标准、条件以及程序，让每一所学校在后集团化办学的背景下实现丰满的成长，享受主体的快乐。

（5）后集团化办学背景下的区域有效支撑研究。后集团化办学离不开区域的有效支撑，包括行政层面、文化层面等，它需要相应的制度、政策以及文化的支撑与导向，从而为学校顺利推进后集团化办学提供良好的外部环境和有效的政策制度。

（6）后集团化办学背景下的管理者应有的素养的研究。无论在哪一种管理范式中，管理者都是重要的因素。在后集团化办学的背景下，对管理者的素养提出了新的要求，这些新的要求如何内化为管理者的基本素养，如何成为管理者改进管理实践、提升管理能力的重要契机，都是需要进行深入研究的。

（7）基于突破新时代教育主要矛盾的办学体制机制研究。聚焦新时代，牢牢把握当前社会发展的主要矛盾，深入分析其在教育领域中的具体表现，以"立德树人"为核心使命，回归教育发展的基本规律，以后集团化办学行动研究为路径，系统构建符合新时代、新理念的办学体制机制。

七、研究假设、创新之处

1. 研究假设

（1）后集团化办学不是对集团化办学的替代，相反，它依赖于集团化办学的实践，是对集团化办学理论与实践的改进和强化，是集团化办学的一次新发展、新形式。

（2）后集团化办学是一种具有自组织特点的办学范式。它在集团化办学的基础上，更强调集团学校之间的价值共识，在价值共识的基础上，通过协商方式形成集团，在集团运行的过程中，无论是加入集团，还是从集团剥离，主要依靠自主管理，而非传统的行政力量的推动。

（3）后集团化办学强调对差异性的捍卫，注重集团生活的多元方式。对差异性的尊重也就是对教育的尊重，差异性是后集团化组织形态中非常显著的特征，在尊重差异性的基础上才有集团生活的多元性。两者是相辅相成的关系。

（4）后集团化办学是一个内涵发展、系统构建的过程。无论是集团化办学，还是后集团化办学，都注重内涵发展、系统构建，不同的是后集团化办学注重的内涵更多指向的是教育发展的内在规律，在系统构建过程中更关注围绕价值中心主体而不是权力中心主体。

2. 创新之处

（1）理论创新：在开展后集团化办学研究的过程中，厘清集团化办学新的发展和形式，进一步明晰集团化办学和后集团化办学之间的关系，构建两者相互促进、相互完善的机制，在此基础上，进一步明确后集团化办学的价值内涵、主要特征以及基本原则等。

（2）实践创新：主要通过开展后集团化办学的实践研究，形成后集团化办学的基本范式、再生机制，进一步明确后集团化办学所需要的区域支撑以及管理者需要的素养等，为区域推进教育多样优质均衡的发展提供可以借鉴的路径、策略等。

八、研究思路、方法、实施步骤及预期成果

1. 研究思路

本课题研究从两条路出发：一是理论研究，主要是进一步聚焦国内外集团化办学的经验学习，同时重点关注国内东部地区集团化办学的理论成果，从中进一步梳理和完善对后集团化办学的认识，为后集团化办学提供充足的理论依据和科学论断；二是实践研究，这是本课题研究的主要路径，通过对现有集团化办学实践活动的剖析研究，重点依托梅岭小学后集团化办学的顶层设计、具体治理制度等的建立，进一步完善和形成梅岭小学后集团化办学的实践经验。

2. 研究方法

（1）文献综述法。多角度开展对后现代管理以及集团化办学文献资料的收集与整理，把握后现代管理的特征以及集团化办学的内涵，尤其是分析集团化办学存在的问题，在批判和改进的基础上，为本课题提供理论研究的基础和方向。

（2）调查法。通过对学校现有管理架构、制度、成效的调查了解，切实掌握学校集团化办学过程中存在的问题以及切实可行的改进路径等。

（3）行动研究法。通过在自然、真实的教育环境中开展集团化办学实践，从而达到解决集团化办学存在的问题、实现后集团化办学的目的的研究方法。

（4）案例研究法。通过对学校现有集团化办学成功或失败案例的收集与整理，分析集团化办学的已有经验，为本研究提供丰富的案例。

（5）观察法。通过对集团化办学的观察，深入了解集团化办学的运行机制，掌握集团化办学的运行规律，为本课题研究提供理论及实践支撑。

（6）测验法。通过对开展集团化办学以及后集团化办学的测验，开展实践研究的效能比析，了解后集团化办学的实践成效，为本研究深入推进提供改进策略。

3. 实施步骤

第一阶段（2018 年 5 月—2018 年 6 月）：准备阶段。

重点是开展后现代管理、集团化办学的国内外理论和具体实践的梳理与学习，形成本课题研究的理论文献资料，初步构建起梅岭小学后集团化办学实践研究的整体思路和基本框架。

第二阶段（2018 年 7 月—2019 年 1 月）：论证完善阶段。

主要对研究报告进行专家论证与完善，重点围绕课题核心概念的界定，特别是集团化办学与后集团化办学之间的关系与区别进行深入学习，在此基础上修改完善课题研究方案，开展专家论证活动，根据专家意见再次修改和完善方案。

第三阶段（2019 年 2 月—2019 年 12 月）：实践阶段。

重点是围绕课题研究设计方案的目标和内容推进梅岭小学后集团化办学实践工作，在具体推进中完善后集团化办学的理论思考和改进后集团化办学的实践路径、策略等。

第四阶段（2020年1月—2020年9月）：总结阶段。

重点是对梅岭小学实施后集团化办学的实践反思和理论提炼，形成后集团化办学的初步理论和具体丰富的实践案例，初步建立起突破新时代教育主要矛盾的办学体制机制。

4. 预期成果

本课题研究的预期成果主要有以下几项。

（1）集团化办学的文献综述。

（2）集团化办学的典型学校对比研究。

（3）后现代管理背景下的后集团化办学的基本范式。

（4）后集团化办学的实践推进过程叙事。

（5）后集团化办学的管理案例。

（6）出版《后集团化办学：集团化办学的新形式》教育专著。

（7）完成"'后集团化办学'的实践研究"研究报告。

第二辑

做一只永远奔跑的蜗牛

林建锋，绍兴市上虞区城东小学书记、校长，浙江省特级教师。他坚信把脚站在自己学校的土地上，以陈鹤琴"活教育"思想为引领，打造"三有"教育，培养有爱、有梦、有才的"三有"好学生。他坚持"以温暖影响他人"的管理风格，坚信只有自己内心温暖，才能感动师生、家长，真正形成学校发展的持久力量。

学校以"珍重和滋养每一颗童心"为办学理念，以"有爱、有梦、有才"为学校育人目标，通过"三有"配方课程、"三有"好学生综合素质评价等教育硬核，让每个孩子获得最适合的教育，成为最好的自己。开展"三有"教育五年来，城东小学由原来的上虞城区最薄弱学校一跃成为绍兴市第一批现代化学校，并被推荐参加浙江省首批现代化学校评审，被当地老百姓称为"怡学城东"。

开展"指向学生必备品格和关键能力培养的'三有'育人模式研究"，有助于开展对小学阶段学生的必备品格与关键能力的研究，有助于推进立德树人总框架在各学段的具体化，有助于推进基于必备品格与关键能力学业评价体系的研发，能为其他学校的育人模式提供理论经验，还能为地方教育行政部门推动其他学校教育改革提供决策依据。同时，还有助于提升本校的办学质量、品位，实现学校的跨越式、可持续发展。

校长自画像：
"三有"校长，做一只永远奔跑的蜗牛

一、蜗牛行迟，然努力不息

我是一名中师生，毕业于浙江省上虞师范。因为我认为自己没有什么特别优秀的地方，所以，在去读师范的时候，给自己定了一个目标：做一名普通的好学生。

到学校报到的第一天晚上，晚自修放学了，大家都走了，教室的窗户还开着，我就主动留下来关窗户。关着关着，我发现，班主任也留下来关窗户。或许就是因为我主动关窗户吧，第二天，班主任宣布，我做代理班长。就这样，我做了代理班长，一做就是三年（当然，每学年班长都是要进行竞选的）。

跟着自己的心走，认真踏实、不计回报地去做事情，往往有那么几个不经意的瞬间，会改变你的人生。

师范毕业，我分配到了上虞城区小学——上虞师范附小。那时候的自我定位就是做一名合格的老师。因为我知道，在城区学校里，比我优秀的人比比皆是。为了成为一名真正合格的教师，我尽心尽责地做好每一件分内事。

分配到上虞师范附小之后，我主要是做三方面的工作。一是担任"常识"学科的教学，第二学期我就开出了上虞区级观摩课。二是负责学校的宣传报道，我用一台800多元的海鸥相机，在一年时间里，通过邮寄投稿，在《浙江教育报》《绍兴日报》《上虞日报》等媒体就发表了十来则图片新闻，而上虞教育电视台上虞教育新闻栏目基本上每周都会有我投稿的1~2则新闻播出。三是用心做好数奥竞赛辅导。因为我自己对数奥方面很感兴趣，在师范学校的时候就荣获全国首届师范生数奥比赛特等奖。我最初的愿望是做一名数学专职教师，所以主动申请辅导数奥。结果，原来辅导数奥的老师看我这么积极，也把他负责的数奥辅导工作交给了我。上虞师范附小三到六年级的四个年级的校级数奥队就由我一个人辅导了。我基本上每天早上、中午和傍晚，各花近一个小时的时间，分三个组别给学生辅导。结果，辅导了半年多，学生就逐级参加上虞区、浙江省等层级的数奥比赛，取得了上虞师范附小那几年里的最好成绩。

后来，我的表现被一位在筹备上虞第一所国有民营学校上虞阳光学校的校长发现了，破格以从城区抽调的优秀教师的身份进入那所学校。

就这样，我在上虞师范附小只工作了一年。在工作第一学期结束的时候，还未满见习期的我收获了上虞市电教工作先进个人、上虞市宣传工作先进个人、上虞市数奥辅导优秀教师等四张市级（当时上虞为县级市）荣誉证书。

到阳光学校工作之后，因为优秀的数学教师和优秀的数奥辅导教师比我要厉害，我继续担任"常识"课教学，同时带科技类的几个社团和摄影学生社团。因为阳光学校对教师专业发展很重视，内部氛围很好，我也自然全身心投入专业发展上来。

1998年，我参加上虞市新教师比武，获得常识学科第一名；1999年，参加上虞市优质课比武，荣获上虞市常识学科第一名；2000年，参加绍兴市常识优质课比武，荣获绍兴市常识优质课第一名。

在参加工作第四年的时候，我就远赴温州苍南龙港参加了浙江省常识优质课评比。结果，那节课上，学生出了一点事情——一位学生在用水果刀解剖辣椒时，辣椒水溅到了孩子的眼睛里，孩子上课的时候哭了，评委以及听课的老师，不少以为是学生被水果刀割了。后来，获得了二等奖的第一名。

在业务竞赛方面就到此为止，还是继续寻求新的发展呢？我选择了继续寻求新的发展。恰好，从2003年开始，科学教材全面推行，我参加了新课改巡礼课堂教学比武，荣获浙江省一等奖；参加全国小学科学教育分会的课堂教学评比，荣获二等奖；主持的课题"依托综合实践活动课程开展少先队农科技教育的实践与研究"荣获国家课题成果一等奖；课题"初步培养学生小课题研究能力的研究"荣获浙江省教育科学研究优秀成果一等奖，"小班环境下'幸福童心圆'课程改革的实践研究"等7个课题荣获绍兴市优秀教科研成果一等奖；

2015年，主持开发的"家庭科学小实验"课程荣获第三届浙江省义务教育精品课程；2016年，因一窝乌鸫鸟在教学楼走廊筑巢，我发起全人课程"小鸟，小鸟"，央视新闻直播间作专门报道，时长1分51秒；2017年，参加"一师一优课"评比，荣获部级优课；同年，发起并参与指导开发的"让蝴蝶飞进校园"课程被评为浙江省第六届义务教育精品课程。

不与时俱进，不追求持续进步，最大的成绩、最好的天赋，都会成为过往烟云。认真踏实投入地去做事，且能够去做自己喜欢和擅长的事情，你就更能够发光。

20多年的坚持，20多年的汗水，终于在2018年让我有了一丝自豪。这一年，我被评为浙江省特级教师。同年，我又以浙江省仅有的四位中小学校长之一入选了教育部名校长领航工程，并于2019年成立绍兴市第一个教育部名校长工作室——林建锋名校长工作室。

二、蜗牛无华，然情怀至上

"学校是实践我教育情怀的地方。这里让我感到充实、幸福，学校是我第二个家！"

"得其大者可以兼其小"，只有融入江河湖泊，乃至大海，一滴水才更有价值。一个人只有将自己的教育理想融入党的教育事业中去，才能最终成就一番事业。

1. 爱岗敬业，爱校如家，用青春书写教育理想

2004年9月，响应上虞教体局号召，我主动报名到下管镇小支教，用我的激情，为山区学校的教学改革和教育科研作出了自己不懈的努力。2007年8月15日，在自己手术刚满一个月、女儿刚满周岁的情况下，我又服从组织安排，从城区滨江小学副校长的岗位上调到虞北海边农村学校盖北镇小担任校长。在盖北镇小工作的八年里，组织上多次考虑把我调到更好的学校，但我觉得，一所学校的发展还没有真正相对稳固就走了，这对学校发展不利。在盖北镇小工作的八年时间里，我用自己的教育情怀、教育专业和责任担当，紧紧抓住学校异地新建、创教育基本现代化乡镇等契机，通过办学转型，走基于本土化的内

涵式发展之路，使学校走上了可持续发展的道路，实现了盖北镇小的跨越式发展、可持续发展。2015 年 8 月，根据教体局统一安排，我来到地处城乡结合部、整体实力明显弱于城区其他学校的城东小学担任校长、书记，以极大的热情和对教育发展的专业水准，深入开展"幸福童心圆"课程改革，致力于珍重和滋养每一颗童心的小班教学研究。近四年来，城东小学成为全国首批青少年校园足球示范学校，成为绍兴市首批现代化学校。学校由原来的年度考核基本为二等奖的位次到多年荣获一等奖，并持续位列全区前三名。同时，我还带领全体教师紧紧抓住浙江省深化课程改革的契机，以研究的态度，全面深化课程改革。课改方案入编《浙江省深化义务教育课程改革指导手册》，荣获浙江省深化课程改革优秀案例，全省推广。

教育情怀是教育者对教育产生的一种心灵状态，它给予我们不竭的动力源泉！

暑期是学校建设的黄金时间。随着教育经费投入的增加，这几年暑期，城东小学都有不少建设项目。近四年的暑假，我依然像往常一样，过着家庭、学校两点一线的生活。我总是笑着和朋友说："西瓜、空调加 Wi-Fi 那是别人的，我'家里'在装修，我得管着。"

盛夏时节大多都是三十七八度的高温，我骑着"小毛驴"在烈日下穿梭，乐此不疲。望着每天骄阳下进进出出的我，妻子有些心疼："已经放假了，天又那么热，你不会过几天去趟学校吗？你自己的身体也重要啊。"作为家里的顶梁柱，我当然知道这话的含义，但另一个"家"里，满载全体城东师生期待的"大装修"正如火如荼地进行，进度、安全、品质都要顾及，一刻也不能懈怠！我一边安慰着妻子，一边买了一箱方便面放在办公室里。因为不想中午回去被家人看到大汗淋漓的样子，索性好几次就在办公室解决了午饭。

2. 热爱学生，爱生如子，用实践丰盈教育理念

对于学生，我有着一份特殊的情感。我认为，爱人就是护自己的心！教师要感谢学生，因为学生给了教师护心的机会。我把校园里的每一个孩子都当成了自己的孩子，常说"不把孩子放在心里，不从孩子出发，教育就是地对空！""教书与育人本就是统一的。最好的统一方式就是在教书过程中育人。"

（1）爱心悠悠，善待学生。从教以来，我对贫困学生倾注了一腔心血和爱

心。2012 年，在结对一名贫困生小学毕业的基础上，我又重新结对了当年盖北镇小一名一年级的新生阮家波，通过经常性开展家访、谈心鼓劲、赠送学习用品、捐款财物等，帮助这名贫困生健康成长。调离盖北镇小至今已快四年，结对帮扶力度依旧。至今，我已先后结对助学 8 名贫困生。在我的心里，每个学生都有无穷的潜能，学困生也一样，只要老师去引领、去发掘、去帮助，就能让学生点石为金。在滨江小学工作期间，面对一个转学进来的学生，我抓住其对制作动植物标本有着浓厚兴趣的特长，因情利导，指导其制作昆虫组合标本，让这名学生最后获得了上虞区相关竞赛一等奖，让孩子重塑信心，最终在小学毕业考中取得优异成绩。

（2）教学相长，智慧启迪。我十分注重培养学生的能力，特别是创新精神和实践能力。课堂上，我善于捕捉学生的创作灵感。学生祝锦露在"求证红墨水在冷水和热水中，哪个扩散速度快"的实验过程中，提出这样一个问题："如果滴入的红墨水量有大小或者滴入时间有先后，会直接造成实验结果失败吗？"能否用双孔滴管同时注入，避免人为误差。我敏锐地抓住这个创新的火花，积极鼓励并引导这位学生搞小发明，"多孔滴管"在绍兴市创新大赛中脱颖而出。新课程改革以来，我辅导的学生科技作品中有 3 人次荣获国家级一等奖，7 人次荣获省级一等奖，300 多人次在上虞区级及以上竞赛中获奖。

（3）组织帮扶，温暖"花朵"。在盖北镇小工作期间，"让'流动花朵'沐浴在爱和希望的阳光里"是我作为校长不变的承诺。2011 年暑假，来自安徽的五（3）班学生顾家宝被确诊为急性单核细胞白血病，突如其来的变故让这个本来就拮据的家庭雪上加霜。我提出，"一个都不能少"，想尽办法，身体力行，带头捐款，通过争取学校医疗保险赔付的最高限额，组织老师、学生捐款，向红十字会博爱基金、福彩基金及慈善总会的闰土爱心基金提出申请，为顾家宝争取医疗费用达 10 多万元。2012 年暑假，顾家宝康复出院。我联络上虞区政协虞舜书画院、上虞日报社、上虞区摄影家协会、上虞区书法家协会、上虞区美术家协会、娥江天使网等多家单位，共同参加盖北镇小举行的第二届爱心义拍暨学生梦想励志基金启动仪式，成立"盖北镇小学学生梦想励志基金"。该基金面向全体盖北镇小学生，通过在经费上支持，帮助学生实现个人梦想，让学生更好地成长。

我用心组织开展的各个活动，都赢得了社会各界的支持。学校在社会贤达的支持下设立了"流动花朵"（新居民子女）奖学金、特长生奖学金、社团发展基金、学校内涵发展基金、教师专业发展奖励基金，每年基金总额达29.7万元。社会各界关心盖北镇小学发展、关心"流动花朵"健康成长蔚然成风。学校培养了全国少代会代表、浙江省十佳少先队员马文豪同学，浙江省励志少年李宗微同学等一大批优秀"流动花朵"。

3. 学做人师，亦师亦友，用真心润泽教育情怀

"只有内心温暖的教师才能培养出内心温暖的学生。只有内心温暖，才能感动他人，才能温暖世界。也只有一个内心温暖的人，才能崇尚善良、正直，才能做到内心平和、品德高尚。"

（1）真心真情，凝教育合力。不论在哪所学校工作，我努力去做学校里最为热情的一员。我的热情不仅仅体现在我的业务钻研上，也体现在我对同事生活的关心上。城东小学教师杨飞琴因为一次运动意外拉断了跟腱，手术后需要康复训练，我主动了解康复方案，联系介绍康复专家。只要我知道哪位同事有身体不适或者烦心事，总是主动交流，用心安慰。每一次学校或者同事取得突破性成绩，我总是在学校微信群发布信息，有时还发个红包，营造氛围，鼓励干劲。我觉得，用自己的一言一行去影响身边的同事，把"校长、同事、暖心人"的身份统一起来，更能凝聚教育合力。

（2）言传身教，育满园春色。"山间一木难成林，万紫千红才是春。"在努力提高自身业务和素质的同时，我还倾心辅导校内校外的青年教师。已经成为浙派名师培养对象的绍兴市学科带头人吕文焕说："长期以来，师父孜孜不倦的上进精神，谦虚好学的高贵品质，言传身教的高风亮节，给我留下了深刻的印象，令我敬佩和感动，今后我也要成为师父一样的好教师。"

（3）由点及面，扬教学特色。对于"中国教育是一家"的观念，我始终坚信并不断付诸实践。我多次赴西藏、陕西、河南、湖北、湖南、广东、江苏、福建等地义务讲学，尤其是2017年5月，受中国教育学会学科教育分会的安排，到海拔4600多米的西藏那曲地区支教一周，为藏族同胞送去了精心的讲座和独具匠心的课堂教学示范，获得好评。后来，那曲同行告诉浙江省教研员喻伯军老师，希望我能再次去那曲送教。

三、蜗牛身小，然梦想远大

"打造理想中的教育，做幸福教育的守望者"，是我担任校长以来的梦想。担任正职校长 12 年来，"打造怎样的学校""培养怎样的学生"成为我一直思考和实践的问题。为此，我坚持把脚站在自己学校的土地上，不断去发现学校的潜在优势和发展挑战，把自己的全部智慧和精力奉献给学校，引领全体师生追求教育的梦想。

以培养"有爱、有梦、有才"的"三有"好学生为育人目标，打造"三有"教育特色学校，成为过去 12 年乃至今后我和团队追逐的教育梦想。

上虞盖北镇小北临杭州湾，远离市区，是一所地道的农村小学，在 2006 年上虞区小学年度考核排名中位列中等偏下水平（也就是全上虞乡镇小学排二十几名）。到 2014 学年，学校的办学规模已经发展成为有 57 个教学班，123 名教师，2509 名学生，其中"流动花朵"1684 人，占学生数的 67.1%。2007 年 8 月，我从城区学校滨江小学副校长岗位调任盖北镇小任校长兼书记，带领全体盖小师生唤醒潜能，超越自我。短短几年间，我和我的团队在高标准治学中，取得了突破性的成绩：学校先后获得全国流动人口子女·农村留守儿童示范家长学校、全国乡村少年宫试点学校、浙江省教师培训先进集体、浙江省农远工程先进集体、浙江省学习科学发展观先进集体等 30 多个国家级、省市级以上荣誉称号，先后五年荣获上虞所有小学统一排名的年度考核一等奖。2015 年时的盖北镇小已打造成为可与城区学校一较高下的一流农村乡镇小学，"流动花朵"也沐浴在爱和希望的阳光里，幸福成长！"三有"教育的种子在这个阶段萌发并散点式实践。

2015 年 8 月，我成了城东小学的"掌门人"。该校 2003 年建校，2010 年起，由于城镇改造，学校周围村庄拆迁，加之 2012 年浙江省阳光招生政策开始实施（即公办学校只能招收学区内学生），招生环境和政策的变化，导致学校的生源数量大幅度下降。作为城区 5 所小学中整体实力最弱的城东小学，不论是办学规模、办学历史、办学影响力、生源情况、硬件设施，都与城区其他小学有较大差距。城东小学逐步走到了办学最艰难、最有挑战的时刻……

面对学校困境，我决心将"三有"教育进行到底。但我也清晰地意识到，特色教育的打造既是一场严峻的考验，也是一种必然的选择。

四年来，我和学校团队系统梳理、提炼"三有"教育精神文化体系，提出了"珍重和滋养每一颗童心"的办学理念，明确"有爱、有梦、有才"为学校育人目标。我们以陈鹤琴"活教育"思想为引领，结合学校实际，深入探索"三有"教育体系，一体四翼的"三有"教育雏形初现。

"三有"教育是我和团队在新时期对陈鹤琴"活教育"思想的本土化传承和探索，核心内容是"一体四翼"。所谓"一体"，就是指以培养"有爱、有梦、有才"的"三有"好学生育人目标为体；所谓"四翼"，就是指引航之翼——"三有"理念、续航之翼——"三有"课程、护航之翼——"三有"评价、助航之翼——"三有"环境。

1. 建构"三有"教育思想

我认为中国儒家文化中所追求的"仁、勇、智"，正好印证着"有爱、有梦、有才"的育人目标——有爱：仁，养仁者爱人之心；有梦：勇，立勇立潮头之志；有才：智，育知行合一之能。

陈鹤琴的"活教育"思想，亦是"三有"育人目标的根基，儿童是"活教育"的出发点，也是"活教育"的归宿点。儿童原点永远是"活教育"的核心，正如"珍重和滋养每一颗童心"是"三有"教育童心圆的圆心。陈鹤琴确立的"活教育"的目标是三个信念："做人，做中国人，做世界人。"做中国人，是要有家国情怀、民族认同、国家的责任。做世界人，则是让儿童从中国出发，走向世界，走向未来。"有爱、有梦、有才"的"三有"育人目标正是与陈鹤琴的"活教育"思想一脉相承的。

值得一提的是，"三有"教育所蕴含的对学生必备品格和关键能力的培养立足当下，面向未来。中共中央国务院《关于深化教育体制机制改革的意见》中提出了"认知能力""合作能力""创新能力""职业能力"这四项关键能力，而"三有"教育则是育人目标的题中之意，总体是对此要求个性化、针对性的回答。

2. 打造"三有"课程体系

"合抱之木，生于毫末。"我认为课程是办学育人之基。因此，我和团队从"有爱、有梦、有才"这个育人目标出发，有步骤、有目的地实施城东小学"幸福童心圆"课程改革，并对方案进行不断优化。至2019年，学校不仅建立起了包括城东小学绿色德育、活力体育等七个顶层设计，还实施各学科课程规划、品质课堂、品质课题、品质课程群四大工程。"业道酬精"，课程改革的深入产生了一系列新业绩，如在2018年，就取得了如下成绩：

"幸福童心圆"课改方案入选《浙江省深化义务教育课程改革指导手册》，荣获浙江省课改优秀案例，荣获绍兴市级课题评比一等奖，通过省级重点课题结题验收；还有一项课题获省一等奖，4项课题荣获绍兴市一、二等奖；"基于学生发展核心素养的三有评价实践研究"等10个课题立项为包括省级重点课题在内的省、市、区级课题；50余篇论文在省市区获奖或在核心刊物发表，6篇论文获浙江省教研室评比一等奖；"一师一优课"评比中，获部优一节、省优两节；有八个新开发课程已经进入试用阶段。

"知识靠积累所得，智慧靠体验生发。"我们努力追求绿色质量、可持续质量。新学期报到，老师为学生戴"智慧星"是我们打造温暖教育的体现。2017年11月初，尝试"足球＋文化"，将足球特色同世界多元文化相融合，成功举办的学校首届足球运动文化节则是学校尝试国际化教育的体现。21个班级，587名学生，身着21支国家、地区和世界顶级俱乐部足球队的球服，在有地域和民族特点的背景音乐中，展示世界不同地区的风土文化，被评为绍兴市校园足球先进集体。同时，学校坚持"体系育人"。升旗课、周三主题化拓展课程、周五选择性拓展课程、"童年印痕"系列活动，让城东孩子综合能力明显提升：参加区头脑运动会获"团体金拇指奖"第一名，两位学生的作品荣获小学组电脑作品全国一等奖。2018年，我校区级以上获奖学生318人次，获奖学生人数占学校学生总人数的58.1%。学校荣获上虞区教学质量考评一等奖。

3. 创新"三有"智慧评价

2016年起，在我的建议下，城东小学一个年级借助平板教学，实现课前学情精准分析，课中教学智能互动，课后练习精准辅导，课外学习个性成长，从而让课堂教学更智慧、让学生作业更精准、让移动学习成现实、让数据分析成常态。2017年，区人大常委两次调研我校智慧教育建设情况。

我们在评价上寻求与智慧教育新的结合点，致力于打造以大数据为依托的"互联网＋评价"新体系——"三有"好学生评价体系。2016年9月，我们举行了"三有"好学生评价体系发布会暨软件应用培训会。该评价系统结合中国学生发展核心素养，围绕"一个核心""三个维度""六大素养""十八个基本点"，把学生争章同数据分析有效结合，以"有爱""有梦""有才"三大评价领域为引领，根据现有课程、活动、竞赛、展示等，科学地细化为十八个章，把学生的争章行为转化为数据，通过数据采集、分析，对学生进行综合、全面的评价。在这个评价系统中，学生的各种争章活动将随时以图表的方式呈现，让教师、家长及学生自己及时了解争章情况。与此同时，该系统能充分激发家长参与的热情。家长可以根据孩子表现进行反馈，并上传相关数据。"特长针对性培养""潜力唤醒"都将成为现实。2018年，我们从智慧课堂评价体系和"三有"综合评价体系两个方面探索了如何开展基于数据的小学生综合评价，教师、学生、家长人人参与。通过数据精准分析，引发了课程版本从"幸福童心圆"迈向"三有配方课程"的升级，更好地发现学生的短板和唤醒学生的潜能。

2018年，学校被评为绍兴市评价改革基地学校、STEM基地学校，并在浙江省综合评价改革研讨会上作主题为"基于数据的小学生综合评价功能新解"的大会交流，获高度评价。

4. 创优"三有"环境体系

"学校核心竞争力的核心就是学校的文化力。"学校文化建设是学校可持续发展的动力，是学校综合办学水平的重要体现，也是学校个性魅力与办学特色的体现，是学校培养适应时代要求的"三有"好学生的内在需要。

经过四年的努力，学校"一带两区"（未名河文化带、绿色科技生态区、足球运动文化区）初现，"三有"大道、"三有"墙、"三有"广场、"三有"厅、"三有"台、"三有"石、"三有"坪、樱花小径、蝶园、气象站与党员之家、先锋驿站、党建长廊、新校门，以及生态书法台、一米农场等一批特色工程相继竣工，并服务于课程育人所需。

同时，我以乌鸫在教学楼走廊筑巢、繁育为契机，挖掘大自然中潜藏的隐性课程，带领老师们开发并实施"小鸟，小鸟"全人课程。2016年4月23日，中央电视台新闻直播间对该课程进行了报道。"小鸟，小鸟"全人课程获2016年度上虞区教育创新奖。乌鸫离去，蝴蝶飞来。2016年下半年，学校开设蝴蝶课程，开辟蝴蝶园进行蝴蝶培育，至今已培育出4个科21种蝴蝶。"让蝴蝶飞进校园"被评为浙江省第六届义务教育精品课程。2017年4月，乌鸫再次在走廊筑巢，学校开启"乌鸫长廊，三代同堂"新全人教育课程。

这几年，学校紧紧抓住浙江省深化课程改革的契机，以研究的态度，全面深化课程改革，打造"三有"教育办学品牌。

浙江省新一轮课程改革推进的四年，是城东人进一步务实办学的四年，是城东人进一步推进"三有"教育的四年。通过我和全体城东师生的共同努力，学校在四年的时间里，取得了突破性的发展：学校综合办学实力进一步提升，先后被评为全国首批青少年校园足球示范学校、绍兴市数字化示范学校、绍兴市及上虞区首批"文明校园"。课程改革取得阶段性成果，教师业务成长迅速。学校的办学成果受到了社会各界的高度关注，中央电视台、新华社、《中国教育报》先后报道城东办学举措，《绍兴日报》整版报道城东课改，学校十多次在省、市、区现场会介绍课改经验。2019年4月，我们邀请数十位教育部国培办名校长培训班专家来校进行"三有"教育办学诊断，在诊断过程中，强调从点、线、面三个维度，立体式地获取信息，打通了"三有"教育的过去、现在和未来，为城东人实现新的突破奠定了办学思想基础。如今，城东小学已成为领导心目中上虞小学教育改革创新的标杆，成为老百姓口中的怡学学校。

浙江省教研室小特幼教部主任、特级教师喻伯军曾这样评价我："林建锋走到哪，学校发展到哪！"人间有胜境，但追求无止境。我总是这样告诫自己："人生三境，我才经历其中的两境，我离我追寻的'那人'还有一定距离。"

我愿做一只永远奔跑的蜗牛！

学校自我诊断报告：
"三有"育人模式锻造区域品牌示范学校

一、学校历史

1. 学校概况

绍兴市上虞区城东小学坐落于上虞区百官街道人民东路 801 号，创办于 2003 年 8 月，是上虞区教体局唯一一所公办直属小学。学校占地 90 亩，现有教学班级 19 个，550 名学生，56 名专任教师。

2. 历史沿革

（1）第一阶段：2003—2009 年。2002 年，学校在原上虞路东小学的校址上新建，2003 年 8 月正式公开招生。在第一任校长孙建平的带领下，城东小学教职工积极探索"教师走班制"，邀请王崧舟等专家来校指导。同时，以人人争做"小绅士、小淑女"评选活动作为德育工作新载体。

（2）第二阶段：2009—2015 年。浙江省"零择校"阳光招生政策使城东小学逐步进入"自然小班"学校行列。城东人主动开展小班化教育改革，尝试"6+x+y+j 幸福童年"课程设置。面对自然小班的现实，城东小学第二任校长倪云祥提出"教育就是服务"的小班化教育理念，即"温暖每一个，关爱每一个，幸福每一个"。在这个阶段，城东小学走精致化管理之路，小班化教育的雏形逐渐形成。

（3）第三阶段：2015 年至今。在总结前一轮"小班幸福童年课程"改革的基础上，根据《浙江省教育厅关于深化义务教育课程改革的指导意见》，学校第三任校长林建锋果断提出"珍重和滋养每一颗童心"的核心价值观，倡导"纯手工，个性化，顺势润泽每一个孩子"的小班教育理念，用心培养"有爱、有梦、有才"的"三有"好学生，致力于打造怡学城东。同时，城东小学积极在课程改革、校园文化建设做足整合文章，做好特色文章。至2018年，城东小学实现逆流而上、弯道超车的阶段目标。学校先后被评为全国青少年校园足球特色学校、浙江省体育工作先进集体、绍兴市文明学校等。

3. 学校文化

（1）精神文化。

第一，办学理念。

依据"活教育"思想，根据时代背景，结合自身发展需要，城东小学以"珍重和滋养每一颗童心"作为办学理念。

不管是叶圣陶说"教育是农业"的时候，还是陈鹤琴提出"活教育"三论（目的论：做人，做中国人，做世界人；课程论：大自然、大社会都是活教材；方法论：从做中教，做中学，做中求进步）之时，都言明了教育是一种呵护人心、顺应时节和天性自然而然地生长，是一种春风化雨、陶冶浸润的过程，是缓慢和安静的。以人为本、以儿童为中心的城东小学提出"珍重和滋养每一颗童心"的办学理念，就是要从"教育是农业""以儿童为中心"的视角珍重每一颗"种子"，从现代公民核心素养的视角滋养每一颗"种子"，从"关注全体学生发展"转变为"关注每一个学生发展"，纯手工，个性化，顺势润泽每一个孩子，让学习与生命同行，让学生全面而有个性地发展；让教师专业而有特色地成长，成为有理想信念、有道德情操、有扎实学识、有仁爱之心的幸福老师；让学校在深化"幸福童心圆"课程改革、探寻小班化教育规律中成为师生向往的幸福家园、怡学校园。

第二，育人目标。

依据国家教育方针（培养德、智、体、美、劳全面发展的社会主义建设者和接班人），结合学生必备品格和关键能力（认知能力、合作能力、创新能力、职业能力）以及中国学生发展核心素养的要求，学校确定学生培养目标为：培养具有有爱、有梦、有才鲜明特征（包含儒家"智、仁、勇"三大品行）的"三有"好学生。

第三，办学目标。

要培养具有"有爱、有梦、有才"鲜明特征的"三有"好学生，学校就要积极打造校园特色文化，充分创生教育资源，以课程改革优化教学，以文化建设培育情操，以多彩活动锻炼能力，鉴于此，我们把办学目标确定为："四位一体"（生态型、智慧型、温暖型、活力型），打造"怡学城东"办学品牌。

打造生态型城东，创生课程资源，让城东小学成为一所大自然中的学校；建造智慧型城东，创新教育平台，用科技推进课改；营造温暖型城东，创建情感家园，用爱心温暖每一个人；智造活力型城东，创设幸福童年，全面深化"三有"教育课程改革。

（2）其他隐性文化。

以现代化的教育思想和管理理论为指导，学校围绕着"四位一体"，打造"怡学城东"办学品牌，大力弘扬城东精神，努力把学校建成"学生向往、教师幸福、社会满意"的怡学校园。

学校通过以"三有"教育课程体系为核心的各类教育教学活动，致力于培养学生健全的人格、优秀的个性品质，使学生具有健康的体魄，以及包括"有效沟通能力、团队合作能力、自我管理能力、自主学习能力、知行合一能力、创新思维能力"等在内的小学阶段要奠基的关键能力。学校注重教师队伍的培养，通过政治学习、专业培训、自我修炼等形式，提升教师的个人修养和专业素养。全体教师在"敢为人先的开拓精神、直面挑战的豪迈气概、甘为人梯的服务理念、遵循规律的科学态度"的城东精神引领下，以成为"四有"好教师为目标，不断努力。

（3）其他显性文化。

学校校标：以红、黄、蓝三原色为元素，以风车为形象，意喻学子充满活力，朝气蓬勃；团队精诚合作，团结一致。也体现地域特色，如东方旭日，蓬勃发展。

学校校旗：以蓝色的天空为底，中间为流动的白云，正中为大风车校标。意喻学校环境优美，是宜学之地；师生知识宽广，是乐学之所；学生是学校的中心，是怡学城东。

环境文化：城东小学的校园文化是围绕"三有"教育这个顶层设计打造的，它融合了学校精神文化、红色党建文化以及绿色生态文化。深度构建生态文化，让校园的一草一木、一桥一路都成为育人的课程资源。通过对校园绿化、马路、河道以及部分原有建筑等的改造、美化，深化与育人目标相统一的物质文化，提炼育人因子，既追求教育无痕，又打造美丽城东。

二、现状分析

1. 优势

（1）内涵办学基础扎实，内生革命方向明确。这几年，全体城东人自加压力，砥砺奋进，敢于拼搏，勇于挑战，取得了一系列可圈可点的实绩，特别是为今后的进一步发展打下了一定的硬件基础，真正提升了软实力。

（2）特色办学效果斐然，教育品牌扎实形成。近年来，我们坚持"珍重和滋养每一颗童心"的办学理念，秉持"崇尚和谐，追求卓越"的校训，紧紧围绕"有爱、有梦、有才"育人目标，认真贯彻教育方针，努力践行素质教育。我们倾力打造生态型城东、智慧型城东、温暖型城东、活力型城东，奏响怡学城东办学品牌进行曲。

（3）教师队伍专业发展，业务能力逐年增强。近年来，学校通过"精神驱动、政策调动、典型带动、科研推动、读书互动"为一体的师资队伍建设机制，促进了教师队伍的专业化发展。一批教师在省市课堂教学比武中获一、二等奖，以名师、学科带头人、教坛新秀、课改之星为主体的骨干教师队伍人数正在不断扩大，年龄上形成了一个合理的梯队，岗位上涵盖了学校工作的各个方面，这是我校向更高层次攀越的潜力所在、希望所在。同时，一批以年级组长、教研组长、项目负责人等为主的中青年管理人才正在迅速成长，为学校今后进一步的发展打下了较好的人才基础。

（4）构建和谐向上教育场，学生核心素养再提升。在省重点课题"基于学生发展核心素养的'三有'评价实践研究"引领下，我校开展了大量的研究和实践工作，大力营造一个学生情态积极、团结向上、自主发展的"文化场""教学场""人际场""合力场"。这个"场"不仅是一种教育氛围、育人环境，更包括教育理念、思路、策略、方法的变革。通过情感关爱、心理辅导、励志教育等手段努力培植学生积极情态，促进了学生积极自主地发展。积极心理场的建设，为和谐校园的建设营造了良好的氛围。

2. 劣势

（1）施教区生源数少，学校公用经费存在不足。随着城镇化速度的加快以及阳光招生政策的实施，学校周边村庄悉数拆迁，在校学生人数从建校最高峰时的 1500 余人降至 2018 学年的 550 人。学生人数的减少，导致公用经费在使用过程中捉襟见肘，许多有创意的活动和自主的教师培训因经费问题无法开展。但曾经在办学过程中的不分良莠的急剧扩招，埋下了影响办学品牌的隐患。这一教训今后办学务必时时牢记。

（2）地处城乡结合部，学生养成教育有待提高。因为建校的地理位置，学校学生由附近 6 个村和城区两个半社区的适龄儿童组成。农村家庭的教育观念总体朴素，学生家长虽普遍有着"知识改变命运"的强烈渴望，但往往受制于自身文化程度、上班时差等局限，而对儿女的学习指导力不从心，不能很好地在卫生、礼仪、行为习惯等方面引导学生。这些方面都亟待改善，却又难以一蹴而就。

3. 机遇

城东小学近几年的发展已经得到了社会各界及上级领导的认可，不仅表现在社会舆论关注度的上升上，更表现在政策规章、资金投入、软件提升上的支持。因此，城东小学新一轮的内涵发展赶上了最美的时代。

多年发展经验告诉我们，城东小学内涵办学的每一步都与教育的社会背景有着密切的联系。当下各级政府和教育行政机构给予了充分的经费保障，这将最大限度地助力教育现代化各方面基础设施的充分改善。全省义务教育课程改革的进一步深化，将最广泛地调动起城东小学新一轮的课改激情。城东小学基于校情、源于内生革命而自发施行的课程改革与省课改建议方向是完全一致的，措施与内容均互为印证。这些都是我校新一轮内涵发展的机遇，是稳健果敢地推进改革的底气所在。

4. 危机

施教区学生人数的一再减少，给学校内涵办学带来了难题，从 2014 年开始，一年级新生班级为 3 班，且每班人数为 20 多人。自然小班表面上是为小班化改革提供了机遇，但从另一方面来说，作为城区学校，学生基数的巨大劣势成为城东小学在与其他学校竞争中的"短腿"。另外，因为学生人数的一再减少，我校教师 2018 年经历了"消编"分流，给学校新学年的教学安排及教师的心理产生了一定的影响。但作为学校，需要向上级积极争取，停止"消编"，同时要用心引导教师的误判和心理变化。

三、发展理念

精神立校，探寻基于校情的内涵式发展之路。

精神，是办学育人之魂。学校精神是学校文化的最高体现和概括，是对全校师生员工在建设和发展学校过程中形成的群体意识与精神境界的总结、概括和升华。学校精神是赋予学校以生命、活力并反映学校历史传统、校园意志、特征面貌的一种校园精神文化形态，活跃于校园内部并归属于校园文化的范畴。学校精神是校园文化的最高境界，是学校精神风貌、个性特征、社会魅力的最高表现。唯有仔细梳理本校的办学条件、办学历史和经验、办学宗旨，并结合现代社会和现代教育的改革与发展，以此为基点，树立精神立校的办学理念，精心培育与不断完善学校精神，才能真正形成体现本校发展的特有风格，进而重锤密鼓地彰显本校的办学特色。我们重点培育三种精神，即引航作用的学校精神、领航作用的专业精神、护航作用的奉献精神。学校精神是我们力量的源泉，专业精神是我们创新的支柱，奉献精神则是我们创优的保证。

城东精神：敢为人先的开拓精神，直面挑战的豪迈气概，甘为人梯的服务理念，遵循规律的科学态度。

办学理念：珍重和滋养每一颗童心。

办学目标："四位一体"（生态型、智慧型、温暖型、活力型），打造"怡学城东"办学品牌。

育人目标：有爱、有梦、有才。

校训：崇尚和谐，追求卓越。

校风：积极向上，温暖前行。

教风：纯手工，个性化，顺势润泽每一个孩子。

学风：学习做人，学习立志，学习创造。

四、发展目标

实施"三有"教育，培育"三有"学子，打造"三有"名校。

目标概述：从城东小学和学校所在区域的办学实际出发，为了实现把更多的学生培养成为"有爱、有梦、有才"的"三有"好学生，把城东小学办成"有温度，有质量，有影响"的"三有"区域名校，让更多教师成为"四有"好老师（有理想信念，有道德情操，有扎实学识，有仁爱之心），基于"回归教育本真""遵循教育规律""发挥辐射作用"的发展范式，围绕"指向学生核心素养发展的'三有'教育实践研究"这一核心研究问题，凝练"三有"教育思想，打造"三有"教育体系，主要在理念体系、课程体系、评价体系、环境体系四个领域有质的突破。

1.学生发展目标

依据国家教育方针，结合中国学生发展核心素养，学校确定学生培养目标为：培养具有有爱、有梦、有才鲜明特征（包含儒家"智、仁、勇"三大品行）的好学生。

具体表现为：

有爱：仁，养仁者爱人之心。"仁者，爱人也。"爱是所有道德标准的基础，也是维系人与人之间的纽带。学生从小在感受爱中长大，也需要学生说出来、做出来，懂得爱。有爱，并不需要学生们做多么惊天动地的事，有时候仅仅是一个善意的微笑，一个弯腰捡起纸屑的动作，一声"妈妈，您辛苦了"的问候。对人、对事、对环境、对社会，让孩子把他们力所能及的爱表达出来，让爱的种子在孩子们的心中发芽开花，互相温暖。

有梦：勇，立勇立潮头之志。有梦成就未来！学生既需要埋头苦干的能力，也需要仰望星空的追求。树立梦想，也就是大方向树立学生发展的总体目标；树立梦想，也就是分阶段形成学生自主发展的学业规划；树立梦想，也就是不断植入学生发展的不竭动力。所以，城东小学对学生的培养不仅着眼在能做什么，更着眼在学生想做什么与做好什么，为学生的可持续发展和终生幸福奠基。

有才：智，育知行合一之能。才能就是人的里子，不能名状却很重要，它是梦想必不可少的智力储备。学生的学识在很大程度决定着学生能否作出迈出步子的选择，决定着学生能走多远。它包括仓储式的记忆，也涵盖了在记忆的基础上所能进一步具备的由此及彼的能力、举一反三的能力、学会选择的能力。所以，学生多一点知识，就多一块进步的基石；学生多一点才能，就多一层进步的阶梯。城东小学教师的内生革命兼顾教师的本职发展与特长发展，其目的也是为了让学生可以获得更多、走得更远。

2. 教师发展目标

以人为本、学为主体思想是课改的基础，让选择性教育思想润泽童年是课改的方向，实施"三有配方课程"改革是课改的抓手，基础是必须提升教师对课程改革的执教力。学校逐步推进基础性课程校本化、拓展性课程特色化、教育活动（社团活动）课程化。教师发展要做到全员参与，多元发展，不折不扣地达成集体发展全面推进、自主发展特色鲜明的目标。具体表现如下。

学校总体谋篇教师队伍建设的宏图。一是必须培养一支能基本满足课改要求的教师队伍；二是确保打造名优骨干教师集群；三是要倾注最大力量加大对中青年教师的培养。

学校强力支持教师自主发展谋远景，并给予五方面的方向引导：是否申报与课改相关的微创新；是否参与拓展性课程的开发；有没有用心带好一个社团；我的课堂是否有新的变化；是否有意识地将活动转化为课程。以上五个方面作为衡量教师参与课改的基本标准，教师要始终紧紧围绕以上内容制订出学校值得支持、自己能够胜任、学生有所长进、具备创新优势的教师个人发展计划。

五、近几年的发展策略及措施

1. 润物无声，以德治校

制订符合本校实际的德育工作实施方案，全面贯彻《中小学德育工作指南》精神。积极推进民族精神教育，以落实学校生态德育重点，以校园文化建设为内驱力，健全德育管理机制，加强德育队伍建设，营造良好的德育环境，加强德育课题研究，探索德育新途径，完善德育评价机制。全校教师坚定"珍重和滋养每一颗童心"的办学理念，自觉在学科中进行德育渗透，树立以人为本观念，提高班主任工作的艺术性，改变重智轻德的育人观，培养"有爱、有梦、有才"的"三有"好学生。

以绍兴市中小学德育工作考核为契机，以《上虞区中小学德育工作操作手册》为指导，根据校情，健全德育工作管理育人体系。首先，创新德育工作形式，将德育工作课程化为首要工作，以培养学生良好的品行和学习、生活习惯促德育实效，以深化梯度年级体验活动保德育特色。其次，要把少先队课、各类专题教育与德育课有机结合起来，深化落实德育活动课程，实施好升旗课程；以培育和践行社会主义核心价值观为主线，突出强调个人修养、社会关爱、家国情怀教育；进一步完善班级、处室卫生检查考核制度，做到环境整洁、优美，不留死角，垃圾分类工作入心践行；心理健康活动不断完善深化。

建立班主任工作室，吸纳对学校德育工作建言献策的班主任为工作室成员；进一步完善班主任的聘任制度，深化班主任基本功比武活动，以制度保基础，以活动促优化；利用少先队组织，积极开展年级主题体验活动和德育活动课程，让学生在体验和活动中不断成长与进步；积极开展社会实践和公益活动，践行社会主义核心价值观教育；以心理健康教育和平安校园创建活动为抓手，促进两个主题活动务实深化开展。

学校分三年依次抓特色德育课程，强化养成教育，打造绿色德育新体系。2018年，修改完善绿色德育顶层设计；制定完成《城东小学德育工作操作手册》《城东小学学科德育渗透指导手册》；以"升旗课程""学礼课程""童年印痕课程""爱心风暴"为载体，推进养成教育。2019年，建立"升旗课程"精品课程组，着手开发"升旗"精品课程；成立校级名班主任工作室，力争德育课题立项；完善"三有学生评价体系"；2020年，校园文化布置凸显绿色德育元素，争创浙江省心理健康教育示范点、省级文明学校。

2. 坚守教育，质量立校

教学质量是学校立于不败之地的根本，是学校存在最基本的价值体现，是学校各项工作得以顺利开展的最坚实保障。城东小学遵循"六措并举"的原则，坚持质量立校。

（1）做"精"教师发展。精炼体系，精谋实招，精出成效。一是要开展教师个人的分层培养，总体上制订落实与新课改相配套的教师专业发展三年计划，重点推进青年教师培养和名优教师培育。同时，加强在职教师兼任学科的专业培训，培养"一专多能"的骨干教师。二是通过一系列的省、市、校级培训，着力提升全体教师专业化水平，使每个教师都有较先进的教学理念、较强的教学实践能力，掌握科学的教育方法，造就一支师德高尚、理念领先、业务精湛、结构合理、充满活力的高素质专业化教师队伍。三是要以提升课改品质为目标，从打造品质课程群、品质课题、品质课堂、智慧课堂为抓手，对教师进行相关的特长性素养校本培训，扎实开展教研活动，研学结合，整体推动教师业务发展。

（2）做"准"课程开发。对于基础性课程，学校层面要做的是贯彻、实施好，而不是推倒重来。对于拓展性课程，学校应结合实际进行开发、实施。拓展性课程是落实"三有"育人目标的必要补充，要从"育人目标的实现需要怎样的课程体系"出发，找到学生发展需要和学校、教师实际开发与实施拓展性课程可能性之间的平衡点。

学校课程设置符合课程改革精神和学生实际，创设学生自主选择的内容和探究的空间；课程设置与办学理念、培养目标相匹配。课程体系建设完备。根据培养目标，制定富有学校特色的"三有配方课程"规划；课程体系管理规范。学校课程管理制度完善，建立课程开发与教学的资源库，充分利用课程资源为学生成长成才服务；注重信息化背景下教学内容的创新，注重信息技术与教学内容的应用融合；积极创建上虞区级及以上的精品课程群、特色课程群。

（3）做"优"课堂教学。基础性课程是落实"三有"育人目标的主渠道、主阵地、主载体，要变革基础性课程的教学设计和课堂教学实践。一要在教学目标上去创新，在原有的三维目标基础上，要结合"三有"育人目标去尝试单列"有爱、有梦、有才"的具体目标表述内容（栏目）；二要在教学内容上进行二度处理，挖掘教材内容中存在的"有爱、有梦、有才"的教育元素，并根据实际需要，对教材进行适度、贴切、不折腾、不绕圈子的二度处理；三要在教学方式上进行合理变革，多采用有利于"有爱、有梦、有才"目标达成和指向培养学生必备品格与关键能力的教与学的方式。

（4）做"强"教育科研。立足学校教育教学，确立从"幸福童心圆"课程改革全面升级为以培养"有爱、有梦、有才"的"三有"好学生为育人目标的"三有"教育新体系作为学校龙头研究课题及重点课题，全面、扎实推进课程改革，深入课程设置、教法突破、教学评价等方面的思考和实践，优化各学科顶层设计，深化课程、课堂、评价，并逐步推进。引导教师广泛参与"以学论教，学为中心"行动；以课堂教学、教学研究主题化为导向，优化教科节品牌意识，培育研修共同体和团队精神，营造浓厚校本教研氛围，着力打造学习型、研究型教师队伍。

（5）做"实"轻负高质。学校课程改革顶层设计从"幸福童心圆"课程改革全面升级为以培养"有爱、有梦、有才"的"三有"好学生为育人目标的"三有"教育新体系。围绕"三有"育人核心目标，优化各学科顶层设计，深化课程、课堂、评价，并逐步推进。根据小班个性化教育的特点，提出《城东小学课堂教学作业流程量化评价法实施意见》，培育、提升学生学习力。通过以上措施，全方位保障学校"轻负高质"。

（6）做"深"智慧教育。进一步深化学校腾讯智慧校园平台的管理应用，与"三有"好学生教学相整合，推进智慧化的德育评价工作。进一步深化科大讯飞畅言智慧课堂教学平台的应用，并结合其他网络教学软件开展智慧教学，促进学生个性化学习，形成教学大数据。利用好录播教室，建设好校级优质信息化资源建设。积极推动学校图书馆信息化改造，提供更智慧的借阅服务，形成学生阅读大数据。

3. 特色办学，彰显魅力

特色是标签，是品牌，更是一面旗帜。学校特色是学校内涵与气质的外在表现，是学校管理者办学理念的诠释与表达。特色在于人无我有，人有我精。精的本质是寻求办学效益的最大化、教育质量的最优化。结合学校实际实施绿色德育，打造"三有"教育特色品牌，是城东小学未来要坚定不移走下去的正确道路。

绿色德育。换代式升级学校德育工作顶层设计，从"拼盘式"德育课程改革全面升级为以培养"有爱、有梦、有才"的"三有"学生为育人目标的课程化绿色德育新体系。坚持全员全方位育人，通过课堂教学主渠道，通过有重点的系列化活动，培养"三有"好学生。

要通过几年的努力，围绕着"绿色德育"，构建特色鲜明的学校文化，使绿色德育体系日渐形成，通过课程化活动，促进学生良好品质的形成。最终让

"绿色德育"融入学生的血液里，并在社会上有一定的美誉度。

"三有"教育。2016年9月，《中国学生发展核心素养》正式公布。学生发展核心素养体系的提出为我国"要培养什么样的人"做出了具体的回应。然而核心素养应如何落实在课程、教学中，如何实现"五个统筹"，是学校实现学生核心素养发展的首要问题。

指向学生必备品格和关键能力培养的"三有"育人模式研究，将中国学生发展核心素养（一个核心、三个方面以及十八个基本要点）与学校的育人目标"有爱、有梦、有才"无缝对接，拓展了"三有"教育研究的深度和广度。

"三有"教育的打造有助于构建培育学生发展核心素养的学校教育新体系，有助于推进核心素养体系总框架在小学各学段的具体化，有助于推进基于核心素养的学业评价体系的研发，有助于推进基于核心素养的课程体系改革，有助于推进基于核心素养的教师专业发展，也有助于推进基于核心素养的校园物质文化的打造。

六、发展愿景及目标

今后几年，城东小学将围绕指向学生必备品格和关键能力培养的"三有"育人模式研究，从四个维度入手，力求螺旋上升，追求同生共长。

一是建立起引领学校、学生、教师、家长围绕实现"三有"教育目标的理念体系，主要通过精神文化（城东精神、办学理念、办学目标、育人目标、校训、校风、教风、学风）以及制度文化（学校章程、发展规划、自查自评机制和社会监督评价制度、工作评价体系）两方面去探索。

二是建立起支持学生成为"三有"好学生的"三有"课程体系，理顺"三有"与之相匹配的关键能力。主要是把学校已经实施三年的"幸福童心圆"课程打造成"三有"课程新体系，从育人目标方面重构课程，实现课程育人。主要从三个方面去探索：第一，建立起"三有"课程新体系，在拓展性课程领域打造"三有配方课程"，分别是"有才·能课程""有爱·心课程""有梦·想课程"，供学生选择；第二，建立起定位于中国学生发展核心素养在小学阶段的培养标准，也就是建立"三有"素养体系；第三，科学确定基于"三有"好学生培养的关键能力。

三是建立起基于大数据的学生评价体系。包括进一步深化学校腾讯智慧校园平台的管理应用，与"三有"好学生教学相整合，推进智慧化的评价工作；进一步深化科大讯飞畅言智慧课堂教学平台的应用，并结合其他网络教学软件开展智慧教学，促进学生个性化学习，形成教学大数据。以此评价诊断、激励和更好地发展学生，检验"三有"教育体系的成效，进而改进"三有"教育体系。

四是打造环境体系，让校园的一草一木、一桥一河都成为课程资源和育人场所，通过对校园绿化、道路、河道以及部分原有建筑等的改造、美化，深化与育人目标相统一的物质文化，提炼育人因子，既追求教育无痕，又打造美丽城东。

课题研究设计：
指向学生必备品格和关键能力培养的"三有"育人模式研究

　　培养什么人，是教育的首要问题。2018 年 9 月，习近平总书记在全国教育大会发表重要讲话指出，要努力构建德智体美劳全面培养的教育体系，把立德树人融入思想道德教育、文化知识教育、社会实践教育各环节，而传统育人模式便显得捉襟见肘。如何在学校教育中全面实施素质教育，切实转换传统育人模式，打造融会贯通的新模式，这是一项全新的课题。我们认为，在小学阶段，培养什么样的人，就是要培养学生应具备的、能够适应终身发展和社会发展需要的必备品格和关键能力。

一、课题的提出

1. 国内外研究状况述评

　　当前我国教育改革发展已进入一个新的阶段。党的十八大以来，以习近平同志为核心的党中央，坚持把教育摆在优先发展的战略位置，全面深化教育领域综合改革，一批标志性、引领性的改革举措取得明显成效，必备品格、关键能力等成为教育热点和关键性词汇，同时也再次掀起全社会对于核心素养、素质教育、课程改革等话题的热议高潮，引发我国教育领域各层面、各环节改革的又一轮深度推进。

　　（1）关键能力研究综述。

　　"关键能力"是在经济合作与发展组织（OECD）自 2000 年开始的 PISA（国际学生评估项目）测试中作为概念框架被定义的。PISA 测试的"不只是知识和技能，还包含了技能和态度，是能够灵活应用多种心理的和社会的资源，在特定的情境中应对复杂问题的能力"。具体地说，它由以下三个部分构成：综合应用社会文化性工具和技术性工具的能力；在多种社会团体中构筑人际关系的能力；自律行动的能力。它反映了现代社会对个体全面发展的要求。

20世纪90年代，世界范围的教育界就已兴起了一股研究一般能力的热潮。研究者认为，一般能力对于个体积极有效地参与社会，进行终身学习是极其重要的。出于对一般能力不同的理解，世界各国发展了各自的理论，进行了不同的实践研究。英国提出了核心技能（core skills），加拿大提出了工作技能（employability skills），新西兰提出基本技能（essential skills），美国提出了车间技能（workplace know-how），德国提出了迁移导向训练计划（project transfer oriented training）。澳大利亚教育改革委员会主席梅耶在1992年的报告中提出了七种关键能力：收集、分析和组织信息的能力；交流思想和信息的能力；设计和组织活动的能力；合作和团队协作的能力；运用数学思想和数学方法的能力；解决问题的能力；使用技术的能力。日本文部科学省在为大学教育至初等教育编制基于"关键能力"的课程。文部科学省认为，将关键能力定义为人的整体能力而不是片段化的知识和技能，并据此确立目标、思考培养关键能力所应有的教育方式，这是世界各国教育改革的潮流。

2017年9月，中共中央办公厅、国务院办公厅印发《关于深化教育体制机制改革的意见》，明确提出：要注重培养人才"支撑终身发展、适应时代要求的关键能力"，其中包括四项关键能力，分别是认知能力、合作能力、创新能力、职业能力。

以关键能力为主题在中国知网上搜索发现：至今共有1940篇文献，其中2015年有143篇，2016年有183篇，2017年至今有524篇，可以看出我国对关键能力的研究逐年增多，研究成果显著。

（2）必备品格研究状况。

在2017年中美校长高峰论坛上，联合国教科文组织协会世界联合会荣誉主席、国家教育咨询委员会委员、国家总督学顾问陶西平先生作主题为"培养必备品格与关键能力"的讲话，提出人文主义教育价值观中最重要的特点，是把知识的概念进行拓展，知识不能只是传统的信息的认识，而是把"知识""品格"

和"能力"融合在一起。

2018年9月10日，习近平总书记在全国教育大会上的讲话指出，要在加强品德修养上下功夫，教育引导学生培育和践行社会主义核心价值观，踏踏实实修好品德，成为有大爱、大德、大情怀的人。我们国家发展中国特色社会主义教育事业的核心所在是"立德树人"，其核心就是"必备品格"。

以品格为主题在中国知网上搜索，发现至今共有29084篇文献，研究者众多。但总的来看，研究方向主要集中在品德学科方面的研究，相关文献中，在小学阶段必备品格的定位缺乏针对性的深度研究；小学阶段，如何从课程、评价、环境等方面综合立体地发展必备品格的体系性研究相对缺乏。

（3）育人模式研究综述。

教育教学改革风起云涌，育人模式的发展和创造也空前活跃。育人模式研究者众多，许多名校都有自己独特的育人模式。育人模式是人们基于对育人规律的认识，并在育人规律的指导下进行人才培养的一种对策。育人模式涉及多个方面，如教育思想、培养目标、教学内容和课程体系、教学方法和手段、教学资源的配置和整合等。不少学校根据自身情况，努力探索适合的育人模式，如杭州崇文实验学校提出新班级育人模式。再如"快乐"育人模式、"阳光"育人模式等，浙江教科院方展画主任在《切实转换"育人模式"，倾力打造"活力教育"——浙江省基础教育（小学）"转换育人模式"专题调研报告》中提出，如何解放学校校长和教师的传统教育观念、创新教育的途径和方式、建设"活力教育"，这是一项全新的工作。

2. 研究的意义

倡导教育以人为本、以儿童为中心的上虞区城东小学提出指向学生必备品格和关键能力培养的"三有"育人模式，以"珍重和滋养每一颗童心"为办学理念，将培育"有爱、有梦、有才"的"三有"好学生作为育人目标，并构建完整的"三有"教育体系，建设与育人目标相适应的理念体系、教学体系、课程体系及评价体系、校园文化、物质环境体系，通过"三有"教育实现学校的跨越式、可持续发展。

（1）"三有"概念界定。

"三有"即有爱、有梦、有才。"三有"育人模式就是通过教育教学，把学生培养成为有爱、有梦、有才的中国少年。

（2）"三有"育人目标。

之所以把"三有"确定为学校的育人目标，是因为"三有"育人目标沟通了过去、现在和未来。

"三有"教育秉承历史，将陈鹤琴的世界眼光、夏丏尊的家国情怀、马一浮的义理之学、浙江省的山仁水智融入其中。中国传统文化中所追求的"仁、勇、智"，正好印证着"有爱、有梦、有才"的育人目标。

陈鹤琴的"活教育"思想，更是"三有"育人目标的根基。儿童是"活教育"的出发点，也是"活教育"的归宿点。儿童原点永远是"活教育"的核心，正如"珍重和滋养每一颗童心"是"三有"教育同心圆的圆心。陈鹤琴确立的"活教育"的目标是三个信念："做人，做中国人，做世界人。"做中国人，是要有家国情怀、民族认同、国家责任。做世界人，则是让儿童从中国出发，走向世界，走向未来。"有爱、有梦、有才"的"三有"育人目标正是与陈鹤琴的"活教育"目标信念一脉相承的。

同时，"三有"育人目标的确定，更是将党和国家领导人对青少年的殷切希望同学校实际紧密结合，既把握时代脉搏，又"因地制宜"。

（3）"三有"理论依据。

习近平总书记在全国教育大会发表的重要讲话和《关于全面深化课程改革落实立德树人根本任务的意见》《中国学生发展核心素养》等文件的发布，为"三有"育人模式提供了大量的理论依据。中共中央国务院《关于深化教育体制机制改革的意见》中提出了四项关键能力——"认知能力"包含独立思考、信息加工、学会学习、表达交流、终身学习等能力；"合作能力"包括自我管理能力，与他人合作共处的能力，集体生活能力，处理个人、集体与社会之间关系的能力，道德约束力与道德执行力等；"创新能力"包括好奇心、想象力、创新思维、创新人格、创新方法和创新产出；"职业能力"在基础教育中则更多地表现为职业感知、职业认同、职业精神，以及知行合一的自觉意识与能力、学以致用的意识与能力。

立德树人要树完整的人、身心健康的人、和谐发展的人。必备品格与关键能力恰似"人"的一撇一捺，支撑着人的发展。在儒家文化中，人格的完善需要两个重要的向度：一是智，二是仁。智，指的是能力，因为智慧总得有落脚的地方，这落脚的地方是能力；仁，指的是道德品格，主要是仁爱之心。二者相互映照、相互关怀、相互支撑，达到立德树人的"树人"要求。

"必备品格"与"关键能力"更是一个极具理论与实践张力的结构，它们相互统一，密不可分，互相包容。应坚持知行统一、学思结合的原则，能力不能脱离道德品格存在，它必须在一个完整的道德品格与能力的结构中发挥作用。从表层看，能力是可观察、可测量的，是冰山裸露在水面上的那部分；从深层看，情感、态度、价值观则沉潜在水的下面，不易发现，而且很容易被忽略。不易发现，绝不意味着它不存在，也绝不意味着它不发挥作用。"冰山模型"明确无误地告诉我们，能力与道德品格是一个整体，是一个相互依存的完整结构，只重能力不重道德品格是不可能的，丢弃道德品格，其后果必然影响学生核心素养的培育和发展。

以上这些，都为"三有"育人模式提供了大量的理论依据，根据城东小学的实际情况，我们提出了城东小学"三有"育人模式重点培养的必备品格及关键能力。

"三有"育人模式与党的教育方针对应表

总目标	育人目标	重点目标	必备品格	关键能力	主要教育方式
立德树人	有爱：养仁者爱人之心	厚植爱国情怀	爱国、感恩	有效沟通能力（认知能力）	思想道德教育 文化知识教育 社会实践教育
		加强品德修养	诚信、友善	团队合作能力（合作能力）	
	有梦：立勇立潮头之志	坚定理想信念	自尊、自信	自我管理能力（合作能力）	
		培养奋斗精神	勤奋、自律	自主学习能力（认知能力）	
	有才：育知行合一之能	增长知识见识	绿色、正义	知行合一能力（职业能力）	
		增强综合素质	自由、平等	创新思维能力（创新能力）	

同时，指向学生必备品格和关键能力培养的"三有"育人模式研究，将中国学生发展核心素养与学校的育人目标"有爱、有梦、有才"（培养一个有远大视野与开阔胸襟、有崇高精神和执着追求、有丰厚实力和巨大潜能的，既具有地域特色，又具有国际视野的好学生）无缝对接，拓展了"三有"教育研究的深度和广度。

3. 研究的价值

理论价值：通过本课题的研究，有助于小学生必备品格与关键能力的研究，有助于推进立德树人总框架在各学段的具体化，有助于推进基于必备品格与关键能力学业评价体系的研发，能为其他学校的育人模式提供理论经验，还能为地方教育行政部门推动其他学校教育改革提供决策依据。

实践价值：通过本课题的研究，有助于提升绍兴市上虞区城东小学的办学质量、品位，有助于构建指向学生必备品格和关键能力培养的学校教育新体系，有助于推进指向学生必备品格和关键能力培养的课程体系改革，有助于推进指向学生必备品格和关键能力培养的教师专业发展，也有助于推进指向学生必备品格和关键能力培养的校园物质文化的打造。

二、研究目标、内容及创新之处

1. 本课题的研究目标

（1）如何通过"三有"育人模式使学生必备品格和关键能力在小学阶段的培养目标全面落地。

（2）如何构建指向学生必备品格和关键能力培养的"三有"育人模式完整体系。

（3）如何通过"三有"育人模式提升该校课程育人水平，凝练教书育人的工匠精神，优化校园文化、物质环境，实现学校的跨越式、可持续发展，并辐射上虞区内外学校学生必备品格和关键能力培育的教育改革。

2. 本课题的研究内容

实施"三有"教育，培育"三有"学子，打造"三有"名校。

从城东小学和学校所在区域的办学实际出发，为了实现把更多的学生培养成为"有爱、有梦、有才"的"三有"好学生，把城东小学办成区域名校，让更多教师成为"四有"好老师（有理想信念，有道德情操，有扎实学识，有仁爱之心），基于"回归教育本真""总结教育规律""发挥辐射作用"的发展范式，围绕"指向学生必备品格和关键能力的'三有'教育实践研究"这一核心研究问题，凝练"三有"教育思想，打造"三有"育人模式，主要在理念体系、课程体系、评价体系、环境体系四个领域有质的突破，达成如下目标。

一是建立起引领学校、学生、教师、家长围绕实现"三有"教育目标的理念体系。主要通过精神文化（城东精神、办学理念、办学目标、育人目标、校训、校风、教风、学风）以及制度文化（学校章程、发展规划、自查自评机制和社会监督评价制度、工作评价体系）两方面去探索。

二是建立起支持学生成为"三有"好学生的"三有"课程体系。主要是把学校已经实施三年的"幸福童心圆"课程打造成"三有"课程新体系，从育人目标来重构课程，实现课程育人。主要从四个方面去探索：一是建立起"三有"课程新体系，在拓展性课程领域，打造"三有配方课程"，供学生选择；二是建立起定位于中国学生发展核心素养在小学阶段的培养标准，也就是建立"三有"素养体系；三是科学确定基于"三有"好学生培养的关键能力；四是坚持教研强校战略，打通"三有"理念与教育教学，打造一批"三有"教育的精品课程、教研与课堂范例，培养教师真正让必备品格和关键能力在教育教学中落地的真本事。

三是建立起基于大数据的学生评价体系。包括进一步深化学校腾讯智慧校园平台的管理应用，与"三有"好学生教学相整合，推进智慧化的评价工作；进一步深化科大讯飞畅言智慧课堂教学平台的应用，并结合其他网络教学软件开展智慧教学，促进学生个性化学习，形成教学大数据。

四是打造环境体系，让校园的一草一木、一桥一河都成为课程资源和育人场所，通过对校园绿化、道路、河道以及部分原有建筑等的改造、美化，深化与育人目标相统一的物质文化，提炼育人因子，既追求教育无痕，又打造美丽城东。

今后三年，每年都围绕这四个维度开展，力求螺旋上升，追求同生共长。

3. 本课题研究的创新之处

材料创新：本研究因应当下热点研究课题——学生必备品格和关键能力的

培养问题，透过不同领域（课程）的"学习内容"和"学习方法"来培养、积累实践智慧。"三有"育人模式把核心素养的基本点作为阶段目标，通过实施"三有"教育，实现核心素养水到渠成的落地，同时，让有爱、有梦、有才的"三有"思想丰富中国学生发展核心素养在小学阶段的新内涵。

技术创新：本研究在评价环节主要以大数据为依托。我们将对学生在校的学习、活动进行数据分析、比对，最终对学生作出科学、精准的评价。

方法创新：主要运用行动研究法，以绍兴市上虞区城东小学为个案，透过计划、行动、观察、反思与修正的行动研究路径，深入研究指向学生必备品格和关键能力培育的"三有"教育体系，促进实践改进，具有研究方法与研究问题的自治性。

三、研究思路方法、实施步骤及预期成果

1. 本课题的研究思路

（1）通过精神文化（城东精神、办学理念、办学目标、育人目标、校训、校风、教风、学风）以及制度文化（学校章程、发展规划、自查自评机制和社会监督评价制度、工作评价体系）两方面去探索"三有"教育理念体系。

（2）坚持教研强校战略。通过做"精"教师发展，做"准"课程开发，做"优"课堂教学，做"强"教育科研，做"实"轻负高质，探索"三有"教育课程体系。通过进一步聚焦教师培养的突破点，打通教师广泛认同"三有"教育理念与更好地在教育教学中落地"三有"教育之间的堵点。要以教师为主体，激发广大教师的主动性和创造性，并辅之以专家力量的支持，打造一批落实必备品格与关键能力的课堂教学和教研活动范例，形成"三有"教育精品课程群，培养教师真正让关键能力在教育教学中落地的真本事。

2. 本课题的研究方法

（1）行动研究法：在"三有"育人模式构建过程中，根据实践、反思、调整，再实践、再反思、再调整的路径开展校本实践。

（2）文献综述法：通过必备品格、关键能力、育人模式的文献研究，梳理"三有"育人模式的内涵、特征以及当下的实践范式等，构建起"三有"育人模

式的理论体系。

（3）案例研究法：通过"三有"育人模式构建过程中出现的各种课程、教学模式、教学案例、管理模式、校园环境、校园文化等进行案例收集与分析，形成具有价值的实践数据。

（4）大数据统计：通过借力智能化的技术力量，打造一个开放的、创新的、协作的和共享的智慧评价体系，利用软件、设备等把学生的学习情况以数据方式记录并分析，实施基于数据的小学生综合评价，并以数据为依据，升级课程改革，改进教学方式，发掘学生潜能，从而打造指向学生必备品格和关键能力培养的"三有"育人模式。

3. 本课题的技术路线

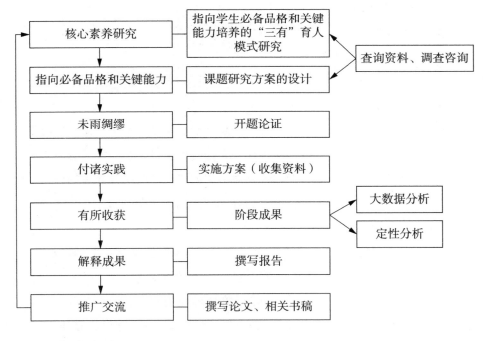

4. 实施步骤

第一阶段（2018年5月—2019年6月）：准备阶段。

（1）研究目标：探寻与提升。

在稳步提升学校办学水平的前提下，利用一年左右的时间进行学校发展的重新定位和制度重构，全面审视、构建学生自主发展、教师专业发展、学校持续发展机制。通过学校的制度和机制创新、办学特色和课程与教学改革、教育科研的发展，力争取得突破性成果，形成与新的发展思路和目标相适应的学校物质文化。

（2）重点任务：

继续实施省重点课题"三有"评价研究；

梳理并重构"三有"教育理念体系；

完善"三有"环境体系建设三年规划，并启动第一年实施方案；

启动"三有"课程课题，争取成为区、市两级课题。

（3）实施措施：

组建研究、实践团队；

建立专家指导团队；

争取上级支持；

筹备、成立名校长工作室。

第二阶段（2019年7月—2020年6月）：主要研究阶段。

（1）研究目标：实践与突破。

全面提高学校的核心竞争力，大幅提高学校总体办学水平，使学生的学业成绩继续提高，有一批在区内乃至省级领先的特色项目，在办学的总体质量和特色方面在区内外产生较大影响，各方面工作创造出一些比较显著的成果，形成与新的发展思路和目标相适应的学校制度文化与学生行为文化。

（2）重点任务：

总结省重点课题"三有"评价，并送省参评，争取立项为国家级课题；

围绕"三有"教育理念体系，建立比较完善的制度体系，入脑入心见行动；

争取实施包括阅读中心和科技中心等在内的专用教室、学科教室空间群落建设项目，深化"三有"环境体系，助力"三有"课程体系建设，提升"三有"教育的硬件设施

（3）实施"三有"课程体系，并争取成为省级重点课题。

（4）实施措施：

研究实践团队崇尚学习；

研究实践团队月工作例会制；

建立若干个名师工作室；

邀请专家团队问诊把脉。

第三阶段（2020年7月—2021年3月）：总结验收阶段。

（1）研究目标：总结与推广。

全面达成学校发展目标，使学校在绍兴市内外的影响不断扩大，进入绍兴市一流学校行列，成为上虞区学校内涵发展建设示范性样板学校，形成与新的发展思路和目标相适应的学校核心价值观与精神文化。

（2）重点任务：

总结"三有"课程体系；

出版"三有"教育著作。

（3）实施措施：

一组文章发表（国家级核心期刊不少于三篇，每年发表至少一篇）；

一篇学术报告（第二年要完成）——《指向学生必备品格和关键能力培育的"三有"教育实践研究报告》；

一个全国名校长工作室（第一年组建）；

两篇研究报告（第二年一篇，第三年一篇），预期为《指向学生必备品格和关键能力培育的"三有"教育实践研究报告》及一本编著《学生必备品格和关键能力培育的"三有"教育策略》；

一场办学思想研讨会（第三年完成），指向学生必备品格和关键能力培育的"三有"教育实践研讨会。

5. 预期成果

本研究的成果形式：研究报告、研究论文、研究书籍以及实地察看。

第一阶段成果：研究论文——指向学生必备品格和关键能力培育的"三有"教育实践研究相关论文及校园环境建设成果。

第二阶段成果：研究报告——《指向学生必备品格和关键能力培育的"三有"教育实践研究报告》。

第三阶段主要成果：研究书籍——《"三有"教育故事集锦》《学生必备品格和关键能力培育的"三有"教育策略》。

第三阶段其他成果：（1）为教育行政部门推进学生必备品格和关键能力与

学校教学融合，全面落地学生必备品格和关键能力培育政策出台提供决策依据；为其他学校探索指向学生必备品格和关键能力的教育改革提供实践经验；为教育科研机构进行核心素养培育理论研究提供研究案例。（2）促进绍兴市上虞区城东小学教学质量的进一步提升，打造"三有"教育的特色品牌；同时，为上虞区以及周边地区教育改革推进学生必备品格和关键能力培育提供实践经验。

第三辑

教育，从"心"开始

叶丽敏，琼山区椰博小学党支部书记、校长，曾任琼山第五小学、第三小学书记、校长。她一直以"立德树人，爱心育人"为教育执念，坚持"教师是学校发展的力量"的团队意识，坚持"走文化内涵发展之路""用文化引领学校发展"的办校策略，树立"加强学校文化建设，促进学校品质提升"的品牌意识，始终致力于办优质品牌教育事业。

2019年，携着海南自贸区（港）的改革东风，伴着教育新思潮的步伐，带着对家校共育的新思考，她调任海口市琼山区椰博小学校长。在这所年轻的学校里，她以一切重头再来的勇气与担当，带领一群平均年龄34岁的年轻椰博人，以"激情·速度·卓越"的工作信条、"让阅读成为生活状态"和"用专业成全自己"的个人生长意念，在椰博新教育的土地上开启新的教育征程！

椰博小学是一所崭新而富有现代气息的学校。学校坚持"以人为本、发展为主"的育人宗旨和"朝向未来、卓越而生"的办学理念，深刻领悟"教育即生命，生命即教育"的真谛，提出以"生命教育"为学校教育核心和特色办学的主张，立足当下、着眼未来，朝着"办未来学校，育致远学子"的办学目标砥砺前行。

校长自画像：
教育，从"心"开始，用"爱"相随

　　毋庸置疑，我是幸运的，虽然出生在农村，但是家庭条件好，父母及家人间和睦融洽，我真正体会到了家和万事兴！同样，我是幸福的！除了在充满爱的家庭中生活外，从小学、中学到师范院校的学生时代，都是在老师的关爱、同学的互助中快乐成长。甚至在任职的工作单位，有着一帮志同道合的同事相互扶持，他们给予我的关爱不亚于父母！一路走来，我深深地体会到：一个人要想身心健康地成长并拥有善良的本质，和睦的家庭氛围、知书达理的家长、和谐的学习环境、和美的工作条件都起着关键性的作用！

　　因此，我时时提醒自己，要拥有这样的品质并影响身边的人。

　　1991 年 8 月，我实现了自己的梦想，成为一名光荣的人民教师，并有幸在大城市里一所优质的学校里任教。在这里，我遇见了影响我一生的优秀教师群体，遇见了众多对我上完上岗后第一节汇报课就定下我为学校培养对象的校领导，还有支持我工作给我掌声的每一位家长，特别是跟我一起成长的一届又一届真正体现"教学相长"的优秀学生！当身边每一个人都对我的成长伸出充满爱心的双手扶持我向前、助力我前行时，我唯有以自己善良的品行、真诚的热心、勤奋的劳作以及突出的业绩教好每一个学生，带好每一个班级，真心对待每一位同事，这就是我作为一个领导应该回报给他们的。

　　1998 年，我以全省笔试、课堂展示评比总分第一名的优异成绩成为海南省第一届省级骨干教师；2014 年，成为第二届海南省骨干校长，成为海南省小学卓越校长工作室主持人；曾多次应邀去四川、新疆昌吉、江西南昌、海南省骨干校长培训班、新入职校长培训班，以及海南省内临高县、定安县、琼中县、保亭县等多种场合、多个市县作报告和现场指导。2018 年，我有幸成为教育部

"国培计划"第二期领航班学员。

我坚信，"没有爱就没有教育""没有心灵交融通洽就无法携手同行"！因此，我的办学主张是：一切以人的发展为根本，办一所真正促进"人"的发展为中心的学校，一所能培养人向上向善、有高贵品质、有家国情怀、有国际视野的学校。

一、坚持文化立校，办有文化气质的学校

众所周知，学校是文化的代名词。坚持办有文化气息、有文化氛围的学校，注重发展学校内涵是我们追求的最高境界。从学校理念文化的定位、外显文化的体验、内隐文化的提升、制度文化的确定和执行落地、师生行为文化的彰显和自觉等，都是我们坚持文化立校应关注的重点。

1. 理念文化，引领学校高效发展

众所周知，学校文化是一种综合性文化，是学校群体成员在教育教学和管理实践中逐渐积累、共同创造生成的价值观念、思维模式、行为方式及活动结果，影响和制约着学校群体并代代相传。理念文化则是学校发展的纲领性文化，具有引领性、目标性、奋发性，是精神文化。它决定了学校的办学定位、办学特色，能引导人、塑造人、激励人，激发学校深层次、高品质发展，是师生自内而外散发出来的品质体现。学校理念文化是经学校全体教职员工根据学校实际情况和发展需求提炼出来的，是学校的价值导向，体现了学校中人的价值认可取向和经久奋斗目标，对学校的发展起着引领作用。

2007年，我担任了琼山第五小学的校长，这是一所只有四年校龄的年轻学校。我与学校团队根据学校实际、区域特点、家长意见，借力专家指导提炼出学校的核心文化：魅力教育。并以此为纲领，围绕学校工作涵盖了七大方面：以传统经典为主题的校园环境文化，彰显育人功效；开发突出地方特色的"椰韵"课程；创建了具有生成效能的课堂评价体系；撰写了具有奋发积极向上的校歌《让胜利的旗帜飘上蓝天》；设计了具有丰富内涵的校徽和代表性的名为"小五"的学校吉祥物；撰写了学校办学理念、办学目标，明确办学定位；提炼出了学校的管理制度汇编本《五小百科》。

2. 制度文化，规范学校办学行为

没有规矩，不成方圆！为了让学校的办学行为更加规范，要真正做到依法办学、依法治校，坚持党的教育方针，坚定政治意识。同时，我们依据培养"四有"教师的任务，发扬"立德树人"的根本目标，根据学校实际情况，制定出一套可操作、具备制约功效、能让教职员工自觉遵守并起到管理队伍功能、促进学校发展的制度，真正做到用制度管人！

3. 环境文化，凸显学校品位、特质

我们很清楚，环境文化是学校的外显文化，有育人于无声的功效。加强学校环境文化建设，让环境文化有主题，让学校环境得到优化、得到美化，能够润泽人的思想、满足人的视觉享受，更能起到规范笃行、激励人积极向上的功效！

有人说，"三分人才，七分打扮"。这虽然指的是人物，但是我认为这样的理念用于学校也是非常有意义的。琼山五小地处城乡结合部，学生85%以上是农村务工人员子女，80%的教师从农村调进来，生活条件、生活环境都不尽如人意。学校为了让老师尽快融入都市环境，提高生活品质，树立高品质生活追求，让每个孩子树立现代都市公民意识，除了依托课堂教育外，更多的还希望通过打造优美、舒适，既传统又现代灵动的学校环境文化来浸润师生的灵魂深处。学校以传统经典文化为环境建设底色，坚持"读经典书，做儒雅人"的理念，在学校围椅、连廊、横梁、墙壁等地方，悬挂、张贴或篆刻传统经典文化《三字经》《弟子规》《千字文》《百家姓》等，让学生目之所及，处处可见，看之、读之、思之，最后记之、行之，凸显环境能熏陶人的思想、感化人的心灵、提高人的品质的功效！

4. 行为文化，张扬个性师生品行

教育最终就是成全人，让每个人成为最好的自己，让每个人的自我优秀品质都能彰显在品行举止上，成为社会中文明的公民。一所学校的师生来自不同的地方，生活习惯、文化层次、家庭影响等都不尽相同。作为管理者的校长要让大家拧成一股绳、劲往一处使、心往一处想，我常常会借力各种活动设计，例如重要节日的纪念活动、班级的行为文化活动、家校的亲子活动等，使得我的每一支团队都能成为"报之即来，来之能战，战之能胜"的队伍。

二、坚持从"心"开始，构建亲人关系的团队群体

从"心"管理，用"心"管理，这是我无论作为教师还是校长所遵从的一条原则。我坚信那句老话"人心从我心出"，希望在我的学校里所有的人都如亲人一般，也希望每一位教职员工不仅仅是生硬的工作伙伴，而是相亲相爱的一家人。因此，不论在哪一所学校，我们的工作微信群名都叫"一家亲"！

1. 搭建平台，让每个人都有发言权

虽然校长是学校名义上的管理者，但我认为每一个人都应该是学校的管理者，因为对于学校的建设与发展，每一个教职员工、学生以及家长都有自己的发言权。除了常规的教代会让我团队的每一个人"发声"、"家委会"让家长们献言献策、"少代会"让每一个孩子参与学校的管理以外，我会搭建"忘年会""忘忧会""家校共育会"等平台让教职员工、师生、家长们的心声"软着陆"。

2. 创造机会，让每个人都有展示的机会

一个人最难的就是认识自己。我的工作经历告诉我，没有一个人知道自己到底有多大的能量！琼山三小是一所百年老校，曾经是琼山重点小学，在琼山的教育史上留下浓厚的一笔，但是在改革发展的道路上遇到了"停滞不前"的困境，因此曾经优秀的教师团队逐渐变得倦怠、疲惫，失去了应有的活力。2017 年 8 月，由于工作需要，我调任琼山三小校长，便开始借助工作室的强大资源把中层干部及骨干教师、青年教师外派学习和培训，创造机会，让他们每一个人都有在不同的平台上展示自我的机会。

3. 助力成长，让每个人都成为最好的自己

教师的成长，是一所学校发展的潜力。"让每个人成为最好的自己"，是我能带给团队每个人最大的福利！琼山五小 2003 年建校时，是琼山区域中名不见经传的学校，我曾经跟每一位教职员工说，我会让你们成为五小最好的名片，让琼山的教育同行因为你是五小人而对你敬仰！因此，从"省级规范校""教研区域组长校""全国文明校园"，我实现了"让每个人成为最好的自己"的诺言！

4. 解困除忧，让每个人都能安居乐业

俗话说：安家乐业！我深知，只有解决了教职员工的后顾之忧，才能让他们在自己的岗位上做得更好。我知道，要让教师走进校长办公室会比较困难，

但是，我可以走近老师们，与他们拉家常，关心他们的家庭生活，并切实帮助他们解决实际困难。

三、坚持用"爱"相随，培育向上向善的时代英才

马卡连柯说过这样一句话："爱是教育的基础，没有爱就没有教育。"在成为一名光荣的人民教师之时，我就坚守着这样一条信念：事业用"爱"相随！虽然我现在是一名校长，但始终热爱着我的课堂，因此，每个学期，我都坚持开展"校长大讲堂"活动。

1. 爱己爱人，给学生以潜移默化的体悟

有一种教师的幸福在于看着自己的学生青出于蓝而胜于蓝，从教 28 年，教过的学生一茬接一茬，最快乐的事情莫过于跟之前的学生见面时，总能感受到他们对于当年教诲的体悟，并且在自己的工作与生活中既能"爱己"也能"爱人"。

2. 让爱撒课堂，更有内质

一直喜欢课堂上的自己。因为爱着这份事业，所以在教育中总是愿意探索教育改革的路径，从最早以身践行的"情景教育法"，到"魅力课堂实践评价"，再到如今的"和美课堂"，我始终努力追求课堂改革，找寻适合学校发展的教育实践路径，让爱撒课堂，更有内质！

3. 爱在细节，让爱无微不至

在一所学校的管理中，从精细到精致，我关注着学校每一次前进的脚步，聆听学校每一个人的心声。也许是性格的原因，我总喜欢任何事情都亲力亲为，也许在很多人的眼里，这样的校长很累，但是，校园每一处细微的变化都能让我愉悦，每一句肯定的话语都让我重燃激情！爱，让我有着不竭的前行动力！

四、坚持专业引领，无为而治的存在威严

我以为，专业引领是校长治校最好的攻略，无为而治才是最好的存在威严。

1. 厚实专业底蕴，让自己有发声的底气

校长，不仅仅是管理者，更应该是教师专业的引领者。对师资队伍的打造

和建设，我从不放松。琼山三小是一个合格的团队，但还不够优秀，它缺乏应有的灵动，在我的思想里，它可以走得更远、走得更好。因此，我成立了琼山三小"商养学院"，亲自为教师们做培训，并借助工作室的培训资源，厚实专业底蕴，让自己有发声的底气！

2. 扎实专业技能，让自己有发力的力量

扎实专业技能对于校长管理而言是十分重要的。它不仅影响着校长决策的速度和正确性，更是一种素养与能力的表现。我鼓励教师们以课题研究扎实专业技能，自己也一直致力于课题研究，亲自参与和主持国家、省、市级多个课题，并使课题研究成果辐射教育教学管理，为学校提升教育教学质量保驾护航。

3. 鲜活专业思想，让自己有发话的依据

"问渠那得清如许？为有源头活水来。"我明白，让自己永葆鲜活的专业思想，才能走得更为扎实。因此，我从不放弃阅读学习，也从不放弃每一次参训的机会。从骨干教师到骨干校长，再到工作室的主持人，我始终坚持专业阅读，也把阅读的力量传递给我身边的每一个人。每学期学校开展的"教师说书""朗读者""最美书房"等活动，让每一个人感受到阅读的魅力！

学校自我诊断报告：
办为孩子的幸福成长奠基的学校

一、学校历史

1. 学校概况

海口市琼山第三小学坐落于现海口市琼山区府城镇新城路 49 号，校园占地面积约 20.1 亩。学校始建于 1912 年 1 月，当时是私塾学堂，于宴公庙（即今校址）为教室，只有 1 名先生，10 余名学童。发展至今，学校建有两幢教学大楼，7 幢教工宿舍楼，建筑面积 18852 平方米。学校现有教学班 51 个，学生 3252 名，教职工 187 名。

2. 历史沿革

学校始建于 1912 年（民国元年）1 月 10 日，1939 年 2 月，日军侵琼前改名为第十五国民（小）学校；1950 年秋，改名为海口市私立树人小学；1952 年，琼山县人民政府接收并将私立小学转为公立小学；1953 年，改名为琼城镇第一小学；1954 年，改名为海口市二十六小学；1956 年，改名为绣衣坊小学；1958 年 12 月，改名为海口市府城镇小学；1960 年，改名为琼山县小学；1966—1977 年，曾更名为红城三小、府城三小；1978 年 10 月 24 日，复更名为琼山县小学；1984 年，改名为琼山小学；1994 年，琼山撤县设市后更名为琼山市第三小学；2002 年 10 月，海口、琼山行政区划调整后，学校定名为海口市琼山第三小学至今。

自 1978 年恢复升学考试制度，学校升学成绩每年居琼山县各学校前列。1982—1990 年，考上海南中学学生总人数为 441 人，年平均 45 人，连续八年居海南省第一；1979—1982 年，"说话教材"实验和 1986—1991 年"注音识字，提前读写"教改实验获得成功，撰写的《五年整体改革实验报告》在省教学改革成果奖大会上介绍；1982—1988 年，连续七年获全省小学生田径运动会总分第一名，体育达标率在 96.8% 以上，连续五年被评为省体育达标学校；1989 年，学校代表海南省参加在北京举行的全国中小学生韵律操比赛获第八名；多名学生参加全国举行的一系列学艺、文艺竞赛，获得一、二、三等奖，受国家教委嘉奖。1995 年，学校被国家教育司评为全国学生视力监测先进学校；1995 年 5 月，被海南省教育厅评为"海南省推行《国家体育锻炼标准施行办法》先进单位"；1997 年 12 月，被海南省教育厅评为"海南省电化教育示范学校"；1998 年 1 月，荣获海南省教育厅颁发的"海南省儿童舞蹈调演表演一等奖"；1999 年 12 月，荣获海南省教育厅颁发的"海南省中小学校容校貌评比一等奖"；1999 年，荣获海南省爱卫委颁发的"海南省卫生先进单位"。

2000 年 10 月，国家教育部授予学校"全国中小学现代教育技术实验学校"称号；2000 年 12 月，国家教育部授予学校"全国学校艺术教育工作先进单位"称号；2007 年 8 月，国家教育部授予学校"十五全国家庭教育工作优秀家长家学校"称号；2010 年 7 月，七彩科技系列活动全国组委会授予学校"科普示范学校"等荣誉称号。学校先后荣获"海南省基础教育课程改革实验先进单位""海南省现代教育技术实验合格学校""海南省校本培训示范学校""海南省少先队工作示范学校""全国防震减灾示范校"等称号。

二、学校发展的诊断与现状分析

1. 师资队伍情况

学校教职工 187 人，专任教师 150 人（在编 160 人，临聘 18 人）。从学历结构上看，硕士 1 人，本科 62 人，专科 118 人，高中以下 5 人。从职称结构上看，高级教师 11 人，一级教师 78 人。从年龄结构上看，35 岁以下的教师 37 人，36 岁至 45 岁的教师 63 人，46 岁至 54 岁的教师 52 人，55 岁至 59 岁的教师 13 人，教师平均年龄 41.53 岁。市级骨干教师 12 人，区级骨干教师 9 人。

师资队伍的优势是：具有良好的教师职业素养，敬业爱岗，责任心强，工作积极主动；教师队伍整体素质较高，初步形成了一定的校级骨干力量。

师资队伍的劣势是：缺乏非常冒尖的骨干教师和学科带头人；教师学习思想滞后，教科研水平偏低，没有形成开展教育科学研究的浓厚氛围；教师队伍老化，平均年龄41.53岁，部分教师因为年龄偏大，知识结构老化，操作电脑等的能力差，始终处于较低层次水平；年轻教师实践经验缺乏，需要锻炼培养；另外，工作与家庭、与学习之间的矛盾对教学工作构成一定程度的影响。

2. 学校环境情况

学校环境的优势是：学校地处人口密集的居民区，交通便利，位置居中，走读半径约为1.5千米。

学校环境的劣势是：学校结构不合理，校园内有教职工宿舍，教学区、活动区、教师生活区融为一体，这给学校的管理造成许多麻烦，同时也制约学生活动的空间，给学校教育教学环境增加不利的因素；学校处于人口密集的居民区，以及近年来入学政策放宽，外来务工子女不断增多，班额过大；校园占地面积比较小，建设用地有限，许多功能室被迫改为教室。

3. 学生和家长情况

琼山三小距原琼山市委市政府才100多米，是原琼山市的重点小学。2002年琼山、海口区划调整前，琼山市委市政府及其所属机关工作人员以及海南中学、一八七医院干部职工的子女大多数选择来琼山三小；2002年琼山、海口区划调整后，原琼山市改为海口市琼山区，许多机关单位也进行调整，2018年琼山区委区政府及所属机关办公区搬迁至滨江路，另外海口市也冒出了如海口市九小、二十五小、十一小等优质的学校，市区机关干部职工的子女有了更多的选择。随着农村社会经济发展、农村城镇化、近年来入学政策放宽，以及原琼山市农村人对琼山的情结，外来务工子女日渐增多。生源变化较大，学生来源比较复杂，家长的职业、文化层次、经济水平呈多元结构，家长群体层次也悄然变化。随着农村城镇化进程加快，家长的观念也在发生变化，对子女教育问题开始重视起来，已不仅仅关注孩子将来能不能考上大学，对子女的英语、计算机、艺术特长教育也开始关注。

优势：

（1）生源自然增长，为学校发展提供了基础保证和发展的机遇；

（2）家长观念在悄然发生变化，对教育会越来越重视；

（3）由于家长来自四面八方，蕴含着许多可供开发的教育资源。

劣势：

（1）学生来源成分复杂，层次差异较大，对学校管理和教师的教育教学水平要求高；

（2）绝大多数学生因家长不在身边，跟随亲戚或老师寄宿，缺少家庭教育；

（3）有些监护人文化水平太低，家庭教育指导能力和效果无从谈起；

（4）家长对学校教育的要求差异较大；

（5）家长的职业、文化层次、经济水平呈现下滑趋势。

4. 校本课程开发情况

学校严格按照国家颁布的课程计划、课程标准，开齐课程，开足课时，能积极进行课程改革，努力开发校本课程，认真落实活动课程。经过十几年的课程改革实践与探索，从最初的关注课堂教学到关注国家课程校本化研究，再到国家课程校本化、学校课程的系统建构，学校紧紧围绕"为孩子的幸福成长奠基"的办学理念，踏上特色教育探索与创新的道路。经过前几年的实践探索，构建了以"养成教育""感恩教育""爱国教育"命名的课程体系。近两年，基于对道德情操、课程与儿童关系的理解，学校尝试从道德情操、课程与儿童成长方面进行系统的重构，进行以年级为主题的校本课程开发：一年级（我爱我家　感恩伴我成长），二年级（我爱我校　我是三小代言人），三年级（我爱家乡　传承美德树新风），四年级（我爱宝岛　勇争先锋做表率），五年级（心怀祖国　我是最强中国娃），六年级（放眼世界　做好当下　走向未来）。

5. 特色教育情况

为了全面推进素质教育，提升学校办学档次和品位，培养学生个性特长，学校成立合唱、舞蹈、管弦乐、国画、书法、刺绣、石头画、田径、跆拳道、功夫扇、七巧板等特色教育社团。社团活动在我校体艺老师及外聘老师带领下，有固定时间、有计划、有目的地进行扎实训练，精心辅导。社团活动丰富多彩，拓宽了学生成长渠道，搭建了学生成才平台，让更多的学生发展自己的个性，发挥自己的特长，享受成功的喜悦，享有更大的发展空间。

优势：教师责任心强，工作积极主动；学生学习兴趣较高，参与人数不断增加；家长能够配合学校完成每周训练活动。

劣势：专业的指导教师缺乏，如合唱缺乏专业指挥指导；管弦乐、足球、跆拳道等缺乏专业的指导教师；刺绣、石头画活动正在摸索中。

6. 家校共育情况

学校处于海口市府城镇老城区，学生主要来源为老城区居民儿童、辖区外乡镇儿童。辖区外乡镇儿童主要寄宿在学校，家长的文化水平较低。不同的社会背景造成学校、家长配合度的差异，因为家庭背景的不一致，出现同一个班级生源的差异增大，加大了学校管理的难度，造成教师与家长沟通的麻烦。因为家长文化水平较低，对学生缺乏有效的家教指导，对于孩子的教育监督、陪伴不到位与不重视。随着农村城镇化进程加快，家长的观念也在发生变化，对子女教育问题开始重视起来，已不仅仅关注孩子将来能不能考上大学，也开始关注子女的艺术特长教育。

7. 教育教学情况

学校教师能够积极探索运用现代信息技术进行教育教学方法和课堂教学的改革。一些中青年教师能认真学习，大胆运用现代信息技术改革教法，改变传统授课方法。现代信息技术走进了课堂，声音、图像、色彩及动态效果，大大提高了课堂教学效果。

坚持育人为本，注重培养学生良好的学习习惯和自主探究性学习能力，注重培养学生的信息素养、创新精神和实践能力。注重培养学生良好的心理素质和健康的体魄是我校始终如一的追求。

由于我校管理严，校风好，教风正，学风浓，环境优，在教师中已形成比拼争先的氛围，形成了敬业爱岗、无私奉献的良好风气，学生家长及周边社会对我校的教育质量反响良好。

三、未来发展的愿景

对琼山三小未来发展的思考，我们不仅局限于学校自身的发展，同时也需要直面现实的危机和挑战。

基于上述几个方面的比较分析，无论从硬件设备、校园环境，还是教育教学质量等都不能满足社会、家长日益增长的教育需求，与优质学校存在非常明显的差距。特别是教师老龄化，对现代化教育、创新反应迟钝，缺乏研究力；学校校本课程开发、课题研究水平偏低，教师结构不合理等，严重制约着学校发展。学校面临的基本问题是生存和发展的问题。加快发展，建设一所现代化的学校，已经成为社会和学校发展的必然要求。

（1）创建一个集自然美、艺术美、人文美于一体的和美校园文化环境，用丰厚的和美底蕴净化人的心灵，用丰富的文化内涵陶冶人的情操，用清新的校园格调感染人的情趣，将琼山三小创办成"花园、学园、乐园"式的学校。

（2）加快信息化建设，让教师都使用多媒体教学，积极稳妥地推进现代信息技术实验学校的建设。

（3）提高教师综合素质，同时增强教师教育科研意识，调动教育创新的自主性、能动性，让每个教师在教学实践中能够熟练地掌握和创造性地运用现代化信息技术，提高课堂教学的整体效果。

（4）结合省情、市情、校情，加大校本课程开发力度，结合教学实践加强小课题研究。

（5）想方设法、多措并举开展特色教育。

（6）放大琼山三小办学影响力，夯实区域人才培养基地。充分利用教育部"国培计划"中小学名校长领航工程叶丽敏工作室、海南省卓越校长叶丽敏工作室及区域教学研究共同体平台，进一步提升学校在课程改革、教师发展以及学生培养等方面的品质，进一步提炼琼山三小的品牌内涵，梳理品牌标准，增加与提升三小教育的带动和辐射能力，让三小真正成为区域教育人才培养的基地。

课题研究设计：
新时代小学家校共育体系构建与实施研究

一、国内外研究现状述评、选题意义及研究价值

党的十九大报告指出，中国特色社会主义进入新时代，我国社会的主要矛盾已经转化为人民日益增长的美好生活需要和不平衡不充分的发展之间的矛盾。在教育领域具体表现为，人民对优质教育的需求和教育发展不均衡不充分之间的矛盾。本课题坚持问题导向，直面社会主要矛盾，积极回应 2019 年教育部基础教育司将实施家校协同育人攻坚行动作为重要任务要求，积极探索新时代小学家校共育体系构建与实施，为建立家庭、学校、政府、社会共同承担教育责任的体制机制提供智力支持。

孩子全面而充分地发展显然不是一个自然而然的成熟过程，离不开父母的教育与帮助。福禄贝尔说："国家的命运与其说是掌握在当权者的手中，倒不如说是掌握在母亲的手中。"这句话很有哲理，它深刻地表明了家长在子女教育中起着至关重要的作用。然而，从整体上来看，当前家长和教师之间的观念存在较大分歧，互相推诿，共育意识不强，学校的随意性比较大，缺乏计划性、整体性和连续性，缺乏双向互动等。这成为新时代家校共育需要解决的紧迫课题。

1. 家校共育研究现状

家校共育研究是当前教育研究的热点课题。在家校共育研究过程中，不同研究者基于不同的研究视角运用不同的核心概念予以表征，主要有家校共育、家校合作、家长参与等。现将从家校共育研究的理论基础、内涵、实施策略等方面进行综述。

（1）家校共育研究的理论基础。

家校共育研究的理论基础主要有家校分离理论、家庭缺失论与教育机构歧视论、社会资本理论、新教育理论、教育生态学、交叠影响域理论、"生命·实践"教育学等。本研究认同爱普斯坦提出的交叠影响域理论视角，"学校、家庭和社区这三个背景实际上对孩子以及三者的状况、直接的关系发生了交互叠加的影响"。这种理论建构了外部模型和内部模型，将学生定位为中心，其重要假设为，学校、家庭和社区三方伙伴关系，将吸引、指导、激励、激发学生自己取得成功。该理论的主要特点为四个方面：一是学生在家庭、学校和社区的交叠影响中处于中心地位；二是学校在交叠影响域中起主导作用；三是用"家庭般的学校""学校般的家庭"两个术语描述三方关系被激活的状态；四是学习型和关怀型社区帮助家庭、学校更好地支持孩子成长。该理论提出家校合作的六大类型：当好家长、相互交流、志愿服务、支持学校、在家学习与决策、与社区协作；同时，指出随着学生年级、学段及活动适用对象的变化，重叠度会发生变化。我们认为，交叠影响域理论超越了传统的家校分离理论，发展了社会资本理论。本研究同时注意汲取"生命·实践"教育学视野下的家校合作研究成果和研究方法论。例如基于学生成长需要的家长教育参与模型，基于专业性的双向互动家校合作模型，三力驱动、三环交融式家校合作模型，基于学生社区生活的学校与社区合作模型，"生命·实践"教育学视野中家校社合作的模型等。在方法论上，本研究试图实现家校共育研究的本土创生，基于海南省自贸区（港）建设的背景，直面映照在家校共育的各类社会问题，挖掘我国家校共育实践自身的文化特征，自觉地开展本土创造，建构家校共育的中国模型。

（2）家校共育的内涵研究。

概念厘定是学术研究的起点。家校共育的内涵，可以从家校共育相关概念辨析中把握。李季教授提出，家校共育的内涵是"共育理念·共育课程·共育指导师培育"，具体表现为"以促进未成年人的健康成长为共同的育人目标取向，以积极的情感沟通交流为特质，以合力联动的家长委员会和家长学校为载体，以亲子义工队、志愿者队伍为形式，以更积极的共育理念、共育指导师课程和共育指导师培养为基本内容"。黄河清教授将家校合作定义为家庭与学校以促进青少年全面发展为目标，家长参与学校教育，学校指导家庭教育，相互配合、相互支持的双向活动。张淑纯教授认为，"家长参与"一词包括参与和投入两层含义，参与包含参与学校决策，而投入则是指支持学校的计划及活动。具体来说，包括"父母对子女所有教育历程或学习活动的参与，如学校政策的决定、亲子教育、担任学校义工、义卖捐款、亲师沟通和督导子女在家中与校外的学习活动"。事实上，在"家校共育""家校合作""家长参与"等概念中，都强调了家庭和学校共同参与到学生的教育活动中，为促进学生的发展而彼此沟通、互相支持与协作，本研究选择"家校共育"作为核心概念表征家校协同育人的实践创新过程。本研究家校共育的实践领域和实践主体都包括三个方面。家校共育的实践领域大致分为宏观、中观和微观三个层次：宏观上的家校共育包括国家和较大区域内的家校共育立法和司法、政策的制定和执行，以及政府的行政作为；中观层次包括学区教育部门在辖区内或者学校在本校范围内推进家校共育的探索和努力；微观层次是指教师和家长之间具体的交往互动。相对应的实践主体，宏观上指国家、政府、社会、所有家庭和学校全体；中观上指作为组织的学校和家长群体；微观上指作为个人的具体的家长和教师。本研究主要侧重于中观和微观层面的家校共育研究。

（3）家校共育的实施策略研究。

近年来国内开展了丰富多彩的家校共育实践探索，总结了形式多样的实施策略。在基于学生成长需要的家长教育参与模型中，将家校共育策略梳理为六个方面：安全健康的环境、丰富多元的课程、学生立场的教学、各类活动的策划组织与协调、学校决策中的学生立场、亲子关系的改善。在"基于专业性的双向互动家校合作模型"中，将家校共育策略总结为两个部分。一是家长的学校教育参与，具体包括环境建设、教学变革、课程建设、学生活动、学校决策、亲师交流等方面；二是教师的家庭教育指导，具体包括组织建设、教师家访、亲子作业、家庭活动、家长社群、家长学习等方面。也有研究提出家校共育策略包括三个方面：一是建立"齐抓共管—合力联动—协同共育"工作机制；二是确立"家长义工—家校合作—家校共育"家校教育的取向；三是构建"共育理念—共育课程—共育指导师培育"家校共育的内涵。还有研究提出，根据学情、家情、校情、社情，制定了镇、村、家、校"四位一体"同频共振的工作策略，以家校课程为载体，开办家长学校，开展"三访"活动，开启"家教"

研究，开展考核评价，构建"四位一体"的家校共育体系，提高家校共育质量。此外，也有研究基于新媒体背景，探索博客、微信作为家校共育的策略。本研究基于家校共育新理念，重点探索新时代小学家校共育实践体系。通过梳理国内家校共育的实施策略经验，开展行动研究，总结提炼适应海南省自贸区（港）建设背景下的小学家校共育实践体系。

2. 选题意义及研究价值

开展新时代小学家校共育体系构建与实施研究具有重要的实践意义和较高的理论价值。

开展新时代小学家校共育体系构建与实施研究具有重要实践意义，具体表现为两个方面：一是有助于我校家校共育的实践创新，实现我校优质发展。我校是一所百年老校，在未撤市成区之前，是琼山地区的一所重点小学，家长群体多为政府机关人员，家长育儿理念较好，文化素质较高，但最近几年以来，由于是老城区，无新增房地产开发，加上就近入学的国家政策，现在的家长群体多为老城区居民和进城务工者子女，家长与学校的共育观念冲突时有发生，是我校优质发展的重要挑战。同时，目前我校家校共育实施策略主要停留在"家长会""家长开放日""家访"等常规途径，家校共育课程开发较少，家长培训课程没有系统化，对于家长参与学校管理、参与设计亲子作业、志愿服务等发达省份的新策略，有待我校积极借鉴、实践探索。二是有助于我校积极应对海南省自贸区（港）建设的机遇，实现学校跨越式发展。顺应海南省自贸区（港）建设的时代背景，我校应该确立怎样的学生培养目标，如何培养学生，如何通过家校共育实现学生发展、教师发展、学校发展、社区发展，迎接海南省自贸区（港）建设的机遇和挑战，本课题研究将提供智力支持。

开展新时代小学家校共育体系构建与实施研究具有较高的理论价值，具体表现为两个方面：一是有助于总结提炼新时代小学家校共育实践体系，将我校及工作室成员学校丰富多彩的家校共育实践经验系统化，家校共育主体缄默知识显性化，生成家校共育的新知识；二是构建基于海南省自贸区（港）建设背景下的小学家校共育新模型，丰富家校共育研究理论框架。

因此，构建新时代小学家校共育体系，促进家校共育的深化发展，具有重要意义和研究价值。

二、研究目标、研究内容

1. 研究目标

通过理论与实践研究，构建新时代小学家校共育体系，具体包括小学家校共育目标设计、小学家校共育课程构建、小学家校共育制度建设、小学家校共育队伍培养、小学家校共育策略探索五个方面，促进学生发展、教师发展、家长发展，实现学校跨越式优质发展。

2. 研究内容

为实现以上研究目标，我们计划从以下几个方面来开展研究与实践。

（1）小学家校共育目标研究。通过问卷调查、访谈等方式对我校及工作室成员校的家校共育发展现状和改革要求进行总结梳理，同时对上海、深圳、香港等地的家校共育先进经验进行"萃取"式学习，确立家校共育目标。

（2）小学家校共育课程构建研究。家校共育课程主要包括三个方面：一是学校为提高家长家庭教育能力和家校共育理念的家长学校课程；二是教师、学生、家长共同设计开发的亲子互动项目课程；三是家长基于职业专长为学生提供的特色课程。本研究将借鉴发达地区经验，通过行动研究开发适合本校的家校共育课程。

（3）小学家校共育制度研究。梳理国内同行学校的家校共育制度经验，研究设计保障家校共育工作有效开展的核心制度，具体包括家长委员会工作制度、家长志愿者工作制度、家长学校制度、教师家校共育能力专题研修制度等。

（4）小学家校共育队伍培养研究。家校共育队伍培养是保障家长共育实践体系高质量运行的关键。家校共育队伍主要包括专家、教师和家长。本研究积极探索引进权威家校共育理论专家和实践专家介入我校创新家校共育实践路径，同时开展系列专题活动提升教师和家长的家校共育理念和能力，总结提炼家校共育队伍培养新策略。

（5）小学家校共育实施新策略研究。本研究按照《教育部关于加强家庭教育工作的指导意见》文件要求，创新性地利用家长委员会、家长学校、家长会、家访、家长开放日、家长接待日等家校共育常规途径，积极探索新媒体背景下家校共育新策略。

三、研究思路、研究方法、技术路线和实施步骤

1. 研究思路

学生综合素质是信息知识时代对人才的一个突出要求。素质教育是我国21世纪面临的一个巨大挑战。1999年，中共中央国务院颁布了《关于深化教育改革全面推进素质教育的决定》，将素质教育作为国家整体发展的战略目标之一并明确地指出："实施素质教育，就是全面贯彻党的教育方针，以提高国民素质为根本宗旨，以培养学生的创新精神和实践能力为重点，造就'有理想、有道德、有文化、有纪律'的德智体美等全面发展的社会主义事业建设者和接班人。"《国家中长期教育改革和发展规划纲要（2010—2020年）》也明确提出，"坚持以人为本、全面实施素质教育是教育改革发展的战略主题"，再次将素质教育提升到战略层面。因此，我们将通过新时代小学家校共育体系的构建与实施行动研究，以期形成有效的家校共育合力，提升学校办学品质。

本课题的研究思路为：现状调查—问题分析—构建措施—应用实施—反馈评价—优化措施—梳理总结—构建模式。

2. 研究方法

（1）行动研究法。本研究将基于学校的家校共育实际工作，通过将家校共育的新理念、新策略、新技术等应用到具体的实践工作中，并在实践中不断反思家校共育目标、课程、制度、队伍、策略中存在的问题，针对这些问题进一步修正、调整、优化家校共育体系内容，并再次应用到实际工作当中。通过不断的行动—反思—改进—再行动，最终能够实现构建基于海南本土经验的小学家校共育新模型。

（2）调查研究法。通过问卷调查的形式，对本校3000多名家长的家庭教育观念、家庭教育方式、家庭教育能力情况等进行调查；同时，通过个别访谈、集体访谈的形式，了解家长、教师在家校共育方面的诉求和面临的关键问题。在研究的过程中和后期，要通过问卷调查对制度的实施、课程培训效果、机制构建等方面进行评价监测，为下一步的改进提供可靠的数据支撑。

（3）文献研究法。本研究将通过中国知网进行文献检索，重点检索家校共育模式、家长培训课程、家长学校建设、家长参与学校教育等方面的文献，对

已有研究成果进行系统梳理，汲取优秀研究成果的养分；同时，梳理国内家校共育研究权威专家的代表性著作，作为本课题研究的理论框架。

3. 实施步骤

（1）准备阶段：2018 年 5 月—2018 年 8 月。

在导师及专家的指导帮助下，确定课题研究项目，并查阅分析文献资料，进一步厘清思路。认真设计家长教育的问卷和访谈表，了解学生家庭教育现状，统计数据，并针对问题成立课题组，进行前期的问卷、访谈、座谈、分析等，确定项目的具体事项，进行部署分工及开题论证。

（2）实施与阶段总结：2018 年 9 月—2019 年 12 月。

根据课题研究的目标和内容，围绕小学家校共育目标设计、小学家校共育课程构建、小学家校共育制度建设、小学家校共育队伍培养、小学家校共育策略探索五个方面开展行动研究，不断进行阶段性总结与反思总结。

（3）总结成果阶段：2020 年 1 月—2020 年 4 月。

分析、总结课题开展情况，形成阶段性报告；提炼家校共育实践体系，构建家校共育新模式。

四、拟创新之处

（1）研究角度创新：融合交叠影响域理论和"生命·实践"教育学视角，开展家校共育的实践研究。

（2）研究成果创新：提炼新时代小学家校共育实践体系，构建家校共育新模式。

（3）研究方法创新：本研究主要是与学校家校共育日常工作紧密结合的行动研究，在研究的过程中开展家校共育行动，在家校共育行动中进行课题研究，通过三个学期的行动—反思—改进—再行动，最终构建完善的家校共育体系。

五、预期成果

（1）完成《新时代小学家校共育体系的构建与实施——基于自贸区（港）

建设的背景》研究报告。

（2）围绕小学家校共育目标设计、小学家校共育课程构建、小学家校共育制度建设、小学家校共育队伍培养、小学家校共育策略探索等方面，发表相关专题论文。

（3）提炼新时代小学家校共育实践体系，构建家校共育新模式。

（4）出版《新时代家校共育实践模式》著作。

（5）形成并完善以促进学生综合素养发展为目标的家校共育模式，构建新的家校共育机制与平台。

（6）形成具有推广价值的家长教育课程经验，促进学校教育力的发展，提升学校办学品质。

（7）开发并实施一整套家庭教育微课程和线下培训课程。

（8）形成完善的具有本土、本校特色的家校共育考核评价机制。

第四辑

亮剑人生

张德兰，襄阳市恒大名都小学教育集团书记、校长。在荆州街小学当校长12年，以楹联为切口，以中华传统文化为载体，带出一支拥有11名襄阳名师、5名特级教师的教坛梦之队。她被称为亮剑校长。

2016年，50岁的她请缨挂帅，掌舵新建的恒大名都小学，以"与世界一起奔跑"为办学追求，以亮剑的激情，率领年轻的团队，探索一条新校快速优质化的发展之路。教师智囊团、教坛梦之队，教师群体在这里生长；激情引领、敢于亮剑，亮剑校长激情绽放；"时时能读书（阅）、处处能运动（跃）、人人都快乐（悦）"，学生与世界一起奔跑。

围绕"小学教师群体成长研究"课题，基于群体，聚焦成长，凝练出"三五六练兵方略"，提供了教师群体成长研究的恒大方案，找到了"梦想、创新、实干"这一新时代优秀教师群体特征和活力基因，将为解决基础教育集团化办学带来的优质学校和优质资源被稀释、被同化现象提供样本经验，为培养高素质、专业化、创新型教师提供鲜活典型。

校长自画像：
亮剑人生

朋友们谈到我，总是离不开亮剑。在我 30 多年的教育人生中，其中有 32 年扎根一所学校，我将所有的热情、所有的青春年华都"熔"进了这所学校。在知天命之年，走进一所新生的学校，开启一段奔跑历程。首批荆楚教育名家颁奖词是这样写的："一直在引领，从不怕超越。当校长 13 年，她和团队培养出了 6 名特级教师，11 名隆中名师；她以楹联为切口，把中华传统文化精粹植根于学生的心田，学校楹联文化飘香海外。五十岁高龄，她请缨挂帅，掌舵新建的恒大小学。她以不老的激情，率领年轻的团队，与世界一起奔跑！她被称为激情校长、亮剑校长、奔跑校长，她就是襄阳市恒大名都小学的校长——张德兰。"

一舞剑器动四方——铸勤奋之剑

当别人对我称赞不已时，我说得最多的是感恩，是勤奋。是的，"一舞剑器动四方"的背后是勤奋。

"我可能不是个聪明人，但我的优点是勤奋，是善于借力。"这是我常说的话。1984 年，当我走出师范学校的大门，走上小学讲台的那一刻起，我就给自己定下了目标：做一名优秀教师。我在新买的《霍懋征课堂教学实录》的扉页上写道："前人已创惊人迹，吾辈更应奋直追。"如何成为一名优秀教师？若想收成好，勤奋为诀窍。

我勤奋地备好每一课，多方查找资料，一遍一遍地修改。晚上，我常常一个人来到教室，面对空无一人的几十张课桌讲课、板书，把整个教学过程演练再演练，练到自己满意为止。我勤奋地练习朗读，往往是我读好了一篇课文，我那幼小的儿子也能大段大段背诵了。课堂上，我范读的课文让学生听得如醉如痴，不知不觉就进入了文章所表现的情境之中。

勤奋让我崭露头角。真正令我成长为一名优秀教师的契机，是中央教育科学研究所"小学语文学习方法指导实验"。

1985年，刚刚走上讲台的我就参与到"小学语文学习方法指导实验"大潮中。课改实验的收获和启发是我在教学上能够有所建树的直接原因。1996年，我赴深圳参加由中央教育科学研究所发起的"全国首届学法指导课改比赛"。这次比赛要求参赛教师要完全打破过去的教学模式，在教学上要有翻天覆地的变化，我戏称为"吃螃蟹比赛"。

开始，我尝试了很多方法，都未得到认可，心情跌到低谷。后来，潘自由教授寥寥几语点拨了我。他认为，我课程中最好的地方是地域特色，只要放下包袱，大胆推进，一定能有所成。这极大地鼓舞了我。擦干眼泪，重组教材，我从《桂林山水》这篇课文中提取出"抓重点"这一学法菜单，一篇带多篇。在深圳赛场上，这一"用教材"而不是"教教材"的大胆尝试带给大家新的冲击，一举夺得全国比赛一等奖。

在"学法指导"的引领下，我不断尝试新的教学方法，"学一篇、带一篇"，将"大语文观"渗入教学中，逐渐形成了自己的教学风格，受到广泛认可。

在多年的教学实践中，我的"燃烧课堂"上这种妙招层出不穷："牵一发动全身式""水落石出式""顺手牵羊式""七嘴八舌式"……让我在襄阳声名远播，创造着数不胜数的"襄樊第一"：全市第一个获小学语文全国优质课一等奖的教师、市区第一个获"湖北名师"称号的教师、连续八届辅导学校青年教师获全市小学语文优质课大赛一等奖的导师……

但最让我骄傲的评价是——"站在讲台上，她就是语文"。

跃上葱茏四百旋——舞练兵之剑

2005年，过五关斩六将，我开始担任荆州街小学的校长。我可以轻松地让自己的语文课堂"燃烧"起来，但如何才能让学校百舸争流、千帆竞发？

刚当校长时，我每天忙得像高速运转的陀螺，可夜深人静时，又很茫然，不知道忙了些什么。直到有一天，我安排副校长写一个材料，她很自然地说："校长，您来写吧，我没您那才华，也站不到您的高度……"我猛然醒悟，原来，我的角色定位不够准确，我干了很多副校长负责的事。我总想着我曾经是一名副校长，带一个班的语文课，再加上分管的工作，整天忙忙碌碌。现在我不带主课了，能给副校长减轻点负担就减轻点吧，所以整档案、写材料、顶课，我干得不亦乐乎，以至于剥夺了副校长的锻炼机会，也让她们慢慢有了依赖之心。我整天埋头具体事务，当大管家，当消防员，考虑的是如何把梯子正确地靠在墙上，而不是如何把梯子靠在正确的墙上。是啊，优秀的学校里人人都在转，糟糕的学校里只有校长忙得团团转。

幡然醒悟后的我开始从名师向校长转型。该从哪里入手呢？

对荆州街小学，我爱得深，看得透。盛名之下，其实难副。这所有历史沉淀和文化底蕴的知名学校，名望与流弊同时存在，变革和创新都异常困难。

都说三个女人一台戏，当时全校教职工95人，85位是女老师，这得有多少台戏啊！在学习与思考中，我紧紧抓住"教育大计，教师为本"，誓要带出一支优秀队伍，唱好专业发展大戏。

"一花独放不是春，百花齐放春满园。"我开启了注重激发群体激情、挖掘群体优势、展示群体风采、提高群体素质的"群发展"之旅。

身为女校长，我一头扎进女人堆里，引导大家唱专业成长大戏，让每个老师都找到自己的一个发展方向。我对老师们说："你们想走多远，我就尽全力给你们铺多远的路，搭多高的桥。我就是一个'铺路搭桥'的。"

尽管学校的经费紧张，我每年依然会划拨出20多万，把老师送到天南海北去培训。我希望老师们去见识一下，热血沸腾一下，感受那种现场感。哪怕你回来之后还能热三天，至少热过，会沉淀一些东西。但是，要我签字报销，老师们还要拿着学习体会。不论多忙，我都要亲自看他们的学习体会，是适合在全校教师会上分享，还是在教研组、年级组内分享。

在荆州街小学当了12年校长，我和团队培养出了5名特级教师，2名湖北名师，11位隆中名师，平均一年培养一名名师，居襄阳义务教育学校之冠。有人说我的魄力大，其实如果单纯从课堂教学艺术的角度看，像吴平、刘晓云等人早就超过了我。我心里高兴的是老师们都说，学习培训是最好的福利，读书是最好的美容。

成为隆中名师，就成为学校"智囊团"成员，帮助普通老师"磨课"，是智囊团的重任之一，因为我们提倡"人人为我，我为人人"。为了上一节优质课，一个老师试讲多少次，智囊团就要听多少次。我记得，陈老师第一次参加全市创新作文讲评比赛，因为时间紧，准备不充分，教案没通过。那时离正式比赛只剩两天半，市教研员很直爽地说："算了，你不要去了。你去了丢张校长的人。"陈老师哭得稀里哗啦，我安慰她说："没事，你不是一个人在战斗，你的背后，是我们一个团队。我今天晚上给大家提供盒饭，大家一起开动脑筋，把教案推倒重来。"

智囊团成员彻夜修改教案，第二天上午陈老师试讲，讲完再改，如此反复了三次，陈老师就开始有信心了。比赛那天，9名智囊团成员全部主动换课去了赛场。陈老师说："我一看兄弟姐妹们都来了，就有了底气。"这底气让她最后获得了全市作文讲评比赛一等奖第一名。市教研室的教研员哭笑不得却又连声赞叹："这就是张德兰的队伍。"她觉得不可置信，连连问陈老师："如此短的时间内，你怎么脱胎换骨的？什么奥秘？什么诀窍？"陈老师说："是智囊团的名师们引领我跳出了教材，站在了课程标准的高处，理念一变天地宽。"一语中的。

2011年，在成都举行的"金秋巴蜀——中国·新加坡校长高峰论坛"上，我以一首幽默的小诗（金秋巴蜀剑出鞘，各路精英亮高招。虎啸龙吟振林樾，小狗也要大声叫！）切入，介绍了我的带兵方略，被与会代表誉为"亮剑校长"。而我的亮剑队伍也由此闻名。

熟悉我的朋友都知道，当校长十多年，我最爱干一件事——带队伍，带一支有亮剑精神的教师队伍，并在带兵中逐步形成了荆州街小学教师成长真经——"三五六"练兵方略。

"三"即"三大体系"：播种理论，温度管理，亮剑行动。

"五"即"五育策略"：授人以渔，授人以遇，授人以欲，授人以娱，授人以逾。

"六"即"菜单六配"：

配"精神菜单"：打造"三味"教师（书香味、人情味、幸福味）；培养"三情"教师（对事业有激情，对学生有真情，对生活有热情）；塑造"三心"教师（有责任心，有荣誉心，有团队心）。

配"成长菜单"：实行"三晒"制度（晒教学反思，晒教育叙事，晒听课笔记）；推进"三课"行动（名师献课，骨干教师走课，青年教师磨课）；实现"三尖"目标（青年教师冒尖，骨干教师拔尖，名师顶尖）。

"三五六"练兵方略造就了一支襄阳"教坛梦之队"。

这是一支充满文化自觉的"梦之队"。她们点燃了学生的文化自信，成就了学校的文化气质！这支有文化自觉的"梦之队"，在荆州街小学校园里，永远处在"盛花期"。

狭路相逢勇者胜——举文化之剑

2014年6月，中国楹联学会蒋会长与三位将军来校为我们授"全国楹联文化教育基地"牌。会后，学校的故事大王、旅游能手们带全国各地的专家到隆中去采风。一路上，孩子们用对联介绍襄阳的风景、特产，如"吃一碗牛肉面大呼过瘾，喝二两茅庐春真叫舒服"。旅游能手王诚熙介绍诸葛亮时，蒋会长问他"你知道诸葛亮是哪儿毕业的？"我们一愣，只听王诚熙不慌不忙答道："诸葛亮是卧龙书院毕业的。"大家不禁为他的机智叫好。另一个孩子忽然说："我想到了一副上联，卧龙书院育诸葛，请对下联。"车上顿时热闹起来，学生、专家纷纷应对："韶山冲里出润之""三国故里觅贤臣""汉阳琴台会伯牙""枣阳帝乡出光武""武侯祠里思孔明""东吴赤壁成周郎"……

授牌后，中联会专家们纷纷赞叹：荆州街小学把楹联文化做到了极致。可是他们不知道，从2008年我们确定楹联文化建设目标时，就不断有人问我：学校文化建设为什么选择了楹联？

当校长第一个月，巡查校园时，我听到了两个故事。

故事一：新生入学不久，有一天轮到打扫教室的小男孩对老师说："我父母说我到学校里来是学习的，不是来扫地的。"

故事二：一位学生被同学扔了沙子，他妈妈下午到学校装了两包沙子，让孩子加倍还击同伴。

我在思考：我们要让孩子成长为什么样的人？孩子需要什么样的教育？学校和老师扮演什么样的角色？

我陷入了苦苦思索。教育的目的就是使人睿智，让人高尚。学校就是教书育人，以文化人。我们就是要培养儒雅的、智慧的、健康的现代少年。"人生百年，始于幼学""斫梓染丝，功在初化"。并从关键词"幼学、初化、发展、素质"中提炼出学校的办学理念——打好人生底色。

底色构成元素为三基色，即蓝色、绿色、红色。蓝色——象征纯净、高雅；绿色——象征活力、智慧；红色——象征快乐、幸福。三基色凝练为三个字——雅、慧、健，让人健美，使人智慧，促人高雅。

我一直认为，办学思想应该成为教育的灵魂，而文化应该是办学思想的灵魂，优秀的校园文化应该让每一个孩子站在学校的舞台上，沐浴着文化的光辉，充满着人性的感动。那什么样的文化能够惠及、润泽到校园的每一个人？能够融合三基色元素的文化切入点是什么？我集思广益，茶饭不思。当我在为寻找学校文化冥思苦想、坐卧不安时，一碗襄阳牛肉面让我如梦初醒。一个雨天的早上，我走进襄阳荆州古治街的窦家牛肉面馆时，红底黑字的对联格外引人注目，侧目左右望去，整条古治街红墙黛瓦，翰墨飘香。咔嚓，我的大脑回路瞬间连通：这小小的楹联不就是连通古今的文化使者吗？不就是襄阳这座古城在五千年历史的传承中留下来的文化印迹吗？对联源于桃符，逐步演变成承载人们对新春的希望和期许，文体的工整对仗、平平仄仄，更是浓缩了中华语言文字的意境之美、韵律之美，也蕴含了规则意识、尺度意识。红底黑字的楹联更是色彩上的最佳搭配，热闹的红需要深沉的黑来抑制，可不就是矛与盾的调和、进与退的周旋吗？于是在高墙黛瓦、石几红柱的格调里，我们发现了曾经被习以为常，又渐渐被我们忽略和丢弃的家门口文化——楹联文化。挖掘、改良、再造，便成为我们荆州街小学的学校文化。

门卫晒诗便是学校推进楹联文化的一段佳话。

学校的两位门卫是国有企业的下岗职工。来校半年后，潘、郑两位师傅争相赛诗晒联晒书法，一个写"五小颂"："春夏秋冬百花芳，美丽园丁比花靓。"另一个写"荣誉墙"："要讲成绩有多大，荣誉墙上会说话。有了成绩不骄傲，谦虚镜子时时照。"记者采访时问他们："以前写过诗吗？"他们说："以前从来没有写过诗，来到荆州街小学后，学校里处处是对联，时时有书声，每天熏陶感染，就有了冲动，不吐不快。"郑师傅还时时晒其书法。纪念抗战胜利，他写"红军不怕远征难"，重阳节前他写"采菊东篱下，悠然见南山"。考试前夕，他写"只要功夫深，铁杵磨成针"……当一个后勤人员都自愿加入学校文化的建设之时，文化便是非标签的文化，就成了人人的文化，学校文化建设便渐入天光云影共徘徊的妙境。

于是，语文老师刘海敏用楹联给学生写评语，品德教师引导学生用对联描述 56 个民族的风情民俗。在学生家里，晚饭后一家三口一起讨论平仄韵律成为常态。文化就这样走入寻常人家，融入了每个孩子的胸怀与眉宇之中。是的，每一副对联都是蕴藏在人心深处的那一抹文化之光，就像菜根一样值得咀嚼与回味、品读和深思。在品读与回味中，楹联文化如空气一样传播开去。

我们从小小楹联入手，溯源中华文化，为开蒙启智的学童植入中华优秀传统文化的芯片，让传统和现代有了实质上的联接。

十多年的文化寻根，十多年的文化苦旅，让荆州街小学生长为一棵枝繁叶茂的大树。美国、加拿大、日本及我国贵州、新疆、湖北等地近千所学校慕名而来，参观学习。荆州街小学被教育部评为"全国中小学优秀传统文化教学研究基地"，被中央文明委授予"全国未成年人思想道德建设先进单位"称号（全省六家，襄阳唯一获此殊荣单位），先后被评为"全国楹联特色教育实验学校""中国楹联文化教育基地""全国百强特色学校""全国楹联教学先进学校""湖北省楹联教育基地""襄阳市十佳书香校园"等称号。2016 年 3 月 26、27 日，中国楹联学会在福建晋江举行了全国楹联教育工作会议，表彰了十大"全国楹联教育优秀校长"、十佳"全国楹联教育优秀教研组"，襄阳市荆州街小学成为全国唯一获"双十佳"的学校。

我和我的团队走出湖北，走向全国各地，走向世界，传播理念，传授经验，传递友情。我个人被评为"教育部首批中小学国家级培训专家库专家""全国创新型校长""国培计划——湖北省中小学校长挂职培训项目首席导师""湖北省未成年人思想道德建设先进个人""襄阳市十大教育人物"等。在首届"湖北名师工作室"评选中，"张德兰名师工作室"顺利当选，全省小学阶段仅评出七个。

直挂云帆济沧海——亮奔跑之剑

2015年，站在职业的巅峰上，我在思考我的下一步将何去何从。8月，我和朋友到西藏自驾游。在海拔5190米的那根拉山顶，读到了仓央嘉措的诗："那一天，摇动所有的经筒，不为超度，只为触摸你的指尖。那一世，转山转水转佛塔，不为来世，只为途中与你相见。"

那一瞬，我感慨万千。30年躬耕，30年追寻，这一生我的使命就是与教育相遇。2015年那个夏天，在那片神秘的雪域高原，我重新找到了前进的方向。

2015年年底，我主动提出到恒大名都小学，有的领导说，恒大小学平台太小，我说只要有平台，我就可以做事。我是在襄城这块土壤上成长的，我一门心思希望回报襄城对我多年的培养。恒大名都小学作为一所新建的学校，万事开头难，但我愿意出征，希望倾尽我毕生所学，带领团队在恒大名都小学这张白纸上画出最新最美的教育图画。

2016年3月，我被正式任命为恒大名都小学校长。这一年，我已51岁，我的脑海里经常回荡起《穆桂英挂帅》里的一句唱词："谁料想我53岁又管三军……"

走在恒大新校区工地上，我思绪万千。30多年里，我始终追求教育的温度，担任校长后，努力"将没有温度的教育理论变成鲜活的有温度的教育实践"。围绕"打好人生底色"这一办学理念，摸索出了"三五六"练兵方略，形成了"激情引领、敢于亮剑"的管理风格。平地起高楼的恒大名都小学究竟要办成什么样的学校？我告诫自己：不复制，不照搬，要建设一所理想中的未来学校。经过反复思考，集思广益，我们构建了恒大名都小学的办学理念——与世界一起奔跑。我们这所未来学校的教育目标是三句话：办一所负责任的学校，办一所有温度的学校，办一所适合学生个性发展的学校。我们办学有两大抓手：阅读和运动。这两大抓手给我们的老师、学生、学校带来了巨大的红利。

我们构建了未来学校的"yue文化"体系——阅，时时能读书；跃，处处能运动；悦，人人都快乐。其实，我们所有的办学理念、办学目标、办学抓手、课程体系，都指向了学校的两大主体——教师和学生，指向了我们的办学追求——人人是自己的主角，舞台是人人的舞台，台上台下都是主角。是的，我们要办一所属于人人的学校，让"每一个学生都闪闪发光"。

但万事开头难！

从来到恒大名都小学开始，我人生的下半场揭开序幕。在不到三年的时间里，我带领团队刮起了"恒大旋风"，创造了恒大速度。但旋风和速度背后，是无数的酸甜苦辣。

2016年上任之初，我去恒大襄阳集团汇报我的计划，可是老总的一席话给我兜头一盆凉水。面对老总的公事公办，我没有气馁，我知道长征的第一步总是走得很难，我会用我的真情、我的激情、我的理念来打动他们。

2016年4月29日，在交接仪式上，我说："今天我站在这个讲台上，我比任何一次发言都要激动。我知道，我的面前铺展开了一张美丽的教育画卷，我知道，靠我一个人的力量是远远不够的。我知道，其间有无数的困难和考验，我知道，我已不再年轻，但年华虽老，激情犹存，情怀依旧，梦想仍在！"盛大的场面让恒大的老总感到眼前一亮。2016年5月8号，学校进行预登记，面对蜂拥而来的家长，恒大老总被震撼了。不够，这还不够。我又把我对恒大小学"与世界一起奔跑"的理念，物化成美好蓝图，然后将一本厚厚的效果图拿给了恒大老总。他边看边发出惊叹："学校文化还可以这样做啊！张校长，你打报告，我们向武汉总部申请。"申请很快得到批准。60万，恒大集团投资60万，让纸上的蓝图变为了现实。

2016年的暑期，我没有休息一天，每天都在学校里规划心目中的理想学校。当时只有我的办公室有办公桌椅，其他的办公室都是空的。在三十八九度的高温下，我们在办公室里挥汗如雨，一到下午，太阳就把我办公室的半边都晒透了，电扇吹出来的都是滚烫的热风。我们顾不上，建设新学校的激情让我们忘记了炎热。

有一天，跟我们对接的恒大集团的耿总来到学校，他看到我们在如此艰苦的环境下工作，说："张校长，怎么不安空调呢？"我说经费有限，没有这项预算。他感慨万千，深有感触。回去以后对恒大老总说："张总，今天我到学校，我被感动了，张校长这么大的年纪，在那么艰苦的环境下工作，人家图啥呢？我们能帮还是帮一下吧。"后来当我听到耿总说这些话时，我的眼泪差点流出来。我们的挥汗如雨，我们的战高温、斗酷暑，我们的激情，我们的理念打动了恒大集团的老总，他说："张校长，如果办公设施的购置还有缺口，你打报告。"我们又一间间办公室规划，打出了报告，武汉总部又特批 60 万经费购置办公用品。2016 年 8 月 28 日，所有的办公设施统统到位。

其实，没有人能随随便便成功，任何的付出都不会白费。别人只看到你成功的那一面，却不知背后的酸苦与付出，但终究是你自己享受就好。我自己非常享受这样一个累并快乐着的过程。

我们的"与世界一起奔跑"的理念和实践，得到了各级行政部门的肯定。省委常委、市委书记李乐成在 2017 年 9 月 7 日来到我们学校时，我也请来了恒大的襄阳老总。李书记离开学校以后，我向老总说出了孩子们的心声："张总，恒大小学没有足球场，孩子们恳请建一个小型足球场。"老总说："张校长，你打报告。"9 月 7 日提出这一建议，中旬我们就请来了专家实地察看，向恒大打报告。10 月中旬恒大派人实地看现场，11 月 4 日开始动工。我用手机拍下了每天的施工进度。大树小苗移植走了，地平好了，排水沟开始修了，长臂车进来灌注水泥了。我出差了几天，回来一看，哇，开始铺设草皮了！迎着 2018 年新年的第一束阳光，恒大小学的足球场横空出世。新年的第一天是我值班，站在绿茸茸的足球场上，我感慨万千。千言万语，凝聚成了一句话——如果一切为了孩子，整个世界都会为你让路。

我倡导舞台是人人的舞台

在首届全国"家校合作推进全民阅读"现场研讨会上，恒大小学青年教师臧刘娟执教了一节绘本课，课上完，好评如潮。来自深圳的一位听课老师说："课上得真好！这哪像一个教龄不足一年的年轻教师？外面的世界真可怕，恒大的年轻老师真了得！我们需要赶快努力。"

很多人都想破解恒大小学教师团队自带动能、飞速奔跑的密码。哪有什么密码，其实就是我们的管理理念激活了教师内驱力：办一所属于人人的学校，让每一位教师闪闪发光。是的，每一位教师都是重要的，作为校长，我给每一位教师提供舞台，搭建舞台。舞台是人人的舞台，我们希望每一位教师站上为他们提供的专业成长的舞台，闪闪发光。

予我舞台，我必善舞；给他舞台，他能精彩。

在过去"五yu"（授人以渔，授人以遇，授人以欲，授人以娱，授人以逾）策略基础上，我进一步思考改良，形成了"聚焦私人定制，激活教师E元素"的恒大模式。

学校承办了全国"家校合作推进全民阅读"研讨会。东道主要展示一节阅读课。让谁来上？我们力排众议，大胆将上岗不到一年的臧刘娟老师推到台前。臧老师初生牛犊不怕虎，虚心学习，反复磨课。在展示会上，她的课得到了全国与会代表的高度称赞。

青年新秀杨雨薇老师是自信爱笑的"萌萌兔"，是元气满满的"少女兔"，是敢于挑战的"勇者兔"，是心灵手巧的"聪明兔"，是飞快奔跑的"长腿兔"。她可以是活跃在PPT和美篇中的"大兔子"，也可以是奔跑于讲台和黑板间的兔兔姐。亲子阅读分享，她领悟迅速、到位，用心总结。绘本教学实践，她独辟蹊径，脱颖而出。她说，要在该奋斗的年纪，选择奔跑！我们为她搭建平台：领衔开发绘本课，成为绘本教学领跑者；让她带着绘本去送教（贵州），开启奔跑加速度，最终成为青年教师佼佼者。

为选择奋斗的奔跑者铺设跑道，让富有创新精神的青年教师在课程研发的舞台上闪闪发光。学校的未来属于青年教师，宽广的天空才能让他们经风雨搏巨浪，站上他们的舞台，百炼成钢。

对特级教师，我们运用私人定制三级台阶，引领二次成长。

一级台阶：发现优势，王海军老师极擅长听评课，擅长写作，是善于思考的领军人。

二级台阶：识别需求。我们设立"名师开讲"（王特儿微分享），让他在辐射引领中启动二次成长。

三级台阶：创设关键事件。我们给王老师争取到了一个国培机会，可王老师犹豫担心，出去培训一个月，自己的语文课谁来带？我告诉他："你放心去培训，我给你顶课！别忘了，我可是语文特级教师哦。"王老师非常感动，他认真学习，回来后举办了一场又一场的学习分享会。我又利用各种机会推荐王海军老师外出讲学。争取到讲学机会后，我和他研磨讲学提纲、课件，争取最佳效果。因而每到一地，王老师都会收获一批"海粉"。

创设关键事件，激活名师二次成长的内动力，激发示范引领的价值力，让名师在辐射带动的舞台上闪闪发光。

教育的发展瞬息万变，宽广的视野才能让他们立于潮头浪尖，站稳舞台，舞出精彩。我常常对他们说，站上属于你们的舞台吧，只要你想奔跑，我们就为你搭桥，因为竭尽全力，只为你们快速成长。

我们聚焦各个层级，聚焦各个类别，聚焦私人定制，让个体的闪闪发光带动团队的群体成长。当舞台成为人人的舞台，学校就成为一个风起云涌的成长大舞台。恒大小学建校三年来，我们不断给老师们提供舞台，激发了老师无限的创意。四名教师成长为卧龙名师，一位教师成长为襄派教育家培养对象。21位教师先后奔赴深圳、四川甘孜、贵州毕节、广西桂林等地送教、讲学。三年里，"张德兰湖北名师工作室"的40位导师学员更是捷报频传：导师何国荣被省教育厅命名为"湖北名师工作室"主持人；周锁欣、唐莉华、刘燕三位学员被评为襄阳市"隆中名师"，多名学员被评为县区名师；导师曾秀群、杨冬梅两位导师被评为湖北省第十批特级教师。工作室成员在《中国教育报》《湖北教育》《新班主任》《小学教学》等省市级以上刊物共发表论文52篇。

"恒大旋风"的背后，是我和团队不忘初心、牢记使命，用激情打拼出来的，用实干奋斗出来的。三年来，我带着团队交上了一份沉甸甸的成绩单：教育部"中国好老师"领航基地校、全国学校体育联盟实验校、湖北省校长挂职培训基地、湖北省学校文化建设百强校、襄阳市文明校园、襄阳市平安校园……这些荣誉不是我们的奋斗目标，只是我们在奔跑路上的一块块路标。不忘初心，不负使命，我们将永远做时代的领跑者！

学校自我诊断报告：
与世界一起奔跑

走在恒大新校区工地上，我思绪万千。30多年里，我始终追求教育的温度，担任校长后，努力"将没有温度的教育理论变成鲜活的有温度的教育实践"。几经思索，几经探讨，我们确定要把这所学校办成一所"与世界一起奔跑"的未来学校。这是一所有温度的学校，这是一所负责任的学校，这是一所适合学生个性发展的学校。我们将激发孩子的奔跑意识，给孩子奔跑的权利，教孩子享受奔跑的快乐，让孩子在奔跑中释放自己，在跌倒中战胜自己，在合作中超越自己，从而成为体魄健壮、思维敏捷、善于合作、视野高远的世界小公民。

一、学校的历史现状分析

襄阳市恒大名都小学是《襄阳市市区新建居住小区配套建设中小学校、幼儿园管理办法》（市政府令第35号）颁布后全市第一所小区配建小学，创建于2016年3月，2016年4月正式移交襄城区政府。学校隶属于襄城区教育局主管，办学性质为公办学校。学校占地23亩，建筑面积6714平方米，建有200米环形运动场，配置有音乐室、舞蹈室、书法室、3D创客空间、直播教室、小剧场等15间多功能教室，于2016年9月1日正式启动。截至2019年7月，共有16个教学班，学生923人，教师43人。

2019年7月29日，经襄城区政府批准，成立襄阳市恒大名都小学教育集团，集团辖市恒大名都小学（教育集团恒大名都校区）和市环宇小学（教育集团环宇校区）。因教育集团刚刚组建，所以诊断分析以恒大小学为主。

1. 学校内部的优势因素

（1）社区环境。

学校位于襄阳市城区发展东进西拓的西部檀溪新区，周边有襄阳市人民政府、襄阳市广电中心等政府机关，东邻襄阳市中心医院襄城分院，西挨恒大五星级酒店。

学校周围房地产发展迅猛，大型住宅小区如檀溪家园、檀溪府邸、君临山、碧桂园、襄龙国际等现代化新型小区，如雨后春笋般诞生，学区人口极其稠密。

恒大集团的持续支持。恒大名都小学是一所小区配建学校，资产属于恒大集团，由集团无偿提供给襄城区政府用以办学，俗称交钥匙工程。恒大将资产移交给政府的同时，对学校已没有帮扶的义务了。但两年来，我们的办学理念打动了他们，我们的办学实践感动了他们，我们的办学成绩震动了他们，所以两年来，恒大集团从文化建设、办公设施等方面持续给予学校300余万元的帮扶支持。

（2）硬件设备。

学校有一幢五层40余间教室的回形教学楼，有18间教室、15间功能室及多间办公室。

学校有标准的200米塑胶运动场，有标准的五人制小足球场。

（3）师资队伍。

学校有43名专任教师，教师来源分三部分：第一部分，从襄城区各学校调入25人；第二部分，面向社会公开招考16人；第三部分，从其他县市区引进人才2人，一名特级教师，一名襄阳隆中名师。学校目前有正高级教师1人，副高级教师5人，中级教师10人，其余为初级教师。学校目前有特级教师2人，隆中名师4人，襄派教育家培养对象5人，襄城卧龙名师4人。

行政管理队伍中，三名副校级干部在调入恒大小学之前均为原学校中层干部，5名中层干部调入恒大小学之前在原学校为普通教师，所以他们在新的岗位上，热情高，干劲足。这些干部在新的岗位上没有条条框框及传统观念的束缚，创新意识极强。

（4）学生。

部分学生来自乡村和城乡结合部，比较质朴、憨厚。

部分学生是来自周边政府部门的公务员子弟，还有湖北文理学院和职业技术学院、汽车工业学院的教师子女，活泼、自信。

片区内恒大小区业主的孩子更是来自四面八方，有的来自襄阳下面县市区，有的来自省外等。

（5）家长。

家长来源复杂，水平参差不齐。

学校从开办的第一年起，每年学生入学都要与家长面谈，所以家长越来越认可学校"与世界一起奔跑"的办学理念。

学校倡导家长与孩子一同入学。在家长讲堂里，家长不断学到科学育儿的管理理念，越来越重视孩子的教育，掌握到科学的育儿方法。家长越来越成为我们的教育合伙人。

（6）学校特色。

第一，聚焦"舞台教育理论"，德育品牌亮点纷呈。

学校德育工作品牌是：奔跑吧，红领巾。

学校德育工作理念是：人人是德育的主角，处处是德育的阵地。

学校德育工作路径是：

文明，从一句问好抓起——少先队常规工作抓落实。

健康，从一条管理链抓起——学校德育工作创新开展。

习惯，从一处景点抓起——厕所革命新进展。

成长，从一个舞台抓起——台上台下都是主角。

我们把每年的开学典礼做成品牌，每年都有创新，如"大手拉小手，快乐一起 GO""年的记忆展示汇""给每个孩子一个童话世界"！

让舞台成为人人的舞台，台上台下都是主角。

"六一"儿童节，"阅读，让每个孩子更加舒展"一周活动：周一绘本剧专场，周二经典伴我成长，周三读书沙龙，周四六年级毕业班专场，周五社团展演。活动让每一位孩子充分展示他们活泼的个性，给每一个孩子平等的机会去参与、去体验。

第二，聚焦"yue 课程"持续升级，"三力"培养行稳致远。

学校社团，是培养孩子判断力、选择力、学习力的成长花园。

学校共开设 29 门社团课程，课程门类众多：不仅涉及常见的球类、唱歌、绘画等项目，还有西点制作、射箭、棒垒球等。全校学生全员参与，人人都能找到自己感兴趣的项目。每周三下午的社团课，全校走课的 90 分钟成为每个学生最开心的时刻。他们在制作类课程中锻炼动手能力，在运动类课程中强健体魄，美育类课程给他们带来艺术熏陶，舞蹈类课程让他们的肢体更加协调……

社团采取网上选课，我们要求家长尊重孩子意愿，不包办代替，培养学生判断力。

社团课程一学期一换，孩子们在学习体验中逐步发现自己的兴趣所在，逐步明晰未来的梦想，培养学生选择力。

社团展演隆重盛大，每一个孩子一个不少全员展示，以终为始，强化孩子学习力。

我们不断深化社团课程改革，提升品质，彰显特色，激发孩子们无穷的学习热情，培养学生面向未来所需的实践与创新能力，实现用课程办好一所学校的追求。

第三，聚焦亲子共读，阅读让孩子更加舒展。

从建校那天起，我们希望孩子们在这所学校里时时能读书，处处能运动。体育能让孩子们奔跑的速度更快，而阅读能提升孩子们奔跑的高度。

重视阅读的校长有很多，但我希望恒大小学的亲子阅读能够成为每个家庭最美的风景。2016 年 9 月，伴随着恒大小学的开学，我们的阅读之旅开始起航。

让孩子爱上阅读，学校和老师当然责无旁贷，但还有一个角色更重要：父母。其实，很多家长经常带孩子逛书店，去图书馆，还定期给孩子买书，那么孩子们真的爱上阅读了吗？能养成终身阅读的习惯吗？我们邀请家长加入"安迪月读营"！在"月读营"里，家长明晰了亲子共读中"读什么""怎么读"和"读得怎么样"，从而以家校合作的方式推动亲子共读，帮助家长克服惰性，享受共读时光。于是我们欣喜地发现，在家庭中，当家长们解决了对课外阅读，特别是亲子阅读的认识问题后，他们的角色已经发生了可喜的变化，由旁观者变为参与者，由观望者变为践行者。所有热心的家长都踊跃地担负起与孩子共同读书的神圣使命。

在学校，我们每个班级也在语文老师的大力推动下，各班的特色阅读开展得有声有色。"阅读公社""安迪小天地""我读我悦"……学校真正成为老师、家长、学生阅读的乐园，实现了学校推动全员阅读、亲子阅读的初期目标。

一路走来，家长们努力着、改变着。家长们放下了手中的手机和iPad，重聚在温馨的灯光下，和孩子一起开启阅读之旅。这对家长来说，也是学习的过程。亲子阅读拉近了亲情的距离，同时成为家校合作的纽带。

第四，体育，是最好的教育。

为什么要重视体育？过去学生是"四体不勤，五谷不分"，如今则变成"四体不健，五病皆全"，娇、软、散、慢、懒成为学生的通病。

新生的恒大小学要培养体魄强健、思维敏捷、善于合作、视野高远的社会主义接班人，不仅要引导学生遨游知识的海洋，更要培养他们劈波斩浪的健康体魄。

我们在湖北率先加入全国学校体育联盟，引进全国学校体育联盟"课课练"项目，对体育课教学进行全面改革，并通过联盟十大工程之一——全员运动会对训练结果进行检阅。全员运动会的原则只有一个：全员参加，一个都不能少。全员运动会的项目充满创意：新兴趣味时尚运动项目板鞋竞速、"爆米花"、最长的绳子、毛毛虫爬、钻山洞等比赛项目一年比一年时尚。每个同学都在比赛中感受运动的竞技性，体会运动的趣味性，享受运动的快乐。让每一个孩子享受奔跑的快乐，就是童年的意义、教育的真谛。

我们给每一个孩子提供展示的舞台，让每一个孩子享受奔跑的快乐。在奔跑中，胖墩儿、"豆芽菜"孩子少了，孩子们的小脸更加红润，身板更加挺直，眼神更加坚定，神情更加自信！运动让孩子们身体舒展、阳光健康，真正实现了德智体美综合发展。

体育是什么？体育就是奔跑，体育就是竞争，体育就是合作，体育就是速度，体育就是激情！体育，就是最好的教育！

2. 学校内部的劣势因素

（1）学校规模太小，制约发展。襄阳的城市发展现已进入东进西拓阶段，檀溪片区已经成为襄阳西部的新型现代化人口密集居住区。一幢幢高楼如雨后春笋一般伫立在檀溪大地上，但新建学校只有恒大名都小学，而学校只有一幢回形楼房，设计容量为 18 个教学班，只能容纳 1000 名学生。每到招生季节，附近小区的非片内孩子蜂拥而至，但是学校容量有限，招生工作压力巨大，现在一、二、三年级均已扩到四个班，每班人数均已突破 60 人。大班额对各项工作都带来影响。

（2）经费不足，制约发展。学校开办仅仅两年，受规模限制，截至 2019 年 7 月，学生 923 名，每生公用经费 600 元，一年 50 余万经费，实难保障开创新的教学探索活动和高端的创客、戏剧等社团活动。

（3）管理团队整体水平还须深度打磨。副校级干部在调入恒大名都小学之前均为原学校中层干部，5 名中层干部调入恒大名都小学之前在原学校为普通教师，所以他们在度过角色适应期以后，角色意识、自主意识还须进一步加强，沟通协调组织诸能力还须深度提高。

（4）教师队伍整体年轻，政治与专业素养还须加强引领。40 多名教师，60% 以上是 80 后和 90 后，他们工作热情较高，但缺乏教学经验，尤其缺乏班主任管理经验。

3. 机遇与挑战

（1）学校办学理念的进一步深化与解读。建校之初，我们确定了学校的办学理念为"与世界一起奔跑"，并建构了让办学理念落地的"yue 文化"课程体系。两年多来，这一办学理念已广为传播，也得到了广泛认可。但在办学过程当中，我们忙于办学实践，疏于对办学理念的进一步深化与深入解读。尤其是作为校长的我，理论功底非常浅薄，缺乏哲学底蕴，因而不能带领大家进一步深入解读学校的办学理念。

（2）青年教师专业成长的普遍性规律与个性化路径还须进一步明晰。大多数青年教师目前处在教学模仿期，虽然学校也提炼了教师成长的"五 yu"方略，采取了名师带徒、青蓝结对、同伴互助等方法，但如何引领 90 后青年教师热爱教师事业，磨炼教学艺术，追求专业成长，仍然是摆在我们面前的重要命题。

（3）学校的德育活动丰富而创新，但品牌意识还比较模糊。我们反复强调要课程化、系列化、创新化，从实践层面来看，德育活动也确实在向这些目标靠拢。我们倡导德育是人人的德育，处处是德育的阵地，人人是德育的主角。但在具体工作中，如何结合校情、班情与学生个体情况，把德育做成有恒大小学特色的套餐与大餐，还有待规划与开发。虽然学校成立仅仅三年，教师队伍比较年轻，管理团队还在磨合，但是，从干部到教师，我们对学校的发展方向是清晰的，学生的培养目标是明确的，奔跑的速度是匀加速的。在奔跑过程当中，一个又一个问题，也不断暴露出来，在这些问题面前，我们深感自己才疏学浅。成为领航班学员，也为学校的发展迎来了新的机遇，理论导师、实践导师的入学入校诊断，为我们答疑解惑，使我们茅塞顿开，将为学校的发展拨云见日。

二、学校发展的目标定位

目标定位：建设一所"与世界一起奔跑"的未来学校。

这是一所属于人人的未来学校：人人是自己的主角；舞台是人人的舞台；台上台下都是主角。

"未来学校"的教育追求：办一所负责任的学校；办一所有温度的学校；办一所适合学生个性发展的学校。

办学理念：与世界一起奔跑。

校风：爱拼才会赢。

教风：站得更高，跑得更快，走得更远。

学风：我们奔跑。

学生培养目标：

体魄健壮；

思维敏捷；

善于合作；

视野高远。

教师发展目标：

拥有激情；

充满创意；

敢于拼搏；

脚踏实地。

三、学校发展的改革重点

以教师教育信息化素养提高工程为切入点，变革课程结构、课堂结构、教育管理流程，实现学生个性化学习，培养有时代特点、个性鲜明、全面发展的恒大小学学生。

四、拟攻难题

1. 个人发展问题

（1）理论水平欠缺。未能系统地研读理论书，理论功底有待提升。

（2）科学管理水平不高。管理学校引领团队，更多的是靠我的个人魅力（如激情感染，学习引领，身先士卒，人文关怀），但在愿景引领、个人价值适配等方面尚有较大的提升空间。

2. 学校发展问题

（1）科学管理亟须加强。

（2）如何通过信息化教育手段，变革课堂教学，实现学生个性化学习，我们有理念，但受经费、硬件等因素制约，举步维艰。

五、变革设想

（1）在导师团队诊断梳理指导下，制定恒大名都小学五年发展规划，完善"与世界一起奔跑"办学理念的深入解读，完善"yue文化"体系的细化深化。

（2）开展"教师群体成长研究"课题研究，通过研究，寻找、挖掘、解剖优秀教师成长基因，探索优秀教师成长路径、成长规律与培养策略，丰富完善我在多年实践中探索的"三五六"带兵方略。

（3）建立"基于学生核心素养发展"的"yue文化"课程体系。学校建校三年来，已研发了29门社团课程，但这些课程比较零散、碎片化，希望在导师团队帮助下，对已开发课程进行梳理整合，使课程体系趋于系统化。组建项目团队，启动统整课程的1.0版本实践，逐步向2.0版本迈进。

（4）启动"yue 文化"课堂改革。作为一所新学校，三年来我们主要是规范课堂教学，规范常规教研，课堂教学改革还处于老师们"八仙过海，各显神通"的单兵作战阶段。希望构建基于恒大小学学生发展的课堂改革模式，高起点设计，高标准落实，充分利用信息化手段，变革课堂教学，实现学生个性化学习。

（5）建设学校德育品牌课程，打造"让每一个孩子都闪闪发光"的系列品牌课程。德育活动要课程化、系列化、创新化，真正落实"德育是人人的德育，处处是德育的阵地，人人是德育的主角"。

课题研究设计：
小学教师群体成长研究

一、选题背景

1. 国家要求

信息时代的经济与社会发展为重新认识与发现教师，为教师发展创立了越来越多的条件。全球展开的信息技术革命，将促进教育的跨越式变革，这种变革也极大地提高了教师劳动的复杂程度和创造性质。适宜应试教育的个人孤立的、相互隔离的教师文化已不适应人人能学、时时能学、处处可学的个性化学习新时代。没有教师群体专业上的成长，教育便无法完成新的历史条件下的新使命。同时，教师群体成长是我国从教育大国走向教育强国的需要，是基础教育从基本均衡走向优质均衡的需要。教育部于 2003 年组织发起国家名师工程，2010 年又启动卓越人才培养计划，各省市随之纷纷实施卓越教师计划。优秀教师成长研究迅即广泛开展起来。2018 年 2 月，中共中央国务院出台《关于全面深化新时代教师队伍建设改革的意见》，提出教师队伍建设新目标。

2. 区域诉求

2016 年 10 月，襄阳市教育局、市委人才办联合制定下发《襄阳市万名名师培养计划（2016—2020 年）》通知，将用五年时间，按计划、分步骤培养万名扎根教学一线、教学业绩突出、学生喜爱、同行认同的名师。这些名师分镇级、县级和市级三个层次，实行梯级培养评选，具体目标为：各县（市、区）教育局五年培养评选名师（含县、镇）数应占本地区专任教师数的 20%，其中县级名师应占优秀教师总数的 20%~30%；市直学校五年培养评选校级名师应占本校专任教师数的 20%。对于已经获得"湖北名师""湖北省特级教师""襄阳市隆中名师、名校长"称号的，自动纳入襄阳市名师行列。

3. 自我追求

在到恒大名都小学任职之前，我在襄阳市荆州街小学担任校长十多年，开展了"青蓝工程""优秀教师工程"等教师成长研究，学校优秀教师辈出，后备优秀教师队伍强劲充足，在全市乃至全省屈指可数。这一成绩也不断引发我们对优秀教师成长的校本思考。

但在欣喜之余，我们也在不断反思。我们过分注重学校外在发展环境氛围的营造，注重教师外在激情状态的呈现，但是，在教师追求专业化发展的过程中，其对学校愿景的价值认同如何？他追求职业成就感的内在动力是什么？换言之，我们追求的是学校的发展愿景成为每一个教职员工的共同追求，我们希望学校的文化追求成为每一个教师的自觉实践。我们追求的是教师拥有教育的情怀，激情四射，敢于亮剑，在这个过程中拥有职业的成就感、幸福感。我们虽配置了系列教师成长菜单，但提炼优秀教师发展"成长基因 DNA"的工作，却一拖再拖。每一个教师都是不同的，但优秀教师的成长是有规律可循的，是有共同"成长基因 DNA"的。优秀教师成长在荆州街小学不仅是素质教育的产物，也不仅是课程改革的产物，它有着与学校发展密切联系的深层因素，互为捆绑，又各自成链，形成名校与优秀教师共同发展、共同影响的教育基因图谱。所以，我们希望通过研究，寻找优秀教师成长基因，挖掘成长基因，解剖成长基因，以期在新的土壤中"改良移植"成长基因，造就新的群体成长的优秀教师队伍。我们希望通过研究，营造适合青年教师成长的生态环境，为教师配置专业发展的私人定制方案，为教师高举前行的路灯，搭建蜕变的舞台，让舞台成为人人的舞台，让教师成为一座座富矿。

二、国内外研究现状述评、选题意义及其研究价值

美国 20 世纪 70 年代中期提出教师专业化的口号，以提高公共教育质量，推动教学成为真正的专业。1986 年霍姆斯小组在《明天的教师》报告中将教学从行业转换成专业作为自己的目标；同年，卡内基教育促进会发表了《国家为21 世纪准备教师》的报告。这两份重要的报告都提出确立教师的专业地位，培

养教师达到专业化的标准，进而提高教师教育质量。从 20 世纪 80 年代初期英国就试图建立一种更成功、更有效益的教育，解决城市学校教学成绩低下等问题，为此加强了国家监管和教师能力的培养。1990 年以后，英国政府企图弱化教师教育与大学的联系，提出以学校为中心的初任教师培训。这种培训允许学校自己为师范生颁发合格教师证书。经过对这一阶段教师教育的反思，英国学者认为：教师专业化发展只有通过对实践的反思和拥有系统理论与研究才是可能的，而这就要求大学与中小学建立新的联系。为建立这种联系和这种知识学习框架，就应从战略角度来看待教师的专业化发展。在国际教师教育的改革中，许多国家从不同角度开始注意到教师发展的问题，也正是教师的发展催生了对教师的重新发现。在当代教育历史进程中，教师不是单纯的任务执行者，而是教育的思想者、研究者、实践者和创新者。

国内对教师成长的关注总体呈上升的趋势。近年来，日本学者佐藤学的教育思想对我国教育界影响较大，构建"学习共同体"的理念逐渐在中小学落地。已有部分学者和一线教师培训者提出"优秀教师的群体成长需要有目标愿景激励、组织架构和任务驱动、意义协商和多方交流的这样一个学习共同体"的理念。他们聚焦协同创新理论、协同学习、协作式教研等方面，研究优秀教师群体成长的特征、理据、路径、机制及培养策略等。然而整体来看，专家学者的研究，更多聚焦在优秀教师群体成长的因素，群体成长的路径规律、策略和机制等，大都是概念性、推理性、理想性的观点陈述，缺少经典案例做例证，实操性不强。一线教师、校长的研究，更多是基于学校在促进教师群体成长中的某一个侧面、某一个角度，去总结归纳优秀教师群体成长的经验。如文化引领策略、管理创新策略、课题研究带动策略、教学改革助力策略、校本研修反思策略、团队建设协同策略、信息技术支撑策略等，过于时代性、项目性，是教育改革发展某一个时期的附加产物，缺少理论支撑和宏观构架与统整。

教师群体成长研究已纳入国家教育发展规划，并引起国家和地方科研机构与基层中小学重视，但研究的方向更多地侧重于个体优秀教师的专业化成长，涉及基础教育教师群体成长的仍然较少。而且专家学者的研究，更侧重教师群体成长的理论体系建构，而一线教育工作者更多的是在实践情境场域中聚焦某一点或几点深耕细作，缺少系统性，也不成体系。为此，研究一所学校、一个区域教师的群体成长需要的环境因素、体制机制和实操途径，是教育转型发展的当务之需与当务之急。本研究在汲取两者研究成果精髓下，深度研究基于学校场域的教师群体成长理论建构，以达到既有理论深度又有实操路径的目标。

三、本课题理论依据

1. 马斯洛需求层次理论

马斯洛需求层次理论把需求分成生理需求、安全需求、爱和归属感、尊重、自我实现五类，依次由较低层次到较高层次排列。在自我实现需求之后，还有自我超越需求。教师作为有文化的社会人，都有追求成功和实现人生价值的需要，都希望成长为学生爱戴、社会认可、业务水平高、教学能力强的教学行家。

2. 建构主义

其最早提出者可追溯至瑞士的皮亚杰。建构主义认为，知识不是通过教师传授得到，而是学习者在一定的情境即社会文化背景下，借助其他人（包括教师和学习伙伴）的帮助，利用必要的学习资料，通过意义建构的方式而获得。由于学习是在一定的情境即社会文化背景下，借助其他人的帮助即通过人际间的协作活动而实现的意义建构过程，因此建构主义学习理论认为"情境""协作""会话"和"意义建构"是学习环境中的四大要素或四大属性。

3. 学习共同体

学校班级学习共同体（或译为"学习社区"）是由学习者（学生）和助学者（教师）共同组成的，以完成共同的学习任务为载体，以促进成员全面成长为目的，强调在学习过程中以相互作用式的学习观做指导，通过人际沟通、交流和分享各种学习资源而相互影响、相互促进的基层学习集体。它与传统教学班和教学组织的主要区别在于强调人际心理相容与沟通，在学习中发挥群体动力作用。

4. 群体动力论

美籍德国人库尔特·勒温（Kurt Lewin)提出了"群体动力理论"。该理论认为，一个人的行为（B），是个体内在需要（P）和环境外力（E）相互作用的结果，可以用函数式 $B=f（P，E）$ 来表示。所谓群体动力理论，就是要论述群体中的各种力量对个体的作用和影响。

四、选题意义及其研究价值

本研究的选题意义和价值主要有以下三个方面。

一是"教师群体成长"的提出顺应了当今世界发展新趋势，教育转型已成为世界各国的共识，从"群体"的角度去研究一所学校、一个区域，乃至一个国家的教师成长，更有利于从政治、经济、制度、机制、人文等宏观角度去考量和把握教师群体成长机制，从而探索出有实操性的教师培养机制，为其他学校、地区提供样本经验。

二是现有的名师培养、骨干教师培养注重的是教师个体的成长和发展，其内驱力和专业力过度依赖教师个人的价值追求，整体培养与发展速度滞后于办学硬件发展速度，造成了教育均衡发展后新薄弱学校的大量产生。广大的农村学校校舍新、设备新，生源回流少，大量的适龄儿童仍选择离乡到城镇就读，浪费了农村教育资源，挤占了城区教育资源，农村空、城镇挤的教育现象仍未得到很好的解决。教师群体成长研究就是要解决一所学校、一个区域优秀教师团体成长问题，从而解决区域教育实现标准化建设后优质发展的软件瓶颈问题。

三是研究解决学校卓越发展问题。一所卓越学校，一定有一批卓越教师。十年以前，很可能一个好校长就完全可以成就一所好学校。而现在"创新与融合"已成为学校质量的新命题，没有教师整体水平的提高，很难有选择性、个性化教育的实现。同时，现阶段集团发展、联盟发展成为区域推进优质均衡发展的法宝。教师群体成长研究将会解决集团化办学带来的优质学校和优质资源被稀释、被同化现象，更能为薄弱学校培养有着自己学校文化发展烙印、能接地气的优秀教师群体，从而促进区域内学校文化、课程文化与课堂文化异彩纷呈，构建良好的区域教育教学生态。

五、研究的创新点

一是教师群体成长的理论研究。通过研究，进一步厘清教师个体成长与群体成长的互为关系，阐明教师个体在群体中成长与教师个体成长助推群体成长的关系，归纳出新时期教师群体成长的基本特征和基本原理。

二是教师群体成长实践研究。通过研究，形成教师群体成长的基本范式，发现教师群体成长的政策支持和激励机制，明确诸如教师组、年级组、校长、局长等大小群体组织的领导者应有的教育哲学素养与教育管理素养。

六、研究目标、研究内容

1. 研究目标

研究目标：

（1）教师群体概念界定。

（2）教师群体成长特征提炼、归纳。

（3）教师群体成长需要的外部环境和内动力。为大批中青年教师快速成长提供可信路径，让他们找到职业幸福感和个人成就感，更为培养成批量的优秀教师、推进区域教育公平和教育均衡提供理论与实践支持。

研究对象：

刚入职小学教师群体、中青年小学教师群体、中老年教师群体和优秀教师群体。

本研究试图通过对襄阳市荆州街小学、襄阳市恒大名都小学两所学校发展的历史文化背景、教育政策和学校教师培养的平台与策略进行深度梳理，同时对这两所学校涌现出来的不同年龄阶段的优秀教师进行深度访谈，对参加"张德兰名师工作室"的全省成员和到恒大名都小学跟岗的校长、教师进行访谈，从而找出汉水流域小学教师群体成长规律，归纳总结出教师群体成长的培养策略。

2. 研究内容

（1）核心概念界定。

第一，教师群体。

群体与个体相对，是个体的共同体。不同个体按某种特征结合在一起，进行共同活动、相互交往，就形成了群体。个体往往通过群体活动达到参加社会生活并成为社会成员的目的，并在群体中获得安全感、责任感、亲情、友情、关心和支持。教师群体与教师个体相对，是教师个体的共同体。教师群体是个广义范畴，从微观层面是一个学科群体、教育项目群体，中观层面可以是老中青年龄群体，宏观层面是一个学校群体、教育集团群体和区域教师群体。

第二，群体成长。

教师群体成长主要指教师群体通过团队合作，分享交流，建立学习共同体，形成群体归属感，走向追求专业知识、专业技能与专业情感卓越之路，从而实现一所学校、一个区域立德树人的教育目标。

（2）主要研究内容。

本课题的研究内容：分析教师群体成长共性特征，探讨教师群体成长路径，提出小学优秀教师群体成长培养策略及成长机制。具体如下。

教师群体成长共性特征研究；

教师群体成长路径研究；

教师个体成长与群体成长互为关系研究；

不同群体教师成长的内驱力研究；

教师群体成长策略及机制研究；

教师群体成长模式研究。

本研究围绕两个梯度展开研究。

一是具体研究，分析当前政策方向，梳理教师群体成长理论，回顾反思荆州街小学这么多年来培养优秀教师群体的一系列做法，观察身边优秀教师群体的教育思想、教学行为在成长中的变化，发现规律，总结规律。

二是基础研究，在梳理中探索学校场域下、校长管理范围内，学校的学习共同体等措施在促进教师群体成长中的效果，努力提炼出教师群体成长的培养策略，最终从两所学校的校本实践研究中摸索出促进教师群体成长的模式。

七、研究思路、研究方法、技术路线和实施步骤

1. 研究思路

研究对象：从一线教育岗位中选择那些取得显著教育教学成果的教师群体，样本具有独特性和可信性。

研究路径：基于实践的研究。着重分析促进教师群体取得成就的内外因素，让诸多教育实践者也可成"家"。

研究内容：这一课题关注教师群体成长的体制机制、成长规律和成长路径，实证国培计划、校本培训、"名师工作室"、教师晋级晋职等策略和平台在教师群体发展中的影响因素，形成基本的教师群体成长策略与路径。

2. 研究方法

（1）行动研究法。在本研究中，我们将以省、市级名师工作室和恒大名都小学为平台，跟踪调查所有参与活动人员，把他们作为研究对象，持续不断地对教师群体成长进行反思，归纳总结他们每一次活动的表现和收获，进行定性定量分析，逐步形成教师群体成长的观念、做法和经验。

（2）案例分析法。通过案例分析，研究名师的专业化发展经历，通过研究，总结出名师专业化发展的一些共性特征，从而明了当今为师之道，知晓教师何以由合格到优秀、由优秀到卓越，从而激励更多的教师向优秀教师努力，同时探寻教师成长的个性特点，找出他们迅速成长的规律，推广经验，促进教师的专业化发展。通过案例分析，提炼出教师群体成长的以校为本的培养策略。

（3）实物分析法。搜集教师的备课笔记、听课笔记、优质课教案、教育叙事、学校的日志、照片、影像资料、政府发布的政策文件等，从中分析个体因素、环境影响、行为方式等对促进教师成长所起的作用，并从中提炼出教师成长的影响因素、成长路径等。

（4）访谈法。制订访谈提纲，通过访谈的方式获取他们从教师到优秀教师的蜕变过程，找到在其成长的每一阶段，促进或制约小学优秀教师成长的内外部因素，找出小学优秀教师的主要特征，总结归纳出小学优秀教师成长的规律，并在此基础上提出相应的培养策略。

（5）观察法。观察法是指研究者根据一定的研究目的，制订相应的研究计划，通过感觉器官和辅助设备，对处在自然状态下的研究对象进行系统考察，从而获得信息资料的一种科学研究方法。在本课题中，我们要观察的"研究对象"，一是指教育活动中成长的教师，二是指成长中的优秀教师的活动，比如说备课、上课、开会、读书、考试、游戏等。我们根据研究目的观察这些活动，并写出观察报告。

3. 研究步骤

第一阶段（2018年6月—2018年8月）：准备阶段。调查研究，确定选题，科学设计开题报告，完成课题申报与开题论证会工作，成立课题组。学习、吃透课题研究方案，课题组分工，组织实施。

第二阶段（2018年9月—2020年6月）：实施阶段。全面实施课题计划，确立阶段性子课题，按方案组织、实施、总结经验，修正课题方案，撰写中期研究报告，边学习，边研究，边实践。

第三阶段（2020年7月—2021年3月）：结题阶段。全面梳理课题研究成果，研究达成目标，反馈评价，经验总结，理论提示和推行，完善理论体系，形成系列成果内容，扩大优秀教师成长成果影响，形成实绩。收集整理研究过程资料，对研究所得资料、数据进行分析整理。撰写结题报告，编辑有关成果，接受课题评估验收。

第五辑

传统名校文化传承者与课程创新的开拓者

任慧校长注重学校文化的传承与创新，遵循以学生发展为本的教育哲学和价值追求，抓牢课程变革是教育发展的引擎，培养和谐生长的集团化教育生态，倡导"追求卓越，崇尚创新"的文化精神，高起点、高水平发展集团学校，在学校文化传统的继承中，持续引领学校质量提升和特色发展，实现了百年学校卓然而立、越而胜己的突破发展。

　　以现代学校管理理念与管理结构引领学校发展，以研究和解决小学教育的现实问题作为出发点，带领教师在云南率先研究开发小学生特色选修课程，主持云南省教育规划课题"新技术支持下的小学特色课程开发研究"获国家版权局著作权证书、昆明市教育科研成果一等奖，主持并带领昆明、大理、普洱、保山、西双版纳小学开展全国教育科学教育部规划课题"云南民族地区小学课程资源开发利用的研究"成果应邀参展北京师范大学主办的"中国教育创新成果博览会"，学校被中国科协授予全国青少年人工智能特色单位，荣获全国青少年足球特色学校、全国中小学生艺术展演二等奖、云南省现代教育示范学校、云南省校园文化建设示范学校、云南省科普教育示范学校等。

校长自画像：
传统名校文化传承者与课程创新的开拓者

清光绪二十九年，即公元 1903 年，云南省创办了首批 11 所新式省会小学堂，其中之一就是今天武成小学的前身，学校至今已有 118 年的办学历史。有了丰厚历史积淀的滋养，有了一代代武成人的不懈追求，学校如今已发展成为"一校四点两所分校"、56 个教学班、在校师生近 3000 人的云南省基础教育的传统名校，先后被评为全国青少年校园足球特色学校、全国青少年道德培养实验基地、云南省一级示范学校、云南省优级甲等学校、云南省现代教育示范学校、云南省实验小学、云南省校园文化建设示范学校、云南省科技教育示范学校、云南省文明单位、云南省文明学校等，被誉为"红土高原上的百年名校"。

回顾武成小学办学理念提升、文化传承和课程创新发展的这五年，我面临着教育发展的抉择、薪火传承的责任和学校创新的压力，然而欣慰的是，在这个过程中，我们用教育规律促进内涵发展，用内涵发展提升教育品质，使学校焕发蓬勃的生命力和永久的创造力，以文化传承和课程创新为动力源，保障了武成教育品质的持续提升，促进了学校的科学跨越发展。

一、发展抉择：提升办学理念，为学校发展注入时代活力

我是武成小学新中国成立以来的第 9 任校长，于 2012 年 8 月接任，虽然当时 39 岁的我已有九年的校长任职经历，在学校管理和教育科研方面成效显著，但是依然感受到从未有过的责任与压力。当时的武成小学已是社会认可的名校，在我就任前的五年，经历了前两任校长的更换、办学理念的碰撞起伏、两校合并的文化融合、教育质量提升的瓶颈等。我作为继任者，陷入深深的思考……

我查阅了学校文档，关于武成小学办学思想是这样表述的："学校坚持以人为本的办学理念，继承传统，突破成规，为学生发展而奠基，为教师发展而铺路，为学校发展而改革，把队伍建设作为强校之源；把科学管理作为强校之本；把教学质量作为立校之根；把教育科研作为兴校之基；把办校特色作为名校之举；把全面落实科学发展观，构建和谐校园，坚持依法治校、改革活校、科研兴校、创新立校；把打造信息技术教育、网络德育、传统文化教育、英语学科教育等品牌项目为办学主线；把创新队伍建设体系，构建学校改革的动力机制为办学动力；把继承和发扬武成百年的优秀传统，努力创建现代化建设示范学校为办学目标。制定了'明理、诚信、善思、乐学'的校风校训。"

如何提升现行的办学理念才能让百年名校彰显现代教育的魅力？武成小学百年的文化之魂在哪里？以什么作为发动机，让师生在共同成长的跑道上快速向前？……对这些问题的追问在冲击着我的思想和脚步，同时，我回味自己曾是武成小学一名普通家长的感受，探访教育专家与主管领导对武成小学的评价与期待，听听学生对学校生活的希望，通过问卷与教师访谈，了解他们真实的声音。于是，学校在提升办学理念方面迈出了一个个坚实的步伐。

经过4个月的反复思考，2012年12月，我提出：武成小学要注重学校文化的继承与创新，遵循以学生发展为本的教育哲学和价值追求，培养和谐生长的教育生态，以历史为基点，结合当前教育新形势，赋予学校核心价值新的精神内涵，以"构建特色校园，创建现代学校"为载体，以专业领导遵循教育规律，用教育规律促进内涵发展，用内涵发展提升教育品质，积极探索与实践教育模式的改革，使学校高质量、轻负担、特色化发展，让百年武成优秀文化在"为了每一个学生终身发展"核心教育理念的引领下，不断得到传承、创新和发展。

我的教育理想是：不仅拥有分数，还有良好的德行、强健的体魄，使师生成为完整的、幸福的、美好的人。基础教育阶段，学生如果丢掉分数，就很可能丢掉发展的机会，因此，不仅要关注分数，更要发展。但如果只有分数，没有综合素质，就不可能拥有美好的未来。在办学过程中，我注重价值引领，重塑教育道德；注重专业引领，激发教育活力；注重文化引领，培育教育生态，实现学校内涵发展、高位发展，促进学校教育品质的持续提升。

2014年8月，武成国福和武成御府两所分校同时开办，面对四校区集团化办学的未来突破和深化发展，我们一边解决自身发展的问题，一边要拿出精力与热情去快速打造新学校，同时还要承受社会各界无形的强烈预期。名校办分校必然会触及体制和机制的改革，不可避免地会遭遇来自政策制度层面的挑战，如管理难度的加大，优质资源的稀释，理念文化的重构与创新接踵而来。我认识到防止优质资源稀释是我和学校面临的首要问题，如何使学校走出规模发展概念，走向内涵发展，防止"浓茶变淡茶"？

通过制度创新和顶层设计，变革现代教育管理理念与管理结构，我提出四项集团化发展办学思路：一是进行制度创新和顶层设计，变革现代学校管理理念与管理结构。管理要注重以先进的教育理念为引领的经验辐射与协同创新，发挥并提升分校对学生发展需求的认知与满足能力，以及加快学校办学特色形成的进程。二是研究集团化办学的资源整合机制，建立一个各具特色、共同发展的教育生态，完成从"外部植入"到"内部生成"的质的变化。三是强调集团文化的向心力、各校区的归属感和每所学校的特色，以教师流动、骨干游走、名师讲学、师徒带教等形式推进教研工作，促进集团内教师的快速成长，实现"不一样的校区，一样精彩"。四是分校找准自身的定位，在市场经济中满足老百姓的需求以及自身发展需要，走特色优质发展的道路。特别是民办的御府分校应加大对学生个性化需求的关注，对学生给予更为精细化的关怀与呵护，更要以生为本，通过体制创新，满足家长和学生多样化、选择性的教育需求。这样逐渐建立起各校区各具特色、共同发展的教育生态，而不是优质学校的"连锁店"，开办三年来，初步完成了从"外部植入"到"内部生成"的质的变化。

担任校长四年来，我不断反思、提炼、完善办学思想，提出并践行"学生全面健康成长，教师科学幸福工作，学校和谐优质发展"的办学价值理念和"高质量、轻负担、特色化"的学校发展目标。深化素质教育，为学生身心健康打基础，培养能感知幸福的学生；为教师的职业发展铺路，培养懂儿童的教师，培养和造就全面而有个性的、自主发展的学生，形成学生核心素养。明确了走以质量提升为核心的内涵式发展道路，走精品教育和特色办学之路，以"构建特色校园，创建现代学校"为载体，用教育规律促进内涵发展，用内涵发展提升教育品质，努力实现办学水平"五优"：办学水平条件优越、校园文化优雅、教师队伍优秀、管理体制优化、教学质量优异，让百年武成优秀文化在"为了每一个学生终身发展"办学理念的引领下，推进现代教育制度的渐进发展，让学校焕发出新的生机与活力，推行学校管理改革，建立现代学校运行机制，实现由传统名校向现代优质学校的转型。

二、文化传承：挖掘底蕴积淀，为集团化办学寻找文化根基

百年沧海桑田，武成人不忘教育本源和育人使命，关注每一个学生的发展轨迹，激发每一个学生的成长自觉，提升教师的专业精神，让每一位教师享受到职业的幸福。在办学过程中，应该传承好百年办学形成的显性与隐性文化，注重价值引领，重塑教育道德；注重专业引领，激发教育活力；注重文化引领，培育教育生态，实现学校内涵发展、高位发展，促进学校教育品质的持续提升。

站在新的历史发展阶段，我看到学校面临着两校整合后创新转型发展的挑战，面临着区域教育竞争提升的挑战，面临着社会更高期盼的挑战，面临着学校集团化发展的挑战。作为校长，我应该倍加珍惜武成小学的校史文化资源优势，树立高度的历史责任感和使命感，按照教育的特点，遵循教育发展的规律，以超前的战略眼光，用未来社会对人才的要求，还儿童本应有的快乐与幸福，来指导现在学校的办学与教育，全面推进素质教育，不断提升学校教育质量和办学水平。

如何注重学校文化的继承与创新，以历史为基点，结合当前教育新形势，赋予学校核心价值新的文化内涵，并倡导学校师生付诸行动，从而使传统名校焕发自身蓬勃的生命力和永久的创造力？我校站在文化变革、文化重构的高度，来审视学校的教育活动。经过深入思考，我提出了学校文化价值观：学生全面健康成长，教师科学幸福工作，学校和谐跨越发展。我认为让百年武成优秀文化不断传承、创新和发展，让武成学子健康快乐成长，让教育充满幸福感，这不仅是一种境界，更是全体武成人义不容辞的责任。我和全体师生、家长应该用智慧和勇气去寻求变革，用情、用心去探索真教育。

在担任武成小学校长半年后，我于2013年年初提出了学校三年发展目标：以"构建特色校园，创建现代学校"为载体，明确学校发展目标，完善现代学校制度，科学管理学校资源，提高教师教学能力，走以质量提升为核心的内涵式发展道路，走精品教育和特色办学之路。以专业领导遵循教育规律，用教育

规律促进内涵发展，用内涵发展提升教育品质，积极探索与实践教育模式的改革，使学校高质量、轻负担、特色化发展。培养身心健康、全面发展、富有特长的学生；建设师德高尚、业务精良、富有激情、结构合理的教师队伍；让百年武成优秀文化在"为了每一个学生终身发展"核心教育理念的引领下，不断得到传承、创新和发展。

学校的一草一木都是无声的课程，都是无言的教师，我提出让爱与尊重的阳光普照到校园的每个角落，坚持文化立校，确保将办学理念、历史传承、制度创新、学术素养、校园文化、团队建设等校园文化建设纳入学校整体发展规划，探索从课程的高度，与师生的教育学活动、学校愿景与特色相融合，在做好武成文化传承的基础上，融入时代的元素，优化、净化、绿化、美化校园，让人从一草一木、一言一行中感受到清晰的、厚重的、独特的校园文化。整体设计布局四校区学校文化走廊、树木绿化，提升花草树木绿化等自然景观的档次与品质，既传承母校精神，又展现校园生机活力，形成艺趣、雅致的环境氛围，使自然文化的布置、人文文化的形成、精神文化的激励以及各种育人文化的和谐渗透与融合。从围墙上张贴的师生活动剪影到楼道里的武成小学"十佳风尚人物"，从教师的书画摄影作品到专用教室的学术名人像，再到校园无处不在的温馨提示与警示标语，都在向师生和来宾诠释着我校"高质量、轻负担、特色化"的发展目标，营造出高雅、和谐、善美的文化环境。同时，多途径申请，经过四年多的努力，我校于2016年10月获得武成毓英校区原址重建的立项批复，逐步形成特色鲜明、四校区各具特色又和谐统一的校园环境文化。

2014年8月，武成国福分校、武成御府分校同时开办，30余名新教师走上武成教学岗位。如何发挥武成的文化优势，抓住教师这个关键要素，让四个校区的所有教师有机融合，实现学校文化的复制与再生？我推出三个管理策略：首先，培育教育生态，推进现代教育制度的渐进发展。在管理中体现民主的教育价值观，用价值管理管出教师内动力，用情感触动教师的改革神经，用专业引领教师的实践行动，提高教师的认同度、支持度和参与度，把《校园文化提升方案》《绩效工资实施方案》《安全管理手册》《特色课程项目申报书》的制订当作全校教师思想交流的良机，达成共识的过程，让管理走进教师的心灵，实现情感的交融、价值观的统一，使教师个体努力方向明确，制度执行规范，促进学校优质、高效、充满活力地发展。其次，激发教师的内生动力，产生促进学校内涵发展的效益。抓住提升教师素质的两个关键因素：互相关怀的优质关系和高效能的学习培训，让教师既能发挥自我管理、自我支配的效能，又能很好协调与他人协作共进的关系。完善师德监督机制，增强教师责任感与使命感，促进教师发展性评价，强调外在奖惩和内在发展的统一。积极推进"暖心工程"，建"民主之家""温馨之家""服务之家"，成立"名师讲学团"，评选"学生喜爱的十佳教师""武成十大魅力教师"，唤醒教师主动发展、自我超越的内在动力，力求让每位教师都有闪光的舞台，都有实现专业成长的机会，都有浓浓的幸福感。最后，实施教师柔性流动，盘活各校区教师资源，推动名师队伍的成长。平衡好学校规章制度落实的硬性化和教师个性风格的多样化，让教师拥有更宽广的创新、发展空间，使教师快乐工作，发挥出自身潜能。通过四校区教师一定程度的流动，打造一批名师，形成教学的领军力量，激发了教师队伍的活力与创造力，实现教师个人发展和学校发展的双赢。

2015 年，我校以"承载百年积淀与厚重　蕴含时代创新与发展"为主题，通过四个方面——关注生命、多元个性的课程文化；优美育人、陶冶心智的环境文化；阳光进取、全面发展的学生文化；幸福智慧、温馨和谐的教师文化，从办学理念、学校历史、发展规划、师生规范等方面综合打造学校文化，有继承、有创新、有发展，成效逐步凸显，并于 2015 年荣获"云南省校园文化建设示范学校"。

三、课程创新：开发特色课程，让师生享受教育的幸福

学校的核心竞争力来自学校品质，学校可持续发展的过程是追求学校品质的过程。武成小学在 110 多年厚重的办学历史中薪火相传，爱教奉献，治学严谨，校风优良。我们的办学如何实现学校文化的继承与创新？武成小学品质提升的支点是什么？如何遵循以学生发展为本的教育哲学和价值追求，使学校焕发蓬勃的生命力和永久的创造力？在今天的课堂中，我们在用今天的课程培养着明天的人。从我们课堂走出去的学生能否满足未来发展的要求，能否实现属于自己的幸福与成功？这些是摆在我和老师面前的难题。

我认真研读了《教育部义务教育课程设置实验方案》《云南省义务教育课程实施方案》《武成小学课程总表》，理性分析了武成小学潜在的办学资源，调查了学生多样化的学习需求，发现学校现行课程仅为执行省课程设置标准，未设置校本课程，不能满足学生个性发展需求，不能充分体现学校办学思想和个性特色。于是，我于2013年1月建立了课程开发课题组，提出：遵循课程建构的专业要求，围绕培养目标、学生需求和可以利用的资源，构建武成小学特色课程体系。

我认识到校长课程领导力的核心在于树立新的课程理念，并将其转化为领导行为、管理行为，从而把学校的办学思想课程化。校长要实现有效的课程领导，就必须在理解和把握当前课程理念、课程目标、课程类型与课程内容的基础上，形成自己的教育思想和课程理念，并且善于把自己的理念和思考变成具体的引领和指导决策。

我认为一所好的学校追求的不应该是学校本身的特色，而是如何实施适合每一个孩子的个性化教育。如果仅仅是把学生当成办好学校的铺路石，把学生当作学校发展壮大、获得资源的工具，这样的学校经营得再成功，都不称为真正的好学校。课程是学生成长的跑道，有怎样的课程就有怎样的学生。不只是课堂上学习的学科课程，一切影响学生成长的外部因素都是课程。课程即尊重，课程即环境，课程即价值。学校课程建设的根本目的就是坚持从学生出发，以学生发展为核心，努力为学生生命的自由生长与发展创造开阔高远的天空。课程选择的过程就是识别和规划自己人生的过程，课程休息的过程就是挑战和释放自己潜能的过程。

我担任武成小学校长四年多来，带领教师于2013年3月在云南率先研究开发了"小学生选修课程"，2015年5月在云南首创"小学生网上选修课程系统"，2016年6月申报成为云南首个小学特色课程开发研究课题的学校。主要从以下三个方面进行有效实践。

1. 把童年还给孩子，让每个学生全面而有个性地发展

武成小学不断探索建立基于学生核心素养的特色课程体系，打造差异化、高选择的课程，建设实质关联、有质量的素养课程体系，形成了"一个中心：学生全面发展；七个素养：道德素养、人文素养、生活素养、科技素养、艺术

素养、语言素养、健康素养"的课程内容。采用七项核心技术，在云南率先研究开发了"小学特色选修课程"，打破 45 个常态教学班，全校参与、全员走班、全程免费。我校始终坚持以课程改革落实核心素养，而今，以科学而虔诚的态度，理性促进课程品质提升，研究绘制"武成小学课程管理效能图"，完善我校特色课程图谱，新增学生需要且喜爱的，如茶艺与美食、工艺传承、世界文化之旅、轮滑、校园高尔夫、自然智慧、演讲与口才等课程。目前开设特长培养、人文艺术、生活实践、科技创新、体育健康、国际交流 6 大类 73 门学生选修课程。聘请了 27 位社会知名人士和家长担任外聘专业教师，其余 80 余位教师来自我校，每班两名教师采用主辅式教学，自编《京剧脸谱》《陶艺泥塑》《茶艺》以及《假期体验活动系列手册》等校本教材。以课程为依托，逐步建立起一个适合学生整体、多元发展的特色选修课程体系，使学校具有一种独特的文化气场和气韵。

2. 新技术与特色课程有机整合，发展学生的核心素养

我校用技术支持教育目标，支撑课堂理想的实现。2015 年 3 月，我校研究开发了网上选课系统，累计收集照片 2000 余张，55 万余字，使电脑、手机、ipad 等凡是能够和网络连接的终端设备都可以实现选课，航模、茶艺与美食、摄影、轮滑等热门课程在选课中瞬间被秒杀，高选择、多样性的课程促进学生的潜能与个性生动发展，提升了学业水平和综合素质。通过探索新技术支持下的小学课程建设，使国家课程得到有效和创新性的落实，使学校办学特色逐步彰显，得到中国文明网、搜狐网、云南电视台、《云南日报》《昆明日报》等媒体专题报道。我校开展了"新技术支持下的小学特色课程开发研究"课题研究，下一年特色课程拟实现三个突破，即新技术、核心素养与课程整合的突破，课程资源与课堂生态的突破，学生综合素质的校本化评价突破。

3. 建立了独具武成特色、区域协同发展的教育生态

武成特色课程已从课程管理向课程领导转化，唤醒了教师的课程意识，已形成课程改革自上而下推进与自下而上创生的互动，促使武成小学在破解学校同质化发展的难题、以课程变革作为核心竞争力来提升学校品质和发展学校特色这一行动中，走在最前沿，显现出强大的生命力，对教育的发展与改革产生更大的引领辐射作用与积极深远的影响。教育部体卫艺司殷俊海司长以及省市

区领导到我校参观特色课程，上海、临沧、玉溪、红河、大理等地学校代表到我校观摩特色课程。我在第四届全国中小学校长高峰论坛中作《新技术支持下的小学特色课程建设》专题报告，在云南省未来教育家专题论坛上作《课程建设的实践与思考》引发广泛关注。2016 年 1 月，我被区教育局推荐代表云南省小学赴成都参加"全国成长课堂"高峰论坛，作《特色课堂：点亮核心素养的明灯》大会专题报告；2016 年 7 月，我校被省教育厅推荐参加"海峡两岸暨港澳地区基础教育交流活动"，并作专题报告，获得省内外同行与专家称赞。我在省教育厅组织的中小学名校长赴怒江送培活动中作《提升校长课程教学领导力》专题报告。武成小学承办了区域教学质量工作会现场观摩，我作专题报告《聚焦内涵，提升质量》和《夯实常规管理，提升学校品质》，参会人员反馈时写道："通过构建学校特色课程，实施精细化的管理，武成小学实现了从百年名校向现代优质学校的转变"，"听校长报告、观特色课程，充分诠释了学校的办学目标和理念，值得我们学习和借鉴"。《云南日报》报道《我们有特色选修课，太棒了！》《小学生特色选修课获点赞》，《春城晚报》报道《武成小学列入五华区特色课程样本学校》，云南电视台、百度、搜狐媒体平台、光明教育、中国文明网、天津网、云南在线、云南网络广播电视台也作了专题报道。

在办学的实践过程中，我对校长管理学校的专业素养的理解不断加深：一是有自己的教育思想；二是有较强的课程领导力；三是有符合教育规律的管理策略。校长管理学校不是简单的日常工作的条条框框，而是能够抓住学校发展、教师发展、课堂教学、学生评价这些核心要素，使不同办学水平的学校能以不同的策略在原有基础上得到充分发展、有效发展。四年的课程开发实践使我体悟到：校长的课程领导力既表现在对国家课程的准确理解、对国家课程的校本实施、对校本课程的准确定位上，还表现为课程资源的开发力，体现在课程实施的规划力和课程文化的构建力上。学校的课程建设能力，反映学校的综合实力，学校课程能力构成学校教育目标的行动能力，集中体现学校的办学思想和教育哲学，突出反映在师生的日常行为之中，因而是一种全面提升学校发展的综合实力。学校的课程建设能力直接表现为课程规划、开发、实施、管理和评价等学校行动能力，表现为校长内蕴在行动背后的课程领导、整合、协同、创新的理性能力。素质教育的精髓：面向全体、主动发展、全面发展、个性发展，分数成绩是衡量课堂质量优劣的重要内容，绝非全部，更非唯一。学校教育不仅关注分数，更要关注师生发展，促进学生核心素养的全面发展是我们课堂价值的根本所在，而我们作为校长的意义和幸福也正在于此！

中国基础教育正在进入以质量为核心的时代，必然带来课程的深度变革。小学教育如何重新面对人类知识的迅速增长和社会急速变化？学生发展核心素养的提出，是对人全面发展的再聚焦、再清晰，是课堂教学改革再深化、再出发的一个里程碑和转折点。云南地处边疆，教育发展水平不高，但有哪些课程资源优势未能发挥，作为省会城市昆明的一名校长，我还能发挥自身优势为云南省小学的课程改革做点什么呢？在教育理论研修、办学实践创新、反思总结提升循环反复的过程中，我找到教育科研的策略，先后主持"新技术支持下的小学特色课程开发研究""云南民族地区小学课程资源开发利用的研究"等国家级课题。

当前教育最缺乏的不是那些熠熠生辉的经验，而是在沙漠里绽放、在大山上唱歌的勇气与智慧。至于我自己，并非发达地区或办学条件优厚的校长，但可以潜心去研究自己这所传统名校的现代发展之路，虔诚地探索一些适合学生和学校的方法、手段，做一些他人未曾做、未能做或未敢做的，然而对于师生和学校却大有裨益的事情。我和全体武成人行走在传统名校的现代发展之路上，有坎坷、曲折，但我们会百折不挠地在不断理性反思中走下去，因为在我们的努力下，会有更多的学子成长得更健康、更快乐，而我们作为教师的意义和幸福也正在于此！

在14年的校长经历中，我始终相信百年树人，厚积薄发，只有坚持实干，不停留在理念上，不断向上攀登，我和武成小学才能一路前行，不断向上攀登！

学校自我诊断报告：
昆明市五华区武成小学发展自我诊断报告

一、社区概况及变化

武成小学与五华区政府大楼相邻，五华区是昆明五城区之一，核心城区，因境内五华山得名。2014 年，五华区总面积 381.6 平方千米，下辖 10 个街道办事处。2005 年、2006 年、2007 年连续三年被评为云南省县域经济十强县区之首。五华区高等院校、科研院所集中，素有"文化区"的美称，是云南省的政治、经济、教育、文化中心。

武成小学地属五华区华山街道办事处翠湖西路社区，辖区有全国重点文物保护单位云南陆军讲武堂旧址，是我国近代史上开办较早的军事学校之一，也是社区爱国主义教育基地。

二、学校概况

清光绪二十九年，即公元 1903 年，云南省创办了首批 11 所新式省会小学堂，其中之一就是今天武成小学的前身。2009 年 6 月武成、毓英两校合并，占地面积共计 7557 平方米，其中武成校区 5047 平方米，毓英校区 2510 平方米。目前，武成小学共有武成校区、毓英校区、国福校区和华夏御府校区。学校现有 43 个教学班，2100 余名学生，在职教职工 103 人，平均年龄 38.2 岁，其中特级教师 1 人、省名校长 1 人、省级学科带头人 1 人、市级学科带头人 9 人，各级学科带头人占全校教师人数的 47.8%，大专以上学历占 95.7%，现任校长任慧，支部书记王秀兰。2014 年 8 月建立武成国福分校，位于北市区红园路，北仓园丁区旁，占地面积 27 亩，校园处于城乡结合部，在校学生 189 人，学生主要包括国福业主子女、北仓村村民子女，以及周边小区业主子女，构成复杂，目前在校教师 9 人，其中昆明市语文学科带头人 1 名，五华区语文学科带头人 1 名，2 名数学教师为由语文转教数学的转岗教师，另外 5 名均为今年临聘新教师，学历均为本科，教学经验急待提高。

武成小学遵循以学生发展为本的教育哲学和价值追求，引领孩子度过身心健康、和谐发展的小学生活，以"构建特色校园，创建现代学校"为载体，以专业领导遵循教育规律，用教育规律促进内涵发展，用内涵发展提升教育品质，积极探索与实践教育模式的改革，使学校高质量、轻负担、特色化发展，让百年武成优秀文化在"为了每一个学生终身发展"的核心教育理念引领下，不断得到传承、创新和发展。学校在云南率先启动了"小学特色选修课程"，开设了涵括科技创作、文体艺术、语言人文、生活实践四大类共 70 门选修课，学生全员参与、全校走班、全程免费，并于 2015 年自主研发了"学生网上选课系统"，启用高选择、多样性的课程促进武成学子全面而有个性地发展。

有了丰厚历史积淀的滋养，有了一代代武成人的不懈追求，多年来学校先后被评为云南省实验小学、云南省一级示范学校、云南省现代技术实验学校、云南省文明单位、云南省文明学校、云南省一级科技教育示范学校、云南省优级甲等学校等。面对收获，我们推进现代教育制度的渐进发展，让学校焕发出新的生机与活力。推行学校管理改革，建立现代学校运行机制，实现由传统名校向现代优质学校的转型，朝着学生健康快乐成长、教师科学幸福工作、学校和谐优质发展的目标不断探索与实践！

武成小学校点情况一览表

校 区	占地面积	班级数	教师数	学生数
武成校区	5047 平方米	20 个	72 人	987 人
毓英校区	2518 平方米	11 个	30 人	486 人
国福分校	17982 平方米	23 个	47 人	1015 人
御府分校（民办）	24642 平方米	19 个	27 人	154 人
合计：4 个校区	50189 平方米	73 个班	176 人	3512 人

办学理念：让每一个孩子全面而有个性地发展。

发展目标：高质量、轻负担、特色化。

文化价值观：学生全面健康成长，教师科学幸福工作，学校和谐优质发展。

课程体系：基础型课程 + 拓展型课程 + 研究型课程。

校风：明理、诚信、善思、乐学。

教风：改革、创新、求真、务实。

学风：勤奋、创新、互助、上进。

三、过去三年学校发展的自我评估

武成小学在 118 年厚重的办学历史中薪火相传，爱教奉献，治学严谨，校风优良。三年来，我校注重学校文化的传承与创新，遵循以学生发展为本的教育哲学和价值追求，抓牢课程变革是教育发展的引擎，培养和谐生长的集团化教育生态，倡导"追求卓越，崇尚创新"的文化精神，高起点、高水平发展新建校区，使武成四个校区焕发蓬勃的生命力和发展的创造力，在学校文化传统的继承中，持续引领学校质量提升和特色发展，实现了百年武成卓然独立、越而胜己的突破发展。

武成小学先后被评为全国教育网络系统示范单位、全国小学数学教学改革先进集体、全国反馈教学法示范学校、全国青少年道德培养实验基地、云南省一级示范学校、云南省优级甲等学校、云南省文明单位、云南省文明学校、云南省绿色学校、云南省教育科研实验学校、云南省科技教育示范学校等。2009年 6 月武成、毓英两校合并，2014 年 8 月分别开办"武成国福分校"（五华区公办）和"武成御府分校"（滇池旅游度假区公助民办），现有 4 个校区，2 个过渡办学点，73 个教学班，3512 名学生，150 名教职工，其中在职在编教职工 111名，临聘教师 39 名，近三年新进教师 19 人，全校平均年龄 33.6 岁；其中特级教师 1 人，云南省名校长 1 人，春城名师 2 人，市名班主任 2 人，市、区级学科带头人占全校教师人数的 50.3%。

沧海桑田，武成人不忘教育本源和育人使命，武成"一校四区两点"办学，面对四校区集团化办学的未来突破和深化发展，进行了制度创新和顶层设计，从社区概况、学校概况、学校过去三年发展评估、未来三年发展展望、须优先解决的问题、年度发展的主要目标与措施等9个维度制定《武成小学发展规划》，变革现代教育管理理念与管理结构，坚持多校区"同步、优质、均衡"发展。

我校提出并践行"学生全面健康成长，教师科学幸福工作，学校和谐跨越发展"的文化价值观，定位学校"高质量、轻负担、特色化"的发展目标，用教育规律促进内涵发展，用内涵发展提升教育品质，努力实现办学水平"五优"：办学水平条件优越、校园文化优雅、教师队伍优秀、管理体制优化、教学质量优异，让百年武成的优秀文化在"让每一个孩子全面而有个性地发展"办学理念的引领下，不断自我超越、创生提高。形成了"两容三共"的集团化办学路径：文化包容、课程兼容，教改共研、资源共享、发展共进，并在学校管理、课程、师资、资源等方面构建"教育共同体"，使集团化办学水平快速提高，建立了各具校区特色、创生发展的教育生态，促进新建学校依靠集团化、信息化实现弯道超车，成为合格校、优质校，实现由传统名校向现代优质学校的跨越发展。

迫切需要解决的问题如下。

（1）集团化办学是一种以公办的品牌学校为纽带的办学实验，它必然会触及体制和机制的改革，不可避免地会遭遇来自政策制度层面的困惑和挑战。管理难度的加大，优质资源的稀释，如何保障优异的教学质量？如何避免"浓茶变淡茶"？办学的支撑是品牌学校的理念、课程、教学、管理、师资、文化等综合软实力，这些因素体现的是学校自身品牌建设能力。既有不可承受之重，又有自己的使命担当，学校管理如何做到负重前行？

（2）教师队伍的水平最终表现为一所学校的办学水平，近五年新增教师人数近70人，加之临聘教师逐年迅速递增，目前临时聘用教师占教师总数的26%，领军教师数量和质量不足，瓶颈期教师发展停滞与倦怠凸显，适应期和发展期教师与日俱增，成熟期教师缺乏引领与发展的推力。未对学校近五年来的教师队伍结构变化作科学分析，未对教师队伍成长影响教学质量提升以及办学水平作深入分析，未对教师队伍建设给予足够重视。急需建立教学、科研、师训、人事相关职能部门相互统筹和清晰分工而又相互合作的工作机制，保障教师在专业发展轨道上顺畅前进，解决好规划的引领与整合，让教师智慧成长、主动发展、加速成长。

四、未来三年重点项目与实施

项目一：教学质量提升

1. 反思与分析

（1）优势。

历史的传承、价值的坚守与品质的养成，使得武成小学拥有了深厚的文化底蕴，形成了自身办学特质，拥有较为先进的办学理念和一支团结和谐、基础好、业务能力强的管理团队和师资队伍。各学科均有领军教师，学生在各级学科质量检测和文体、艺术、科技参赛方面级别高、获奖多。

学校教育品质具有较好的群众口碑以及较强的社会影响力，形成了"两容三共"的集团化办学路径。2009 年合并毓英小学，2014 年分别开办国福校区和华夏御府校区，建立了各具校区特色、创生发展的教育生态，实现了武成小学由传统名校向现代优质学校的跨越发展。

教师多校区柔性流动，教学质量各校点均衡发展态势良好。"让每一个孩子全面而有个性地发展"办学理念深入人心，"高质量、轻负担、特色化"的办学目标达成共识，形成合力，实现了本部教学质量稳中有升，新建分校高起点办学，各校区办学得到社会广泛认可。

学校具有创新发展的实验精神以及一定影响力的教育品牌。校本课程体系完善，教学质量根基扎实，率先在云南省研究开发小学生特色选修课程，研究开发网上选课系统获国家版权局证书，研究课题入选教育部和云南省教育规划课题，研究特色在云南基础教育领域的学术领跑优势明显。

学校积聚了丰富的教育资源，为学校的自主发展提供了动力。本部校区学生综合素质好，家长关心重视教育的人数多，各级领导、派出所、办事处、社区、周边单位对学校能给予关心和支持。

（2）劣势。

五年来，我校新增教师近70人，其中临聘教师39人，合同管理所限，优秀教师不稳定，教育教学缺乏延续性，影响教学质量的持续提升。

两个校区原址重建工程滞后，师生自2015年11月起到区少年宫过渡办学已近四年，师生迟迟不能重返校园，加之C级危房校舍重建，如今本部六个年级分四个校点办学，几乎无功能教室，教师缺编30余人，管理难度剧增，质量提升的难度加大。

本部校区现代化教学设备及各功能室设备在十年前配置，近五年启动校安工程建设，设备更新未获得审批，班班通、信息化、标准化设备不达标，不能满足教学所需。集团化办学缺乏政策支持和学术指导，教学质量评价方式单一，不能与时俱进地体现"全面性""集团化"这些关键要素，对开办分校、合并学校的管理和教师支持体系尚未形成。

（3）机遇。

本部及毓英校区校舍改造项目相继落成，教学环境及教学设施设备的改建，会给我校带来一个教学质量全面提升的好契机。

新招教师素质明显提升，签订免师毕业生人数逐年增加，为教师队伍补充了新鲜血液。

学校党支部书记、副校长共4名副校级及以上干部调整了岗位，给学校管理带来改变的空间与活力。

课题研究走过了五年，成果日趋丰富，储备了系统的理念与实践推广的应用前景。

国家级、省、市、区名校长和名师工作室在我校挂牌，各级专家团队支持学校发展的力量加大。

（4）挑战。

教师结构层次复杂，缺编缺员，平均年龄33.6岁，青年教师专业成长迫在眉睫，中坚力量教师教育教学水平停滞不前，前进动力不足，教师梯队建设面临更大任务和挑战。

英语学科成绩不稳定，数学、语文学科成绩提升缓慢，学科组教研实效性有待提高，把握监测方向、重难点不到位。

全区各学校教学质量提升的意识增强，进步力度大，加快领跑的学校责任和激烈的竞争给我们带来更大压力。

学校负重前行，缺乏政策体制和机制的支撑，遭遇来自制度层面的困惑和挑战。管理难度的加大，优质资源的稀释迎面而来，学校自身品牌建设能力和学校的理念、课程、教学、管理、师资、文化等综合软实力尤其关键。

2. 目标与措施

（1）预期目标。

校安工程早日完工，师生重返校园，办学条件快速改善，校园空间设计满足教学需求，为教学质量全面提升提供物质保障。

提高优秀教师比例，提高全面育人质量，缩小教师缺口，形成三级名师共同体，教学综合质量排名为示范学校行列保三进二，其他年级各学科均衡发展，优势学科继续保持，稳住一、二名，不稳定学科力求稳步提升。

建立集团化办学的政策支持与学校管理的变革机制，形成各具校区特色、共同发展、管理高效、质量优异的教育生态，完成校区从"外部植入"到"内部生成"质的快速发展。

（2）具体措施。

研制《学校教师培养行动计划》，一人一案锁定培养对象，外培与引进结合起来打造名师成长共同体，不断挖掘人力资源的潜力，最大限度地调动教师工作的积极性和创造性。需要区域从维护、激活、补充和优化四个方面盘活人力资源，改变当前教师人力结构不合理、制度不匹配的现状，发挥教研组辐射和引领作用，做好青年教师"传、帮、带"工作，加快打造一批名师，形成教学的领军力量，促进各校区教师共同进步、优质发展。

充分注重教学的全过程精细化管理，完善学校教学质量监控体系，增加课题研究的人数与质量，以研促教、以赛促学，夯实教学全过程，任命有能力、有热情的教师担任年级组长和教研组长，完善教研组和教学质量奖励机制，激励年级组长、教研组长创新，以专家引领、集体备课、问题研究等方式不断提高教师教材研读和教学设计能力。

以学科发展促进教师发展。学校教科研工作无论是理念还是教科研方式方法都存在浅表化的问题，教科研工作还不能真正针对学校发展过程中的重大问题、主要问题进行深入思考，还缺乏对教科研与质量提升的重要性认识，学科之间还存在较大的不均衡等问题，要优化这些环节，保障学校发展的后劲。聘请各方面专家有针对性地进行指导，寻求专家帮助，有效提升。

统筹好优等生、中等生及学困生三类学生之间的分层教学与辅导。根据各班情况，制定提优、推中、补差策略，具体到每个学生，使班级成绩在原有基础上提高优秀率和及格率。优化课堂复习策略，提高复习有效性，精心编制复习教案和复习题，避免重复训练和无效讲解，优化作业设计。做好毕业班的复习和迎考工作，分管行政、教学部门行政深入毕业班跟踪指导，做好成绩分析与复习指导，力争语、数、英三科均衡提升。

针对五个校点年段特征、校址改变的突出问题，加强学生行为养成教育，强化良好学风，针对性开展德育、美育活动，想尽办法克服校舍改造的局限，丰富校园活动，优化课后服务课程，助力学生全面发展，从而提升教学质量。

引进省级名师进课堂，加强对教师教学业务的指导，搭建名师辐射的平台，检验教师成长，进而提升教育教学质量。进一步提炼武成的品牌内涵，梳理品牌标准，增加和提升武成教育的带动与辐射能力，让武成进一步引领区域学校改革，带动区域教育发展。

加大信息化建设，完善跨校区的网络扩容、无线网络覆盖、录播教室、视频会议系统等大型交互设施设备系统，建立数字化管理系统平台，建立"云南民族地区校本课程资源库"，推广"课程网上评价系统"，打破校区时空，利用网络开展教师互动课、录制微课，研究网络教学课例，研究开发教学资源库。

项目二：教师队伍培养

1. 现状分析

（1）教师结构分析。

全校有教师 149 名，正编教师 110 名，临聘及合同制教师 39 名，合同制教师占全体教师的 26.14%。

正编 110 名教师中，24~30 岁的教师 29 名，占正编教师总数的 26.37%；31~35 岁的教师 13 名，占正编教师总数的 11.82%；36~40 岁的教师 19 名，占正编教师总数的 17.27%；41~45 岁教师 21 名，占正编教师总数的 19.09%；46~50 岁的教师 13 名，占正编教师总数的 11.82%；51~56 岁教师 20 名，占正编教师总数的 18.18%。

正编 110 名教师中，24~30 岁的 29 名教师中有 7 人为区级教坛新秀，占总数的 24.14%。31~35 岁的 13 名教师中，有区级学科带头人、骨干教师 5 名，市级教坛新秀 2 名，共 7 名教师有称号，占总数的 53.8%。36~40 岁的 19 名教师中，有市级学科带头人 1 名，区级学科带头人、骨干教师 9 名，共有 10 名教师有称号，占总数的 50.63%。41~45 岁的 21 名教师中，有名校长 1 名，春城名师 2 名，市级学科带头人、骨干教师 4 名，区级学科带头人、骨干教师 8 人，共有 13 名教师有称号，占总数的 61.9%。46~50 岁的 13 名教师中，有市级学科带头人 1 名，区级学科带头人 6 名，共有 7 名教师有称号，占总数的 53.8%。51~56 岁的 20 名教师中，特级教师 1 名，市级学科带头人 2 名，区级学科带头人、骨干教师 5 名，共有 8 人有称号，占总数的 40%。

就全校正编教师来看：市级以上称号的为 12 人，占正编教师总数的 11%；区级称号的为 42 人，占正编教师总数的 38.19%。

就全校教师的结构情况来看：

在编教师中，35 岁以下青年教师有 42 名，占在编教师总数的 38.18%，超过了正编教师总量的三分之一，获得称号的教师只占青年教师总量的三分之一，还有三分之二的教师需要积极参加各级各类的评比及竞赛。

在编教师中，36~45 岁的骨干型教师有 40 名，占在编教师总数的 36.36%，就数量上说跟青年教师的占比差不多，比较均衡。获得称号的教师有 23 名，占骨干型教师总数的 57.5%，看似数量还不少，但大部分是区级称号，市级称号的教师只有 5 名，需要鼓励教师积极参加区级以上称号的评选，积极带动青年教师的教学及专业引导。

在编教师中，46~56 岁专家型教师有 33 人，占在编教师总数的 30%，其中

15 人获得区级以上称号，占专家型教师的 45.46%。

合同制教师的数量占全体教师的 26.14%，占了全校人数的四分之一。合同教师占比大，群体不稳定，教学经验不足。

综合合同制及 35 岁以下的在编青年教师，共有 81 名，占全校教师的 54.36%。就教师结构来看，青年教师数量过大。

（2）教师个人专业发展需求调查及分析。

"武成小学教师个人专业发展规划"主题的调研中，要求 50 岁以下教师填写，内容涉及教师的自身成长经历和素质分析、自我定位及 2019 年总目标等情况。调查情况如下。

新手型教师：30 岁以下（29 名）

自身成长经历和素质分析			长远定位与三年目标	实施目标与途径
优势	不足	潜力		
毕业五年以内，教育教学专业理论素质过硬，能够灵活运用信息技术为教学服务，年轻、亲和力好，容易接受新事物	课堂教学经验不足，把控课堂的能力有待加强，班级及学生的管理待加强，需要加强时间管理	学习能力较强，乐于接受新事物并付诸实践，有榜样意识，愿意为之努力	提高课堂教学水平，有 1~2 节优质的公开课，撰写优质的论文，参加课题研究，成为同年龄段教师的榜样	加强教育专业理论学习，加强教学基本功的训练，参加赛课，寻找身边的名师作为榜样

胜任型教师：30~35 岁（13 名）

自身成长经历和素质分析			长远定位与三年目标	实施目标与途径
优势	不足	潜力		
对待教学工作有强烈的责任意识，能主动请教有经验的教师，初步找到自己的课堂风格，能够积极接受新事物，学习能力强	工作主动性待加强，科研工作投入不够，课堂教学的风格还未完全形成，积极动手写论文的观念还未树立	愿意接受新事物，能够运用多种教学策略去适应不同的学生，和老教师相处融洽，有很好的学习榜样	课堂教学上有新的突破，评选上一级的称号，参加科研课题的研究，撰写优质论文	多听优质课、上公开课，学习现代信息技术提高课堂的有效性，积极参加科研课题的申报及研究，勤于思考，学习专业理论知识，撰写优质论文

骨干型教师：36~42 岁（27 名）

自身成长经历和素质分析			长远定位与三年目标	实施目标与途径
优势	不足	潜力		
有自己的教学风格，因材施教，能够理论联系实际，创新学生的管理方法，同事相处融洽，可以辐射青年教师	对于教科研缺乏研究的积极性，不断加强教学理念和方法的学习，偶尔出现惰性和惯性思想	有自己的教学风格，善于思考，注重反思，能在教学中理论联系实际，因材施教	评选更高一级的称号，成为专家型教师，积极参与课题研究，成为示范型教师	加强理论知识的学习，积极参加各级各类的教研、观摩活动，做好"传帮带"的工作，多反思和总结

专家型教师：43~50 岁（14 名）

自身成长经历和素质分析			长远定位与三年目标	实施目标与途径
优势	不足	潜力		
教学经验丰富，善于思考和完善教学中存在的问题，教学上取得一些成绩，带领的青年教师有很大的进步，评课水平提升较大	能够积极反思并改进，但缺乏把反思成果撰写成论文的积极性，教学特色已形成但出现瓶颈，待提炼教学特色，教学实际与科研相结合并申报课题的积极性待加强，工作进入倦怠期	能够认真钻研教材并辐射青年教师，能够把丰富教学经验与新课改相结合，从而提升教学能力	成为专家型、示范型教师，突破教学瓶颈，教学水平实现质的提高，树立终身学习的观念	外出学习省外专家的先进理念，提升自己，加强专业知识的学习，积累经验，撰写专题论文并申报课题，创新教学方式，带领青年教师磨课、上课，辐射更多的青年教师

（3）存在问题的分析。

我校教师就年龄段来说，青年教师占比稍大些，获得称号占比较少，要刺激青年教师学习和创新的积极性，施加一定的压力，促进他们快速成长。

第一，我校骨干型教师、专家型教师资源丰富，其中大部分都有荣誉称号，但大部分教师的称号停留在区级，市级的称号较少，要多鼓励大家申报更高一级的称号。骨干型、专家型教师丰富的资源足可以对青年教师进行引领和辐射，解决青年教师占比大急需提高的问题，须提高骨干型、专家型教师的积极性，克服职业倦怠感，充分发挥他们的作用。

第二，大部分教师对做科研课题有着强烈的要求，但不知怎样选题和实施，对怎么做课题类似的培训需求大，需要科研的大力支持。

第三，大部分教师有撰写论文的强烈愿望，但苦于不会管理自己的时间、没有及时收集整理自己的教学经验、苦于下笔难等问题，希望得到专家的帮助。

第四，在40名青年教师中，大部分教师有提高自己教学水平的意愿，并想有自己的优质课，强烈要求上公开课、参加课堂教学竞赛，提高自己的教学专业水平，希望学校提供平台。

第五，在调研中，大部分教师对想参加优质教研活动及到发达城市学习先进的教育教学理念表达了强烈的意愿，希望师训处给予更多的资源。

2. 建设目标

（1）总目标。

以教师发展为本，培养和造就研究型教师，实现教师队伍的可持续发展；以创新为动力，优化和谐发展的教师资源，促进教师专业化发展，努力建设一支师德高尚、爱岗敬业、创新力强，并能适应现代教育要求的师资队伍；培养一批具有新的教育理念、勤于实践、敢于创新、有较好教学方法和教学效果、有较强教科研和应用现代信息技术能力的骨干教师、教学能手、学科带头人、专家型教师。

（2）阶段目标。

起步阶段——适应期：新手型教师。

适应期是教师初步形成教学能力的时期，是指教师任教后的最初几年，是教师走向社会、进入学校系统、适应教学工作的时期。这一阶段是教师专业发展的关键期，是初任教师实现由师范生向正式教师角色的转换期，也是所学理念与现实实践的磨合期，需要教师在知识、信念、态度和行为上不断作出调整。

培养目标：

学校选择骨干教师对新教师进行学科教学和班主任工作带教，根据要求开展"传帮带"的培养工作，使其基本熟悉学校教学常规工作，有教育责任感，热爱学校，热爱学生。

成长阶段——发展前期：胜任型教师。

发展前期的教师能够出色完成教育教学任务，但处于这个成长阶段的教师存在三方面亟待提高的问题：①教育改革意识与能力不足；②知识面狭窄，拓展面不宽；③科研能力较差。有些教师尽管具有丰富的经验积累，最终只能停留在熟练教师的水平上，只有那些在工作中能够不断发现问题、提出问题，对自己的经验进行科学批判性思考，探求新思路、新方法，创造性开展工作的进取者，才能真正带领广大教师改革和发展教育，成为真正的骨干教师。

培养目标：

教龄 2~6 年的青年教师，完成新手型教师到成熟教师的转变。通过校级名师工作室双向选择，在师德修养、教育理论、课堂教学、教育科研、学业管理等方面带教，使其掌握任教年级段教材内容和教学要求，学科专业知识扎实，能用心理学、教育学的基本理论去指导教育教学实践。

成熟阶段——发展后期：骨干型教师。

教学能力和教育科研能力协调发展的成熟教师，素质特点是：①知识深广化；②教育工作面向全体学生；③成熟化。

培养目标：

教龄 6~12 年的青年教师，完成成熟教师到骨干教师的转变。通过选择富有教育教学经验的高级教师担任导师，在理论学习、教育科研、学科教学、班级管理等方面进行指导，使其学科教学和班主任工作形成自己的风格，实绩明显，有较强的教科研能力和相应的研究成果，有较强的指导青年教师的能力，被指导的教师能迅速成长。

专家阶段——创造期：专家型教师。

专家型教师是指具有丰富的专业知识、良好的教学效能感和教学监控能力，高效地解决教学问题的教师。专家型教师的特征为：①丰富合理的知识结构；②高效解决问题的能力；③敏锐的洞察力，较强的前瞻性。专家型教师能将广博的、可利用的知识组织起来，成为组织良好的模块知识，这保证了他们能够更好地理解和解决问题。

培养目标：

教龄 12~25 年的优秀教师，完成骨干教师到名师的转变。参与学校课程与教学改革，主持学校课题研究，承担学校骨干教师的培养任务，使其形成学科教育特色，优良的教科研成果得到推广。

3. 工作措施

（1）成立武成小学名师工作室。

第一，指导思想。

充分发挥名师在教育教学实践和研究中指导、引领、服务、示范与辐射的作用，增强学校教研团队的凝聚力，加强学习型、研究型教师队伍建设，促进我校教师专业成长，为学校教研力量的培养及优秀骨干教师的成长搭建平台，提升我校教师知名度和影响力。

第二，工作目标。

按照学校的要求，有计划、有组织、分层次、分阶段地开展多种形式的学习研讨、实践探索、主题研究等教学教研活动，提升工作室全体成员的教育教学理论，促进教学业务水平和教育教学研究能力的提高。把"工作室"建设成一支具有创新精神、科研意识和较强教育实践能力的教师团队，全面提升我校教师素质和专业化水平，实现我校教师的阶梯成长，推动学校教育可持续发展，最终实现学校、教师卓越发展的梦想。

第三，机构组建。

校级名师工作室由工作室主持人和工作室导师、工作室学员组成。"名师工作室"以主持人姓名命名，开展教育教学研究和学术活动。工作室由校长室批准成立，教务处负责管理及考评工作。工作室实行名师负责制，负责对学员进行示范、指导和培养，注重品牌塑造，突出工作实效。名师工作室主持人、导师及学员采取教师申报、学科组推荐、教导处提名、学校研究决定的形式确定。

第四，职责任务。

校级名师工作室的主要任务是培养、培训中青年教师，开展教育教学重点问题研究，加强学科教学教研团队建设，解决学科教学难题，引领学科教学发展。

①促进成员共同发展。

制订工作室工作方案和成员发展方案（包括研修目标、研修内容、研修形式、研究专题、成员考核等），工作周期内指导和帮助工作室成员达到成长目标。培养工作室成员成为在某一方面学有专长、术有专攻的知名或骨干教师，促进其专业化发展，使成员形成自己的教育教学风格和教育教学特色。发挥其在本学科中的示范、辐射和带头作用，力争形成名优群体效应。建立个人档案，包括纸质的和电子的，以记录每个成员的成长足迹，包括个人发表文章、优质教案、学习笔记、获奖证书等资料。这样做方便今后反思自己的成长历程，为工作室的后续发展提供资源。

②开展课题研究。

以工作室成员集体智慧为依托，针对教育教学实践中的重点、难点问题进行专题研究，一个工作周期内至少要完成一个专项研究课题并取得相应成果，撰写出一定数量的高质量论文或专著，促进学科教学的理论建设。

③成果辐射。

校级名师工作室的教育教学研究成果应以论文、讲座、公开课、研讨会、名师论坛、现场指导、观摩考察等形式介绍、推广。

④开发、整合教育教学优质资源。

名师工作室要根据本学科特点和本工作室目标系统地建立教育教学资源库，通过互动交流，实现优质教育教学资源的共享。

（2）充分发挥教研组职能。

无论实施素质教育，还是积极推进课程改革，学校教研组建设都不能局限于学校教学常规管理层面，都不能局限于听课、说课、评课、观摩等教研活动的层次上，都不能局限于少数"精英"作秀、多数人捧场的活动形式上，都不能局限于为单纯教学质量而教研的目标上。教研组是校本研究的推进者、实施者，抓好教研组建设必须以校本教研为支点，落实到教师研究并进行实践的层面。

第一，加强教研组的组织建设。

①根据学校实际情况，合理设置和调整学科教研组。教研组设置以有利于教学和开展教学研究为原则，一般以学科为单位，设立一个教研组。规模较小的，以相关学科合并设立教研组。跨学科教师编入其主要任课的学科教研组，同时必须参加一定的兼课学科的教研组活动。

②选拔思想品德好、教学水平高、科研能力强、有一定组织和协调能力、能团结群众的骨干教师担任教研组组长。实行聘任制和任期制，定期更新和调整。明确和落实教研组长的工作职责和相应待遇，积极吸收教研组组长参与学

校有关教学工作的研究、决策和管理，充分调动他们的积极性和创造性。教务处建立教研组组长例会制度，定期研究和部署教学管理。

第二，明确教研组的基本职能。

①管理功能。教研组是学校管理的基本单位，协助教务处围绕常规工作和教育教学对本组教师进行必要的督促与管理，帮助教师提高认识，自觉遵守纪律，爱岗敬业，踏踏实实做好本职工作。

②指导功能。教研组是同学科教师的基层组织、学习园地，既要指导本组教师尤其是青年教师如何备课、上课、教研等，还要督促指导各备课组的工作，抓好常规工作检查和教学质量把关，尤其对教学中存在的问题进行研讨、及时解决。

③组织功能。教研组要组织好本组教师参加政治学习和业务学习，不断提高教师的教育理论水平，组织好教师参加各类教育培训活动和各类竞赛活动，不断提高教师的教学水平。

④研究功能。教研组的工作重点是把教师组织起来，就教育教学中存在的问题展开讨论与交流。组织本组教师研究教材、教法、学情、学法等，并能根据学校实际确定好教研组和个人的研究课题，将教学与科研相结合，积极开展教学改革。

第三，规范组织开展常规工作。

①组织开展业务学习。

根据课程改革要求、教师专业化发展目标，以及本校校本培训、校本教研的计划，以集体学习、小组讨论、个人自学等形式，组织教师认真学习新课程和教育教学理论，不断提升新课程意识，更新教学观念，探索教学规律，并应用新课程与教学理论分析总结教学实践中的问题和经验，组织教师学习本学科的课程标准、专业知识和科研成果，帮助教师不断更新和充实本学科专业知识，组织教师学习相关的科学和人文知识，拓宽知识视野，丰富文化底蕴。

②加强教学的规范化管理。

组织教师严格执行课程政策，认真落实教学计划，制订并实施本组教研工作计划。研究制定和贯彻落实本学科备课、上课、布置批改作业、检测评价、课外辅导等各环节的具体要求，切实加强对教学过程的常规管理。加强对本学科各年级备课组教学工作、教研活动的管理和指导。及时发现和矫正教学过程中的问题和行为，及时树立先进典型，推广成功经验。积极承担学校安排的教师教学工作考核、教学质量检测评价等工作。

③广泛开展教学研究活动。

以转变教学方式、提高课程实施水平为重点，开展教学观摩研讨、教学总结反思、教学案例分析、课改专题研讨等多种形式的教研活动，着力研究课程标准、教材教法、课程资源，以及教学工作中的具体问题。加强对考试和评价的研究，充分发挥其对改进教学、提高质量的积极作用。研究制定本教研组的学科发展规划，把握课改方向，明确教改目标，突出研究重点，落实工作措施，逐步形成本组的教学特色和教研文化。

④积极开展教育科研。

积极承担学校和教科研部门指定的科研任务，选择课程改革和教学实践中的具体问题，确立本学科的科研课题或研究专题，凝聚集体的智慧和力量，开展深入的理论研究和实践探索。积极撰写教育教学论文和经验文章，及时总结、推荐教改经验和科研成果。教研组积极参加教科研部门组织开展的有关教科研活动，认真组织学生参加有关学科竞赛活动。

⑤做好青年教师培养工作。

根据学校的教师专业化发展规划，确定和落实青年教师培养的具体目标及工作措施，在思想、工作、生活上全面关心青年教师，促进他们自主发展，健康成长。

⑥营造团结合作的工作环境。

协助学校行政做好教师的思想工作，努力调动教师关心学校、关心教研组工作的主动性和积极性。增强合作意识，发扬团队精神，开展"传帮带"工作，形成真诚合作、共享成果、共同提高的工作氛围。

第四，教研组工作的考核与评价。

对教研组的考核与评价从师德建设、常规管理、教学水平、教研成果、师资培训五个方面进行。

师德建设	全组教师能坚持正确的政治方向	5
	热爱教育事业，关心爱护学生	5
	在工作上服从学校安排，积极完成集体任务	5
	遵守学校纪律，组内教师之间相互团结	5
常规管理	教研组工作有计划，且计划有创新、切实可行	5
	集体备课做到定时间、定地点、有记录	5
	组内教师备课认真，能按要求书写备课笔记	5
	能协助教务处做好教学管理工作	5
	能定期检查、总结本组的教学工作情况	5
教学水平	本学科教师能认真上好每一节课，得到学生好评	5
	本组教师能经常开设各类研究课	5
	本组教师在各类教学竞赛中获得好成绩	5
	教学效果显著，学生在各类考试中成绩突出	5
	能有效地指导学生开展各种研究性学习活动及学科竞赛	5
	学生考核合格率	5
教研成果	全组教师能认真学习教学理论，积极推进教学改革	5
	全组教师能积极参加各种教研活动，活动有记录	5
	教研组有研究课题	4
师资培训	在职学历进修	1
	各级各类称号、头衔	5
	校内外培训	5

（3）重视课题研究，促进教师队伍素质提升。

第一，重视重点课题的研究。

继续在全国、省、市、区科技局以及区科研中心的指导下完成各级课题研究，2019年10—11月完成我校市级小课题的中期检查工作，2019年12月完成我校国家级课题结题工作。后续积极鼓励教师进行各级各类课题的申报工作，体现武成小学"让每一个学生全面而有个性地发展"的办学理念，充分体现课堂的生活性、生命性和发展性，促进教师、学生个性和创造力的发展。

第二，积极申报课题。

鼓励教师积极进行课题研究，武成小学校级课题全面铺开，请专家到校讲座并予以针对性的指导。在现有六个市级课题"小学生理财体验活动的实践研究""立足语文课题培养低段学生倾听习惯的行为研究"的基础上，进一步发挥年级组、教研组的引领作用，提升我校各科教师特别是青年教师的教学、教研能力，有效提高申报命中率。

第三，强化课题研究过程管理。

制定并认真落实课题研究的制度，保障课题研究顺利高效地进行。实行课题组长负责制。课题的实施由课题组长负责。课题组长要制订好课题实施计划，指导课题小组的成员展开研究工作，及时收集课题资料，有困难及时向学校科研室反馈。

以课题研究为龙头，通过"发现问题—查阅资料—编成研究方案—根据方案行动—反思总结"的基本流程，围绕同一专题多人多次反复研究，探寻教学对策，提高教学能力，推动学校教育科研的发展，培养研究型教师、规范研究行为、丰富研究形式、创新研究方法、加强研究交流，形成我校教科研工作的新风格、新格局。

课题研究设计：
云南民族地区小学课程资源开发利用的研究

一、课题的提出

1. 充分发挥云南省得天独厚的民族教育资源优势

云南省作为一个多民族地区，汇集了52个少数民族。但是文化现状却不容乐观，很多民族传统无法继承，风俗习惯已渐渐被人淡忘，民族自豪感、身份认同感越来越少，很多学生对民族的了解常常来源于口口相传或者家长的讲述，无法保证知识的权威性和正确性。在多年来普及义务教育的基础上，各学校的教育教学水平已经得到了较大的提高，家长和社会对学校教育给予了更大的期待和更高的要求。民族地区学校从"有学上"到"上好学"的需求转变也要求学校教育谋求新的突破与发展。在教育转型发展的今天，课程资源开发将在学生培养模式上发生转变，开发利用学校课程资源就是满足学生发展的需求。将标准化、同质化教育转向注重需求导向的个性化培养的现实选择，意义在于：发展学习兴趣、培养选择能力、拓展学习视野、丰富学习经历、加强对民族文化的理解，从而促进学生核心素养的发展。

2. 利用民族地区独具文化价值的课程资源，丰富学校课程结构，促进学生核心素养的发展

充分利用学生生活周围的各种资源，开发与学生生活紧密联系的课程已经成为小学课程发展的一种趋势。云南丰富多彩的地域文化和民族传统文化构成了课程开发的潜在资源，成为课程开发的基础和前提。在多元文化的碰撞中，为了加深对本民族文化的理解，有效利用学生身边的各种资源，加强课程与学生现实生活的联系，就要求学校具有课程资源开发的能力，开发符合本民族、本地区小学生生活实际且具有传统文化色彩的本土课程资源。这对完善课程的文化结构，促进学生课程与生活、与社会的联系有着积极的意义。

3. 为民族地区学校课程资源开发的有效应用做出可借鉴与操作的示范

该研究有利于提升民族地区学校内涵基准和核心竞争力。学校开发符合本民族、本地区小学生生活实际且具有传统文化色彩的本土课程资源，可以为学生的终身发展、个性发展提供课程支持，从而实现学生生命发展的增值，促使学校以课程资源开发利用作为核心竞争力来提升办学品质，建立云南省民族地区学校与上海、昆明教育发达地区优质学校协同发展的教育生态。

4. 推动云南省义务教育均衡发展以及学校管理与课程领导的协同发展

义务教育的均衡发展是实现教育公平的基础。云南是一个地处边疆、多民族的省份，义务教育发展的滞后是制约云南教育发展的难点问题。该课题发挥云南省民族地区学校教育的主体作用以及子课题学校的带动作用，缩小校际差距，开发校本课程，促进学校教育的内涵发展，形成课程改革自上而下推进与自下而上创生的互动，构建基于学生发展为本的教育哲学视野下的课程文化，全面推进素质教育，满足学生学习个性需求，促进教师专业化发展，促进区域教育内涵与质量的全面提升。

二、本课题与目前国内外研究的联系和区别

对于民族地区小学课程资源开发与利用的研究，从中国知识资源总库中检索，截至 2015 年，有关课程资源的文章有 6530 篇，其中专门研究小学课程资源的文章有 596 篇，期刊文献有 157 篇，硕士论文有 63 篇。

从研究类型、研究角度与方法两个层面对这些文献进行梳理、概括与总结，发现学者们对民族地区小学课程资源开发和利用的研究主要集中在对小学课程资源内涵、分类、特点的认识，对小学课程资源开发与利用的意义、原则与注意事项等问题的反思和总结上。如：张春利、李立群认为课程资源的有效开发

需要采取提高教师开发课程资源的意识与能力，扩大课程资源开发的范围和内容，转变课程开发的理念，提供制度、资金等便利条件。赵红认为民族文化课程资源开发有助于民族文化的传承与发展，有益于民族地区学生的成长与发展，促进不同民族间的尊重与理解。刘旭东认为重视对民族地区课程资源的开发和利用，有利于建立一个更切合民族地区经济、社会发展的基础教育课程体系，有助于民族地区基础教育沿着更适合素质教育的方向获得超越性发展，也可以传承和弘扬优秀民族文化。蔡淑兰提出少数民族教师在专业成长过程中，需要把本民族文化与其他民族文化通过某种合理的方式融合起来。而民族文化课程资源的开发和利用，可以帮助教师实现多种课程文化的整合。

综合相关文献发现，民族地区学校课程资源的开发、利用研究主要仅在民族广泛分布的地区实施，研究多从政策主导方面进行建议或者侧重于民族地区学校针对本地民族进行校本教材编写、个性化教学等方面的探索，侧重的是理论性、重要性等方面的概述。其缺乏针对民族课程资源开发利用模式实践操作的具体指导，未见云南省学校的相关研究，尚未形成研究体系和可供学校推广应用的技术与操作模式。

三、本课题所要解决的主要问题及其突破点

该课题组从 2013 年在云南省率先探索实施小学特色课程开发以来，基本完成了小学特色课程从无到有的飞跃，带动了省内多所学校模仿与尝试开设特色课程。该课题组拟在前期研究的基础上实现以下目标。

（1）推广民族地区学校课程资源开发的核心技术，研制学校课程目标、课程内容、课程实施和课程评价等方面的课程资源开发操作模式，形成校本课程资源利用的范本。建立学校课程资源库，做到技术上有亮点、教学设计上有突破。

（2）学校课程开发瓶颈问题得以解决。认真审视学校目前开展的国家课程，搜集整理在云南民族地区特色课程开发与实施上的成功经验和困惑，从课程建设的诸要素入手，查找与课程建设的有机结合点，梳理剖析影响特色选修课程效能提升、制约特色课程持续发展的共性问题。同时，在实施课程的过程中，

不断挖掘、整理云南民族地区的一些课程资源，使国家课程得到创新和扩展。

（3）现代教育技术和网络资源的开发、利用得以有效突破。充分利用现代信息技术和网络资源对于民族地区的教育来说具有重要意义。一方面，通过现代信息技术和网络资源的开发利用，可以在相当大的程度上解决民族地区大多地广人稀、交通不便、教学质量不高、教学资源匮乏等问题；另一方面，借助信息技术，帮助民族地区学生形成有自己特色的学习方式，使社会资源更有效地引入学生学习生活，把学校、家庭与整个社会联系在一起。

（4）促进民族地区学校管理与课程领导协同发展。形成课程改革自上而下推进与自下而上创生的互动，引发教育同行站在教育改革的前沿、文化重构的高度，来理性审视学校的课程与质量，构建基于学生发展为本的教育哲学视野下的课程文化，全面推进素质教育，满足学生学习个性需求，促进教师专业化发展，促进区域教育内涵与质量的全面提升。

四、课题研究的实践意义与理论价值

1. 实践意义

（1）体现学校的办学理念与教学特色。本课题研究抓住了课程资源开发的核心和问题的关键，具有前瞻性、重要性和紧迫性，具有重要的理论意义和实践价值。该研究有利于提升民族地区学校内涵基准和核心竞争力，学校开发符合本民族具有传统文化色彩的本土课程资源，可以为学生的终身发展、个性发展提供课程支持，建立云南省民族地区学校与上海、昆明优质学校协同发展的教育生态。

（2）满足学生多样化发展的需要。综合利用地方资源提升课程品质，是基于学校的培养目标和地方资源状况，满足学生多样化发展的需要，将使课程更能符合学生的实际需要，开发符合本民族、本地区小学生生活实际且具有传统文化色彩的云南本土课程资源，对完善课程的文化结构，促进学生课程与生活、与社会的联系有着积极的意义。

（3）发挥地方资源的教育功能和价值。本研究可以破解学校同质化发展的难题，使课程更能满足学生个性发展的需求，提高地方资源的利用率，充分发挥地方资源的教育功能与价值。云南民族地区课程资源的开发和利用，能发展学生学习兴趣、培养选择能力、拓展学习视野、丰富学习经历、加强学生对民族文化的理解，从而促进学生核心素养的发展。

（4）加速教师专业化发展的进程。地区资源是校本课程开发的宝贵财富，教师对于地区资源的熟悉和了解，是课程开发的基础，更能发挥教师的价值。本研究满足了教师参与课程开发的需要，促进了教师的专业化发展，能够更好地建立课程开发的联合体，建立一支专业的校本课程开发队伍，使学校、家庭和社会"三教合一"，提高教育效果。

2. 理论价值

（1）构建体现民族地区特色和学校特色的小学课程体系。通过运用现代教育理论和现代教育技术手段，开发云南民族地区小学课程资源，构建体现民族地区特色和学校特色的小学课程体系，形成具有云南民族特色的学校课程资源开发与利用的有效模式，建立弹性的课程评价方式等，能发挥云南民族地区资源的教育功能和价值，凸显云南民族地区小学的办学宗旨与教学特色，体现学生多样化发展的需要。

（2）推广民族地区学校课程资源开发的核心技术。研制学校课程目标、课程内容、课程实施和课程评价等方面的课程资源开发操作模式，建立学校课程资源库，形成校本课程资源利用的范本。

（3）学校课程开发瓶颈问题得以解决。搜集整理在云南民族地区特色课程开发与实施上的成功经验和困惑，梳理剖析影响特色选修课程效能提升、制约特色课程持续发展的共性问题，不断挖掘、整理云南民族地区的课程资源，使国家课程得到创新和扩展。

（4）现代教育技术和网络资源的开发利用得以有效突破。通过现代信息技术和网络资源的开发利用，解决由于民族地区大多地广人稀、交通不便、教学质量不高、教学资源匮乏等问题，使社会资源更有效地介入学生学习生活中，把学校、家庭与社会联系在一起。

（5）促进民族地区学校管理与课程领导协同发展。构建基于学生发展为本的教育哲学视野下的课程文化，全面落实中国学生发展核心素养，满足学生学习个性需求，促进教师专业化发展，促进区域教育内涵与质量的提升。

五、课题研究目标

研究确立云南民族地区小学课程资源开发利用的基本原则；构建符合云南民族特点、促进小学生核心素养发展需要和体现小学办学理念特色发展的小学校本课程框架体系；开发形成有特色、能移植、易流通的课程资源包和资源集约化的课程平台；探索云南民族地区小学课程资源开发与利用的途径方法，形成云南民族地区小学校本课程实施策略。促成学校、教师和小学生的民族文化自觉，全方位地为云南小学生的素质拓展、兴趣培养和核心素养的培养搭建平台，为小学生拓展广阔的成长空间，彰显云南民族地区文化魅力。提高教师的课程研究意识和实践意识，提高教师科研实践能力、理论建构能力和创造性实施课程能力，实现用课程提升学校品质、促进师生发展。

六、课题研究的内容

1. 课题核心概念界定

（1）云南民族地区。民族地区总的来说就是少数民族聚集区，一般是指特定的一个或几个少数民族世代生活的地方，并且人口较为集中，拥有浓郁的民族特色、民族习惯以及文化的地区。民族地区一般都享有国家一定的特权以及法律自治权。云南省作为一个多民族地区，汇集了52个少数民族，民族文化教育资源丰富，地域广阔、构成复杂。本课题以昆明、大理、西双版纳、保山、普洱为样本开展研究。

（2）课程。课程是学校教育中为所有学生提供和重建知识与经验的总和，是兑现教育功能、实现教育目标的主要载体。它包括课程目标、结构、内容、实施、评价和管理等。课程是学校教育的核心要素，反映了学校文化的个性，决定了学校教育的品质。

（3）小学课程资源。广义的小学课程资源是指在课程开发过程中一切可利用的、有利于实现小学教育目的的资源，涵盖各种有利于实现课程目标的因素；狭义的小学课程资源仅指教学内容的直接来源。本研究使用的是狭义的课程资源概念，以昆明、大理、西双版纳、保山、普洱民族地区学校音、体、美等学科的校本课程资源为研究对象，以促进学校的个性化、特色化发展。

（4）课程资源开发。实质就是发现、挖掘对学生发展有促进作用的各类资源，将学生周围的资源转变为学校课程资源的过程。本研究中的课程资源开发利用，即通过教学、育人、人文和社会的需求分析，确定课程目标，再根据目标选择学科教学内容和相关教学活动，进行计划、组织、实施、评价、修订操作，最终达到课程目标的整个过程。

（5）利用校本课程资源。主要是结合本校实际，有效实施、利用校本教材，综合运用国家课程、地方课程、校本课程和民族地区教育等课程资源，充分发掘被开发出来的校本课程资源的教育教学价值。利用校本课程资源是深化课程改革、促进教育均衡发展的主要策略和抓手。

2. **课题研究具体要点**

（1）云南民族地区小学课程资源开发利用基本原则的研究。

通过文献学习研究，结合云南民族地区学校的培养目标及其资源特点，确立小学课程资源开发与利用的基本原则。开展师生、家长问卷访谈，撰写调研报告，明确学校课程资源开发的重点。参照学校的培养目标，厘清课程资源开发与利用的依据和指向。

（2）符合云南民族特点、促进小学生核心素养发展需要和体现小学办学理念特色发展的小学校本课程实施方案的研究。

子课题学校从四个方面研制子课题课程实施方案。厘清地基：学校发展的历史回溯与现实把握；撑起顶层：育人目标的定位与教育理念的凝练；搭建支柱：课程结构的建立与教学改进的规划；构筑护栏：基于教师队伍专业发展的学校制度建设谋划。

（3）围绕校本课程框架的模块分解及云南民族课程资源开发的研究。

子课题学校细化校本课程规划框架，构建各门课程模块，围绕各模块收集整理、开发具有云南民族特色的课程资源。形成课程资源库框架，采用先进的开源项目和网络技术突破学校课程资源开发的效能提升，探索使宝贵的社会资源、教师资源、学校地域资源走入不同地区学生的课堂的方法。

（4）云南民族地区小学课程资源开发利用途径与方法的研究。

探索社区的文化资源、人力资源和物质环境资源"三位一体"的学校课程资源开发与利用的策略。从学校办学目标出发，从学校优秀文化传统入手，开发课程资源；从民族地区人文资源出发，开发课程；从学校活动资源出发，开发课程；从教师智慧潜能和社会资源出发，开发课程；从家长资源出发，开发课程。探索师资挖掘、资源利用、开发课程、课程评价四个方面的校本课程资源开发可持续发展的长效机制。

（5）云南民族地区小学校本课程实施策略研究。

总结提炼云南民族地区小学校本课程实施策略，以校本课程的建设，促进学校内涵发展和特色发展，提高小学生的综合素质。探索基于学科课程标准进行评价，基于信息化平台进行评价，基于教与学进行评价，建立科学的课程管理机制、科学的评价方法。平衡好校本课程与国家课程、地方课程关系的方法，做到整体设计，避免重复低效高耗。探索社会专业人士参与课程资源开发、参与课程设计、参与课程实施、参与课程评价的途径与方法。

七、本课题的研究思路与研究方法

1. 研究思路

成立总课题和 4 个子课题研究组，通过顶层设计明确研究重点，通过分解任务和专家全程指导，保障研究扎实有效推进；通过文献研究，确立小学课程资源开发与利用的基本原则；运用现代教育理论和现代教育技术手段，开发云南民族地区小学课程资源，构建内容丰富、高度开放、利用率高的学校课程资源库；根据小学办学宗旨和学生多样化发展需求，构建体现民族地区特色和学校特色的小学课程体系；探索具有云南民族特色的学校课程资源开发与利用的有效模式，发挥小学课程资源开发与利用中教师与学生的建设作用，促使教师从课程资源的利用者发展成为开发者、引导者，成为新课改的实施者和研究者。

2. 研究方法

（1）文献研究法。运用文献研究法来研究课程资源开发的目标、任务、方法、操作策略和运行机制，收集、整理、运用国内外相关的理论，为课题研究提供科学的理论依据。

（2）调查研究法。以发放调查表、问卷，召开座谈会等形式了解教师、学生、家长对课程资源开发的需求，为课题研究提供事实依据，揭示有针对性的学校课程资源开发特征。

（3）行动研究法。通过计划、实施、总结、分析研究等环节，明晰课程资源开发的目标、任务和运行机制，总结学校课程资源开发的规律。在实施阶段，利用教学活动对课程资源的开发和利用进行实践研究，从而对资源的应用原则、方法、途径、模式、效果、特色进行实证。

（4）案例研究法。在教学实践中注重对个案的积累、选择、整理和分析，定期筛选、汇编典型的个案，并组织对典型个案进行剖析、研究。

（5）经验总结法。收集、整理、运用学校各类课程资源开发的成功经验，为课题研究提供典型案例，探索并揭示规律。在结题阶段，依据教学理论提升教学理念，对教学实践按课题研究要求进行阶段性小结和课题研究成果的总结，形成结题报告与论文。

八、本课题研究的实施步骤

1. 准备阶段（2017 年 12 月—2018 年 4 月）

（1）开展相关文献资料的学习和整理。选择课题，开展课题论证设计，填写课题立项申请书，组建课题组，拟订课题实施方案，将遇到的问题、困难和瓶颈以及解决问题过程中的实践探索经验进行资源共享，引领辐射，和更多学校探索共建"万花齐放春满园"的云南民族特色课程。

（2）建立课题研究合作机制。成立以武成小学为总课题责任单位、省内民族地区优质小学为子课题合作单位联合开展此课题研究，建立起科学、有效的管理运作机制，整合社会、家庭等资源，形成全校上下、校内外、优势互补的良性、稳定、持续的立体协作机制，构建课程资源开发利用可持续发展的最佳环境。

课题研究合作机制

子课题名称	子课题负责人	负责单位
大理白族地区小学课程资源开发利用的研究	周嗣昌	大理州实验小学
西双版纳州小学傣族课程资源开发利用的研究	张丽	西双版纳州允景洪小学
保山民族地区课程资源开发利用的研究	左腾英	保山市实验小学
普洱茶乡民族文化课程资源开发利用的研究	白林	思茅市第一小学

（3）课题责任单位到课题合作学校实地调研课程资源及课程实施情况，合作单位就学校校本课程开展的时间进度、内容形式、优势特色、成果、面临的问题和困难、解决问题的思路、方法和实施步骤以及课题合作单位的课程资源优势与特色等进行全面分析。一是对散乱零星的课程资源进行有效利用、组织，提升为系统、严谨的知识及课程内容；二是对已有的课程内容资源进行调整、补充、修订，即现有课程资源的二次开发，形成优质课程资源，产生最优化的教学效果。

（4）明确本课题研究的学科载体。

西双版纳允景洪小学：傣族传统工艺——慢轮制陶、傣族美食文化、傣族广播操等。

大理州实验小学：大理白族民间工艺——扎染，大理白族民间歌舞——霸王鞭、八角鼓，大理白族历史文化名人等。

思茅市第一小学：普洱茶艺研究、多彩的茶乡节日等。

保山市实验小学：民间文化——永子、民间美术——版画木刻与剪纸、民族体育——竹竿舞等。

昆明武成小学：研制校本课程实施方案、校本课程评价的基本原则与方法的研究、开发学生网上课程资源系统和网上教学评价与互动平台等。

物化成果：开题报告、总课题研究实施方案、子课题研究实施方案。

2. 实施阶段（2018 年 5 月—2019 年 6 月）

（1）云南民族地区小学课程资源开发利用基本原则的研究。

理论学习。组织教师学习新课标、课程资源理论、素质教育理论、建构主义学习理论等，了解创新教育理论、建构主义理论、多元智能理论观照下的课程观、新课程实施观等理论依据，为课题研究提供理论指导。

文献资料学习。研究小学课程资源开发与利用的相关成果资料，突出本课题研究的创新点；结合云南民族地区学校的培养目标及其资源特点，确立小学课程资源开发与利用的基本原则；研制师生、家长问卷及访谈提纲，明确学校课程资源开发的重点；举行开题报告会，制定相关制度。

（2）符合云南民族特点、促进小学生核心素养发展需要和体现小学办学理念特色发展的小学校本课程实施方案研究。

子课题组所在学校校本课程规划及实施方案的研制；

子课题组就教师、学生和教材课程资源开发利用的现状进行问卷调查和访谈，修改、完善课题研究方案。

课题合作学校：抓住学校的培养目标是课程开发与利用的依据和指向，加强学校、教师与社区人士的密切互动与辅导，使课程内容科学地嵌入学校教学过程，真正符合学校课程体系的框架与育人要求。完成课程规划的框架，设定详细的目标，部署合理的结构，精选课程内容。

物化成果要求：云南民族地区小学教师、学生、家长对课程资源开发的需求调研报告；课程规划的框架；××学校民族特色校本课程实施方案。

（3）围绕校本课程框架的模块分解及其云南民族课程资源的开发研究。

子课题学校细化校本课程规划框架，构建各门课程模块；

围绕各模块收集整理、开发具有云南民族特色的课程资源；

体现云南民族特色的课程资源的归类、收集、整合与资源库建设；

形成课程资源库框架，采用先进的开源项目和网络技术突破学校课程资源开发的效能提升，探索使宝贵的社会资源、教师资源、学校地域资源走入不同地区学生的课堂的方法；

课程资源平台建设。

物化成果：各门课程模块主题教育活动设计、学生网上选课系统软件、民族地区课程资源库、网上教学评价与互动平台、民族特色课程微课。

（4）云南民族地区小学课程资源开发利用的途径与方法研究。

各子课题组根据校本课程实施方案，实施校本课程；

根据各门课程模块，开展教学设计、活动设计；

收集典型案例；

总结云南民族地区小学课程资源开发与利用的基本经验。

物化成果：教学设计、活动设计、典型案例、经验总结、论文。

（5）云南民族地区小学校本课程实施策略研究。

从学校办学目标出发，从学校优秀文化传统入手，开发课程资源；

从民族地区人文资源出发（地方景观、地方文化、社区设施与活动，使课程内容具有浓厚的本土性，散发民族文化的芳香）开发课程；

从学校活动资源出发，开发课程；

从家长资源出发，开发课程。建立师资挖掘、资源利用、开发课程、课程评价四大校本课程可持续发展长效机制。从独立走向协作，校长、教师、学生、专家、学生家长、社会人士都是课程资源的开发者、建设者、实施者。

物化成果：教学设计、课件、教学视频、实施案例、论文。

3. 总结阶段（2019 年 6 月—2020 年 12 月）

（1）各课题组收集、整理资料。

（2）撰写各子课题结题报告。

（3）全面总结。昆明武成小学组织子课题组全面、客观总结研究成果、经验和方法，形成研究总报告，公告研究成果，申报项目结题，更好地实现项目成果的转化和升值。完善校本课程可持续发展的系统框架，确立校本课程可持续发展的应对策略及长效机制，从而满足学生的内在发展需求，提升教师的课程能力。对已建立的小学课程资源开发进行可持续发展的新研究，强调在"让每一个孩子全面而有个性地发展"理念的指导下，进一步处理好小学课程开发利用各要素之间的关系。

（4）探析基础教育成果奖评审，积极申报云南省和全国基础教育成果奖。

物化成果：子课题结题报告、云南民族地区小学课程资源开发利用的研究报告、民族地区学校课程资源包、论文发表、成果公告、申报"基础教育成果奖"。

九、课题研究的预期成果

主要阶段性成果

序号	研究阶段 （起止时间）	阶段成果名称	成果形式	负责人
1	2018 年 6 月至 7 月	云南民族地区小学教师、学生、家长对课程资源开发的需求调研报告	调研报告	赵龙、张敏、周嗣昌、左腾英、张丽、白林
2	2018 年 8 月	民族地区小学校本课程实施方案	实施方案	黄新娜、周嗣昌、左腾英、张丽、白林
3	2018 年 9 月至 2019 年 9 月	云南民族地区小学课程资源库	资源库	王砚生、屠艳红、周嗣昌、左腾英、张丽、白林
4	2018 年 9 月至 2019 年 10 月	教学设计、课件、教学视频	教学设计	耿成科、张敏、周嗣昌、左腾英、张丽、白林

最终研究成果

序号	完成时间	最终成果名称	成果形式	负责人
1	2019 年 11 月	云南民族地区小学课程资源开发利用的研究报告	研究报告	任慧、左腾英、周嗣昌、张丽、白林
2	2020 年 12 月	课程资源开发利用的论文、经验集	研究论文、案例	黄新娜、耿成科、张敏、左腾英、周嗣昌、张丽、白林

第六辑

教育，因热爱而生辉

张忠宝，广州实验教育集团花都区秀雅学校书记、校长。曾在辽宁锦州十二中、锦州八中做过22年校长，秉承"学生至上与教师第一"的教育理念办学，基于"追求卓越　全纳个别"的评价理念管理。20多年的办学实践，铸就了基于"人性管理"文化自觉的治校方略，成就了一所薄弱学校走向新优质学校的伟大变革。

2019年，年过半百的他，又迎来新的挑战，出任广州实验教育集团花都区秀雅学校校长。基于新的学校、面对集团化办学，植入广州实验教育集团办学理念是当务之急。秀雅学校坚定实施培优兜底战略工程，以构建秀雅学校场景化文溪雅荷之"雅行乐学"课程体系为发展特色，快速推进学校内涵发展与品质提升，创建高知名度与高美誉度兼备的广州一流学校。

秀雅学校作为花都区教育部"十三五"重点课题"人文素养家校共育共治"实验基地校，紧紧围绕"构建初中家校命运共同体的行动研究"课题，从家校合作的形式、内涵以及家教指导方式入手，构建初中家校命运共同体，解决家校面临的诸多困境，形成家校携手、共育共治的良好局面！

校长自画像：
教育，因热爱而生辉

一般来说，人的生涯规划应该从小就开始，可我的生涯规划却是在慢慢成长中从热爱里生成的……

1967 年，我出生在辽宁省绥中县一个山区农村，自幼酷爱读书，1986 年考入辽宁师范大学生物系，直到大学毕业的前一年，都一直想做生物学家，从没想过做一名中学教师。但人生就是这样戏剧化，毕业后，我成为一名中学教师。大学读书期间，我一直很刻苦，专业成绩名列前茅，1990 年毕业，被评为辽宁省优秀毕业生，到锦州市第十二中学任教（锦州石化公司子弟学校）。凭着"干一行爱一行，干一行干好一行"的人生信条，我在很短的时间里就成长为一名优秀教师，凭着这份情怀，1997 年就做了锦州市第十二中学校长，2018 年年初被遴选为教育部领航班校长。曾获得辽宁省首批专家型校长、辽宁省首批正高级教师、省特级教师等荣誉称号，发表教育随笔 200 多篇，参编生物教材教辅 20 余本，参编教师校长培训教材 5 本，出版专著《学生至上与教师第一》《我的教育心语——献给初中生家长的 100 条新建议》《给教师专业成长的 100 条新建议》三部，现就任锦州市第八中学校长。

一、精心钻研，形成自己独特的教学风格

虽做校长 20 多年，但我一直坚守三尺讲台。作为一名生物教师，自己深爱着生物教学，即便是做了校长，也没停止生物课堂教学研究和上生物公开课。2011 年，我荣幸地成为辽宁省生物特级教师；2018 年，我的"初中生物质疑法教学"获得辽宁省基础教育成果二等奖。30 多年来，自己不改初心，坚守三尺

讲台，形成了自己独特的教学风格。

1. 课堂教学中体现生物本色

我深知：生物课堂如果死气沉沉，照本宣科，不但没有好的效果，就连教者也会厌烦。为此，教学中凡是有实物的绝不用电教手段，因为实物效果远远好于虚拟的物体，如果根本没有实物，用电教手段也绝不照本宣科，真正体现生物教学中的生物本色。

2. 生物教学中凸显探究思想

尽管传统教材没有按这一原则编制，我在教学中却始终体现了探究这一思想，并把这一思想贯穿在所有教学中，让孩子们在疑问中学习，在质疑中增长知识。1992 年 11 月到 1993 年 5 月，我承担了中国科协、中国宇航协会、国家教委的空间搭载番茄种子实验（这是我国发射的第十四颗返回式卫星带回来的种子），我和学生一道探究实验，在发芽率、植物抗性、结果率等方面有巨大收获。6 个月的实验过程中，我和同学们一道成长，感受探究的快乐，也获得国家二等奖的殊荣（这是辽宁省的最好成绩）。

3. 生物教学中遵循兴趣动机原则

生物世界丰富多彩，奥妙无穷，让孩子们始终保持对这一学科的兴趣，以兴趣动机为原则，体现了认知的本源性。我在教学中始终把它作为一条教学原则来遵循。

4. 生物课堂中关注师生的沟通与交流

这是教育民主化在课堂教学中的重要体现。沟通与交流不仅会增进师生间的情感，更会让学生在浓浓的亲情氛围中增长知识，这也是生物课堂教学必须关注的。

二、潜心工作，形成领航办学大格局

1. 以坚定的政治意识贯彻落实党的教育方针

领航校长的"品格能力"，必须以坚定的政治意识为底线，保证正确的办学方向。领航校长的政治意识必须是坚定的，应该体现在"为谁培养人""培养什么人""怎样培养人"；领航校长的政治意识必须是清醒的，应该体现在"核心价值观的落小落地落实""立德树人的抓小抓早抓实""中华民族伟大复兴中国梦的入脑入心入肺";领航校长的政治意识必须是自觉的,应该体现在"办学理念设计""教育目标落实""教育行动研究"。

2. 以卓越的专业领导力促进学校品质提升

领航校长的"品格能力"必须以卓越的专业领导力做基础,保证学校办学品质的不断提升。我的实践解读,从人本管理走向文化自觉是一种高境界。我们应该从以下四个层面着手。

第一,设定底线标准。

在学校里,教职工虽说都有工作量,更有职责要求,但总有人工作量很低,完成得也不好,但该得的利益却一样都不少,甚至比干活多的人还多。这样的状况之所以存在,就是因为学校管理没有设定底线标准。没有底线标准,领导就可以钻空子照顾个别人,教职工就可以钻空子"放懒",这样的状况久了,学校积极向上的氛围就没有了,藏奸耍滑、不学无术的不良现象就会主宰学校的舆论氛围,对学校的发展真的是贻害无穷。

怎么办?必须设定底线,任何人、任何利益集团都不能突破这样的底线。一是职业道德底线,违规补课、体罚及变相体罚学生等违背职业道德的行为都将一票否决,不仅仅职称评聘不可以,教师资格也将被取消,任何教师都必须恪守。二是上课工作量底线,学校只要走专业技术职称的人,都必须上足上满工作量,从校长做起,校长岗位可以折合多少课时、主任岗位可以折合多少课时,不够标准工作量的,都必须通过上课弥补,这是专业技术岗位的底线,更是红线,达不到,就不可以走专业技术岗位。三是参与学生管理底线,学校实施大德育管理,任何教师都必须参与学生管理,即便不担任班主任工作,也要值周值岗,只有值周值岗连续三年才可以参加职称评聘。四是尽社会责任底线,教师是特殊国家公职人员,尽社会责任是必要的,支教、助教、社会监考都是分内的责任,没有这样的阅历,职称评聘也要亮红灯。五是教师的专业成长底线,不参加各级各类培训、课时不足、教书能力不足,教师资格认证和职称评聘都将被一票否决。底线标准设定后,要广泛宣传,让每个教职工入脑入心,教职工的思想将会受到巨大震动。

第二,动态管理岗位。

目前，教师管理的核心要素就是教师的职务要素，因为教师的职务决定教师的工资水平，由于职称评聘后就不再变动，教师职称实际上成了终身制，大大降低了教师职务评聘的激励作用，也违背了教师职务管理制度设计的初衷。很多人评上高级后，不做班主任、不上公开课、不承担学校危难险重的工作，主任管不了，校长也无能为力，教师职务管理到了非改不可的地步。我们动态管理教师职务岗位，坚持三个原则：一是按教师职务从高到低的顺序，依次列出底线标准，如工作量和工作业绩、师德等是不可触碰的红线，公开标准，理性竞争。二是在满足底线标准后，坚持原岗位人员优先、年龄大者优先，这是稳定基础。三是学校工作都进行量化底线，给教师更多机会，不让教师有被难为的感觉。坚持上述三个原则，不是难为某个教师，不是精准教师职务标准，而是让教师工作不懈怠，牢记岗位职责。动态管理教师职务岗位，不是不相信教师，不是没事找事，不是管理者突发奇想，而是因教师工作的积极性不高、岗位懈怠现象被迫改革而已。动态管理教师职务岗位，是公平之举，不仅符合教师职称设置的初衷，也激励了教师不断成长。

第三，确定职业愿景。

一个人最大的压力和不幸福均来自不确定、没把握、无方向。教师幸福，学生才会快乐，如果一个学校的教师整天提心吊胆，对自己的职业愿景没有规划，那么这个学校的教师一定缺少安全感，学生也会因老师而缺少安全感和幸福感。基于此，我认为，教师在底线标准明确、岗位动态管理清晰的环境里，就能确定清晰的职业愿景，就会心境良好，认同自己的职业状况。

第四，走向文化自觉。

我们设定了底线标准，动态管理了岗位，确定了职业愿景，就达成文化自觉了吗？其实不然，学校文化管理是不是从人本管理走向了文化自觉，应该有五个重要特征。

一是全员愿景必须高度统一，也就是校园里每个人都希望达成的目标是高度一致的，不管是积极要求进步的，还是不想冒进的，都希望学校变得更好、更进步，这样的愿景氛围从每个人的脸上都能看出来、从每个人的交流中能真诚地感受到。二是自由、平等、公正、法治的校园政治生态已经达成，人与人之间高度信任，学校领导干部在师生心中有榜样形象，学校的规则涵盖学校的方方面面。三是核心价值观植入每个校园人的骨髓和心田，校园生活充满友爱、善良和包容，立德树人体现在教育的每个细节里，落实到教育教学活动中。四是崇尚进步的校园文化氛围浓厚，没有人攀比不良和落后，都在比学赶帮超，处处呈现正能量，时时迸发闪光点。五是底线评价和动态管理岗位得到广泛认同，积极向上的师生受到赞誉，按部就班的同学和老师也有出路，校园人和谐的生活就是教育的最大亮点。上述五个特征，不需要惊天动地的打造，却需要慢慢生成。教育的魅力和真谛恰恰就在这慢慢的生成里。

3. 以高度的社会责任感携手更多的学校优质均衡发展

领航校长的"品格能力"必须以高度的社会责任感为归宿。领航校长的社会责任感体现在"共建、共享、共助"上，通过"共建、共享、共助"模式，在区域内乃至全国发挥"示范、引领、指导"作用，从而辐射更多的学校优质均衡发展，办人民满意的学校。

第一，"共建"模式，突出的是领航校长的筹建能力。

领航校长能通过教育行政部门、教研部门和民间协作体，发现志同道合、情怀满满的校长群，遴选可以共建工作的种子校长加盟工作室建设。张忠宝工作室邀约了甘肃、内蒙古、江苏和辽宁等地十几位校长加盟，共同构建了领航校长工作室，从学校文化建设入手，丰富内涵发展，着力提升学校品质。两年来，工作室开展共建活动五次，联手解决教育发展问题三个，特别是中小学教师职称评聘问题成为工作室共建的第一话题。

第二，"共享"模式，强调的是工作室成员校之间互相学习、共同成长。

应该说，共享模式是工作室发展最核心的元素。很多工作室成员校因为加盟工作室，相互取长补短，都成为当地最具发展活力的学校。就锦州而言，首批辽宁省课改示范学校、初中学校都是张忠宝工作室成员校。

第三，"共助"模式，实际上是教育的"精准扶贫"，也可以称作携手与共同成长。

我们仅以锦州八中、义县二中与义县七里河市县乡联盟学校办学为例：我们在长时间与义县二中、义县七里河中学市县乡联盟交流互访中，找到了比较有效的助教方式，那就是"共同成长"。

（1）认同"共同成长"的助教理念。什么是"共同成长"？答案很简单，就是组织内的成员一起心无旁骛地成长。我们在精准教育扶贫领域，尽管是城乡联盟学校，尽管冠以"扶贫"的名义，但双方如果不建立在平等、互信、合作的基础上，不让"共同成长"的理念入脑入心，教育扶贫很难有实效。我们把义县二中、七里河中学视为盟友、兄弟，觉得有这样一个手拉手的盟友，是福分，是机遇，更是舞台。这个盟友能催我们上进、促我们成长、助我们成才，给我们一个尽社会责任的机会，我们该好好珍视！这个盟友还让我们认识了当下县城、农村的社会生态，体会了中央"三农"政策的良苦用心，理解了精准教育扶贫的现实意义。几年下来，上述交流目标很好达成，有力地促进了城乡义务教育均衡发展。

（2）落实"共同成长"的主体责任。市县乡联盟学校能不能合作得好、能不能达成政府开展此项活动的目的，关键在落实，也就是解决主体责任谁认领的问题。几年的交流经验告诉我们，主体责任必须由各学校的校长来担当，而不能由行政部门和业务部门来分担。

（3）基于"共同成长"的跟岗研修。跟岗研修是被实践证明了的行之有效的教师专业成长路径。我们和义县七里河中学开展的跟岗研修是基于"共同成长"的，所以是双向的。多看人家的长处，多学习人家的长处，不夜郎自大，不故步自封，农村学校也是我们学习的榜样，帮他们解决问题也是促进我们成长。从校本教研到教育教学研讨展示周，从大课间跑步到校园文化艺术节，处处彰显了合作的力量，处处凸显了锦州八中的印记。中层干部的视野开阔了，教育的情怀被激发了，回到八中实施管理创新的劲头更足了，这就是"共同成长"的魅力。

（4）分享"共同成长"的经验成果。2016 年 11 月 14 日，锦州市教育局在义县七里河中学召开了锦州地区城乡手拉手学校合作成果展示现场会。锦州八中和义县七里河中学共同承担了会议的演讲、报告和示范课任务，展示了手拉手取得的成果：两所学校都是辽宁省首批课程改革示范学校，都在辽宁省课改经验交流大会上发过言；义县七里河中学在 2015 年教师节被评为教育部先进集体，锦州八中被教育部评为全国首批心理健康教育示范学校。

（5）形成"共同成长"的长效机制。手拉手学校能不能共同成长，关键在于是不是形成了"共同成长"的长效机制。因为在义务教育均衡发展的大背景下，教师交流、校长交流是频繁的，没有形成"共同成长"的长效机制，就会一个校长一个样，优良传统很可能被打破。为了防止类似现象发生，从学校章程做起，形成一整套制度化的手拉手"共同成长"交流政策，换校长不换做法，保持稳定发展的良好局面，这是市县乡联盟学校必须坚守的底线。

教育是需要热爱支撑的事业，更是需要用热爱焕发激情的事业。校长、教师都是教育的脊梁，没有热爱是做不好这份工作的。我的阅历告诉我：教育，因热爱而生辉！

学校自我诊断报告：
办指向"家校命运共同体"的新时代优质学校

一、学校历史

1. 学校概况

（1）基础设施。锦州市第八中学占地 3 万多平方米，建筑面积 2 万平方米，两个校区，两个 200 米塑胶操场。"十二五"期间，学校各项建设有很大起色，74 个教室全部为多媒体白板教室，教师人手一台笔记本电脑，各个功能教室均配备现代化设备，多媒体录播室已正常运转，学校设施省内一流。

（2）师资队伍。学校目前在岗职工 345 人，有硕士学位的教师达到 10%，国家、省、市级骨干教师比例分别为 5%、5%、30%，省特级教师 2 人，省名师 2 人，市级优秀教师 100 人。

（3）生源构成。我校生源来自学区内，市委、市政府严格禁止择校，我校生源受到很大制约，学苗杂，优秀生减少，学生数量减少，大班额消失。

（4）管理模式。强调"以人为本、依法治校、德育立校、文化建校、科研兴校、人才强校"的管理理念，突出"学生至上、教师第一"的教育思想，强调"追求卓越与淡化个别"的评价观。"十二五"以来，学校管理水平不断提高，达到了科学化经营、人性化管理的理想状态，保持了省内管理水平一流的目标。

2. 历史沿革、现状

锦州市第八中学原名为锦州市实验中学，创办于 1948 年，是一所有着悠久办学历史并在省内久负盛名的学校。学校位于锦州市凌河区中心地带，隶属锦州市教育局。基于政府集团化办学的大格局，现拥有两个独立校区，72 个教学班级，3700 多名学生。教师专业成长好，现有特级教师 2 名，教育部领航校长、省首批专家型校长 1 名，省名师 2 名，省市骨干教师达到教师总数的 25% 左右，具有硕士学位的教师超过教师总数的 15%，具备国家二级心理咨询师资格的教师超过 120 人，是辽宁省教师专业成长最好的学校之一。学校文化底蕴深厚，是新加坡政府在辽宁省全额奖学金项目学校，是教育部首批心理健康教育特色学校，是中国教育学会家校合作实验学校。学生综合素质高，曾代表辽宁省参加中央电视台《中国汉字听写大会》，在各级各类大赛中获奖及学业水平省内闻名，中考成绩在锦州市独占鳌头，毕业生走向多元，发展后劲足。

3. 文化演进

千载传承，七十弦歌。在习近平新时代中国特色社会主义思想指引下，学校始终坚持"以人为本，依法治校，德育立校，科研兴校"的学校管理理念，秉承"实践中探理，验证中求真"的校训，牢固树立"学生至上""教师第一"的教育观，践行"追求卓越，全纳个别"的评价观，把"素质全面，人格健全"作为育人的基本目标，保持实验性、示范性特色，不断开拓师生的国际化视野。德育工作扎实开展，大德育理念深入人心，德育活动课程化，消除了学生匿名性壁垒。倡导以教导学框架下的个性化教学，课程资源丰富，航模与软陶成为省内品牌校本课程，教学质量稳步提高，得到社会各界广泛认可。文化管理渐入正轨，内涵发展取得实效。近年来，学校通过规范办学，提升了学校在区域内的职业信度。学校文化正随着新时代的步伐向高质量发展演进。

学校文化

类　别	呈现方式	指　向
教育理想	让每个学生都能享受全人教育，都具备经营幸福人生及推动社会进步的憧憬与能力	办学愿景
	实践中探理，验证中求真	校训
	学生至上与教师第一	教育价值观
	追求卓越与全纳个别	教育评价观
	兴趣与职业相得益彰	教育主张
	实验性与示范性并存	教育主张
	不给别人添乱	学校文化

类　别	呈现方式	指　向
教育实践	基于"以教导学"框架下的高效课堂	课堂改革
	基于信息化背景下的校本教研管理	校本研修
	基于全员背景下的教育教学研讨展示	教师成长
	基于学生多元发展的艺术节、体育节	学生成长
	基于"底线管理"的文化自觉	学校文化
	基于学生多元发展的课程体系建设	学生成长
	基于构建"家校命运共同体"的行动研究	家校合作
教育创新	职称的动态管理	教师评价
	职称的底线评聘	教师管理
	学生选班的计算机派位	学生管理
	学生座位轮换的自然选择	学生管理
	班级干部的民主推荐	自我管理
	评先评优的量化累计	民主管理
	学校管理由不确定走向确定的技术变革	学校文化
教育故事	学校教育教学研讨展示传承 26 年的不一样	成长故事
	校园文化艺术节展演的 25 年大舞台	艺术风采
	阳光体育的十连冠	体育硕果
	中考 20 年"第一不败"	卓越成长
	汉字听写代表辽宁走上央视舞台	学校风采
	聂红老师荣膺全国师德标兵	师德楷模

4. 特色凝练

在 70 多年的办学历史中，学校始终不忘育人初心、始终坚守大爱无疆、始终牢记党的宗旨，经过几代八中人的艰苦努力，从一个个办学小亮点、一个个育人小成果逐步汇聚成学校办学的鲜明特色，进而达成学校文化品质。

（1）优质高效的办学特色。近 30 年来，锦州市第八中学一直以"优质高效"的办学特色赢得锦州老百姓口口相传的赞叹，赢得区域内初中生的青睐向往，赢得各级政府的奖励表彰。学校秉承"实践中探理、验证中求真"的校训，让每个孩子在学校中体验成长的幸福，在课堂上享受探理求真的快乐。"优质高效"的办学特色在四个层面得到广泛验证：一是锦州八中的学生作业量、在校时间都是全市同类学校最少和最短的，但学业成绩是全市第一，中考平均分高于全市80分，高于第二名30分；二是锦州八中的学生活动丰富多彩，每一次活动都是高质量、高效率的，在省内外都有影响力，如2014年代表辽宁省参加中央电视台《中国汉字听写大会》；三是锦州八中的师生学校归属感、社会认同感超强，走出学校都会自豪地说自己是八中的；四是上级学校、各级政府对锦州八中的评价就是"优质高效"。高中的老师们称赞道：八中的孩子习惯好、主动学习能力强。

（2）全纳个别的育人特色。全纳个别的育人特色体现在大德育的方方面面，亦即德育文化、队伍建设和活动设计等均面向全体、公平公正、一视同仁。

突出校史文化，丰富校园文化内涵：一是挖掘70年校史文化之精华，打造新的校史文化长廊；二是丰富校园文化之内涵，让文化浸润校园人的灵魂。基于此，我们做了如下工作：坚持校园文化建设中"文明其精神，野蛮其体魄"的主旨，真正让校园活起来。加强德育队伍建设，树立全员德育意识，突出抓好班主任队伍梯队建设，鼓励所有教职工参与德育管理。科学评价德育工作，在班主任考评、德育干事考评、值周值岗考评中，注重因地制宜，减少主观臆断，强调育人，弱化管制。

践行了社会主义核心价值观。紧紧围绕社会主义核心价值观，开发各类德育课程，以课程为依托，让德育工作落小落地落实。锦州市第八中学全纳个别的育人特色已经在区域内产生深远影响，被辽宁省评为学校文化建设示范学校。

（3）多元发展的课程特色。根据多元智能理论，依据辽宁省义务教育课程实施方案，锦州八中整体构建旨在促进学生多元发展的课程体系，已经取得较为丰硕的成果。

一是国家课程校本化实施。我们开齐开足国家课程，并依据学生特点校本化实施；按照省课程改革实施方案，拿出学科课程的10%，上好学科实践活动课程，英语的阅读、语文的经典诵读、数学的逻辑、生活中的理化生等，孩子们很喜欢这些学科实践活动课程；综合实践活动课程按照长课、短课两种方式实施，通过信息技术、劳动技术、人工智能、社会实践等方式把综合实践活动课上好。

二是地方课程综合化实施。我们把地方教材整合、综合后，分主题上，分块落实，让地方课成为培养学生家国情怀、乡土情愫和振兴家乡的新阵地。

三是校本课程特色化。每周一节的校本课程一定要上好，如初中一年级的软陶航模课程、生涯规划课程，初中二年级的 STEAM 课程、机器人课程，初中三年级的生涯规划课程。

锦州八中基于学生多元发展的课程体系已经建成，多元发展的课程特色得到学生、家长和各级组织的认可，成为辽宁省首批课程改革示范学校。

（4）行动研究的科研特色。基础教育学校教育科研的最大优势就是做行动研究。多年来，我们的教育科研课题都是基于行动研究的，做好了国家级课题"家校合作的行动研究"的开题工作，做好了各个省市级课题的开题研究管理，做好了申报课题指导，做实了教育行动研究。强化教育科研立项的规范：一是鼓励教师参与教育科研、热爱教育科研，教育科研参与率不低于 90%；二是在各级教育学会和教育规划层面开展立项工作，特别加强教育科研的过程管理，科学确立教育科研在教师量化考核的评价权重。锦州八中教育行动研究科研特色已经得到辽宁省教育科研规划办公室认可，被评为辽宁省首批科研示范学校。

（5）全员参与的美育特色。培养德智体美劳全面发展的社会主义建设者和接班人是我们必须回答、必须完成的历史使命，美育应该面向全体、基于全员。我们的音乐、美术教育都是全员参与的，艺术节合唱比赛要求一个不能少，集体舞蹈大赛评价标准要求班级参加比赛，美育的方方面面都是基于全员的，这应该是提升国民素质的基本渠道。锦州八中是辽宁省美育学会理事单位，是辽宁省美育教育先进集体。

二、现状分析

回顾锦州八中七十载育人路，无论是实践探索还是理论研修都走在了辽宁省同类学校的前列，但和国内最优质的初中还有距离。分析原因，我觉得有三个现状需要改进：一是人力资源使用管理现状；二是内涵发展提升现状；三是家校合作交流现状。下面就这三个方面的现状进行分析。

1. 人力资源使用管理现状

（1）教师男女比例构成。

男教师 19.1%，女教师 80.9%，女教师占绝对优势的队伍，有两个发展障碍：一是随着三孩的全面放开，影响了教师工作的整体安排；二是女教师 55 岁自由延退，影响了职称评聘管理。这对学校发展是有很大影响的。

（2）教师的年龄结构。

50 周岁以上的教师占 49.7%，50 周岁以下的教师占 50.3%，30 周岁以下的教师占 7%，这样的年龄结构比例严重老化，不利于学校健康有序发展。

（3）名优教师比例。

省名师 2 名，省学科带头人 2 名，省骨干教师 3 名，市级骨干教师 55 名，市级以上名师比例是区域内学校最高的。这是学校发展的不竭动力。

（4）教师职称评聘。

采用"底线评价管理"办法，人为因素少，刚性标准强劲，促进了学校健康发展。

（5）教师评优。

采用"岗位比例优先"办法，凡在重要岗位，评优的机会是普通岗位的 3 倍，亦即班主任岗位是学校头等重要岗位。

2. 内涵发展提升现状

（1）学校管理突出文化建校，实现理性与人性、域内与域外的完美结合。

（2）教师教育突出职业精神，实现育人智慧、精湛业务与高尚情操的和谐统一。

（3）大德育工程突出人文与实效，努力实现传承与创新、常规与亮点的完美结合。

（4）有效教学突出个性化风格，在"以教导学"框架下，实现共性保底、个性创新的新格局。

（5）课程建设着眼于服务学生的一生，实现了国家课程的必需功能、地方课程的普及功能和校本课程的发展功能。

（6）教育科研突出规律性问题的研究，实现问题研究、工作指导和方向引领的基本目标。

（7）体卫艺工作突出品牌建设，实现科学与艺术、健康与自由的大美育格局。

（8）安全工作突出预防与追责，实现校园人安全感、归属感、认同感的和谐生成。

（9）突出服务与保障，实现安全服务与节俭的共赢目标。

（10）党工团突出引领与监督，实现党工团与各民族党派肝胆相照、荣辱与共。

（11）两个省级名师工作室的建成，即语文聂红工作室、英语关维工作室，极大地促进了学校教师专业成长。

（12）一个教育部领航名校长工作室建成，即张忠宝工作室，促进学校向好向上发展。

3. 家校合作交流现状

（1）有家长委员会，但缺少必要的交流合作。

（2）有家校合作的相关制度，但没有达成更多共识，家校命运共同体构建处于起步状态。

（3）有家庭教育指导委员会，但缺少真正家教名家领衔学校家长家庭教育指导。

（4）缺少必要的沟通交流主题设计，流于形式的活动多，解决问题的活动少。

（5）家校共育的形式初步达成，但却没有形成家校共育的体制机制。

三、发展优势

（1）学校位于老城区中心地带，地理位置优越。

（2）师资队伍强大，市内 70% 的优秀教师在我校，有很大的办学后劲。

（3）教学质量高，受传统文化影响和历史积淀的作用，学校生源稳定。

（4）办学条件优越，现代化设施齐备，教育思想先进，管理手段一流。

（5）师生关系好，通过"十二五"学校人性管理目标的实施，师生关系明显改善，成为学校诸多关系中最和谐、最有人性因素的一部分，受到社会各个层面的广泛关注。

（6）学校管理团队创新意识浓，发展理念新，班额适当，两个校区机动、灵活。

四、现实危机与挑战

（1）师资队伍老化，亟待更新。在未来五年内，将会有大批教师退休，学校师资培训、研修将是大问题。

（2）集团化办学，优质师资资源被稀释。锦州八中作为锦州市最优质初中，集团化办学后，家长、教师均担心优质教师资源被稀释。这是不可回避的矛盾，必须通过"青蓝工程""手拉手工程"整体培训提升师资队伍水平。

（3）生源均等化，教学高质量受到挑战。由于集团化办学，各个集团的平均成绩、优秀率和生源均等，就看学校教育成果了，必须通过课程改革，保证教育质量稳步提高。

（4）家校合作教育处于低水平状态，必须提升内涵质量。受传统观念影响，家校合作教育一直处于纠结状态，必须通过构建"家校命运共同体"，才能提升家校共育水平。

五、未来发展展望

（1）通过构建"家校命运共同体"，家长、教师、学校是一伙的，家长就不会成为学校教育的障碍，更不会抵消学校教育效果。

（2）通过构建"家校命运共同体"，创造家校共育的良好局面，最大限度解决家校矛盾，达成家校携手、互补和共同成长的育人新模式。

（3）通过构建"家校命运共同体"，最大限度解决生源均等化带来的矛盾，达成教育高质量发展的新目标。

（4）通过构建"家校命运共同体"，共享家长的优质资源，最大限度解决学校课程体系建设中师资短板问题，达成构建促进学生多元发展课程体系的目标。

（5）通过构建"家校命运共同体"，达成家校在对党的教育方针领会和实践上的共识，培养德智体美劳全面发展的社会主义建设者和接班人就会更有成效。

课题研究设计：
指向构建初中"家校命运共同体"的行动研究

一、国内外研究现状述评、选题意义及其研究价值

中国的传统教育就是以家庭教育为根基的，不仅有宏大愿景，更有细致的操作规则。但进入新世纪，中国的传统文化遭受外来文化的巨大冲击，很多低收入阶层的家庭教育处于放任、放纵状态，给青少年的成长带来巨大隐患。政府层面、社会层面及学校层面对家庭教育的指导也只是停留在文件和宣传状态。而互联网技术的全面普及，虽给孩子们的视野增添了无限画面，但也给家庭教育带来隐约疼痛。没有良好的家庭教育，没有深度的家校合作教育，全面贯彻落实党的教育方针、落实立德树人根本任务就是一句空话。而在当下，四个关键词"核心价值观、立德树人、核心素养、四种关键能力"如何落小落细落实，是教育人必须完成的使命。达成这样的目标，从学段看，初中是一个短板，因为初中生教育问题一直让教育专家倍感困惑，主要原因体现在三个方面：一是初中生学业水平波动大，家校都没有特别有效的干预策略；二是初中生的生理发育快于心智发育，偶发事件特别多，对学生的影响不可小觑；三是城镇化的快速推进，农村、城市人员结构的多层次变化对初中生的教化作用显著提升，不良问题的不断出现严重影响了孩子们的健康成长。基于此，我们提出"指向构建初中家校命运共同体行动研究"这一课题，旨在发现初中生这一特定群体的成长规律，找出有效的家校合作教育方法，促进孩子们健康成长。

"命运共同体"的概念，曾出现在法国当代著名哲学家、社会学家、人类学家和政治评论家埃德加·莫兰撰写的《复杂性理论与教育问题》一书中。对

"命运共同体"思想的深入诠释，蕴含在党的十八大报告和习近平总书记关于人类命运共同体的系列讲话中。

关于"家校命运共同体"核心概念的解读，基于不同的视角会有不同的诠释。

基于生态学视角，家校命运共同体应该建构在多领域里，因为依据生态学最大熵原理，生物种类多、数量大、环境复杂，生态系统才会最稳定，生态平衡才不容易被破坏。家校合作基于构建家校命运共同体，就是最大限度、多角度地开展合作，才会形成稳定的合作态势，亦即成为命运共同体。如果合作层面少、内容匮乏，就会不稳定，出现裂痕，经不起风吹雨打，家校命运共同体也就很难构建。家校命运共同体就是家校多角度、多层次、全方位合作的生态平衡体。

基于政治学视角，依据习近平总书记的"人类命运共同体"基本理论，家校命运共同体应该创设学生、家长和教师共同成长的氛围，维系学生、家长和教师间信任包容的教育生态，达成家庭和学校共赢的目标。家校命运共同体就是家校休戚相关、荣辱与共的命运共生体。

基于社会学视角，依据复杂性理论，家校命运共同体就是家庭和学校共同面对孩子复杂的成长环境、摒弃社会不良诱导、携手帮助孩子健康成长。它的社会意义在于共同应对复杂的社会环境对孩子成长的影响。家校命运共同体就是家校联手打造孩子正向社会化的责任与利益的协作体。

基于教育学视角，依据多元智能理论，家校命运共同体应该从学生、家长和教师共同成长出发，本着相互尊重、相互理解、平等交流的原则，就学生生涯规划、发展诊断、学校办学愿景及办学规划策略等方面达成共识。它的意义在于都是为了学生的发展，任何意见、观点和不愉快都可以统一到学生发展这一主题上来，不计前嫌、共同发展。家校命运共同体就是学生、教师和家长基于一个目标的教育发展联合体，它的合作是双向的，多层面、广领域的。它既是利益共同体，也是责任共同体，基于利益的共赢、基于幸福的共享、基于命运的共生，是人生最有获得感的感知活动。

家校合作教育是指家庭和学校间在互信背景下建立起来的旨在促进孩子健康成长的教育合作机制，在不同学段、不同地域间亦有各自的规律和特点。初中家校合作教育强调初中生的复杂性、体现初中生的不确定性、关注家校合作的有效性。家校合作教育的核心是家校愿景的融合与生成，家庭对孩子的未来期许与学校生涯规划教育的相得益彰，强化家庭教育的初始习惯养成、学校教育的系统规范以及家庭对学校教育的再强化。

1. 国内外研究状况述评

从国外研究状况看，家校合作教育早已进入成熟阶段，特别是城市初中生家校合作教育开展得最有成效。在北欧一些国家，诸如瑞典等，家校合作教育都已经运作到法制化层面，所以，这些国家的问题少年显著减少，社会环境平和友善，恶性事件鲜有发生。在韩国，家校合作教育已经成为学校发展、孩子成长最直接的动力和抓手。韩国每所初中学校都有家长管理委员会、家长运营委员会，学校的规划、发展和日常运营均会通过这两个组织监督评价。应该说，在家校合作领域，韩国堪称典范（资料来源于中韩民俗互访）。美国家校合作的经验和研究处于世界前列，特别是爱普斯坦教授所创设的研究与实践框架，输出到了多个国家和地区。

从国内研究状况看，家校合作教育研究和实践有比较成熟的范例，比如上海和苏州，都有自己比较成形的经验，主要范式是建立在家委会基础上的广泛的家校合作，缺少必要的约束机制。辽宁的沈阳和大连做得也比较早，但都没有特别成形和有效的家校合作机制，基本处在关心下一代委员会与家长委员会的松散作用下的形式合作，还没有互信状态下的有效合作。国内做得最系统的是吴重涵教授领衔开展的家校合作研究，他在《家校合作：理论、经验与行动》一书中从理念理解、经验借鉴、学校行动和教师行动四个层面系统阐述了家校合作的理论依据和实践行动的经验获得。国内做得最有效的是华东师范大学李家成教授团队。李家成教授的《家校合作指导手册》以实践改革研究为基础，以国内外对话为前提，提炼出家校合作的具体操作策略。

我们从2013年就开始在城市初中开展家校联动教育实验研究，2015年在辽宁省教育规划办公室正式立项，至今已取得很好的成绩，出版了《我的教育心语——献给初中生家长的100条新建议》。从国内外研究成果看，单就初中学段开展家校合作教育研究的还未见有系统报道，仅从构建"家校命运共同体"视角开展家校合作研究的也没有突出成果。基于此，我们把指向构建初中"家校命运共同体"的行动研究作为领航课题，期待在区域内发挥领航示范作用。

2. 选题的意义

（1）找到构建"家校命运共同体"的路径和方法。

当下家校关系是复杂的、多变的，构建"家校命运共同体"是家校合作教育最有力抓手，通过该课题研究，找到更多构建"家校命运共同体"的路径和方法，这对孩子的健康成长是非常有意义的。

（2）能化解现实背景下的诸多矛盾。

基于解决新常态下人民群众对优质教育的无限渴求及对孩子未来的无限期望的矛盾；基于解决社会转型人们焦虑的心理状态及隔代教养孩子的诸多隐忧的矛盾；基于解决家庭对孩子的认知与社会认知的矛盾冲突及初中学生个体成长的自我认知的矛盾冲突；基于解决家庭教育与学校教育"断章取义"的矛盾及孩子成长偶发问题无限放大的矛盾；基于解决家庭对孩子发展期许与未来学校生涯规划教育的融合矛盾；基于解决建立和谐社会的愿景期待与缺少经营幸福人生智慧的矛盾。

（3）能有效达成学校的办学愿景。

有效地建立家校合作教育机制，不仅可以更好地、智慧地开展各种类型的教育活动，避免家校矛盾，而且能够有效地防止不良青少年的出现，最大限度地遏制校园欺凌现象的出现，从而达成让每个学生都具备经营幸福人生及推动社会进步的憧憬与能力的教育目标。

（4）能提升学校办学品质。

学校办学品质的提升必须依赖一定的载体，当一所学校，特别是优质学校，发展到一定阶段，提升的动力、发展的速度和内涵的丰富都会遭遇瓶颈。找到新的生长点恰恰是提升学校办学品质的最佳路径。我们把家校合作教育作为学校发展新的增长点，其核心意义是给孩子提供最适合的教育，促进孩子有效健康发展，提升学校办学品质。

（5）能促进学生多元智能发展。

家校合作的终极目标就是学生的多元智能发展，就是学校的高质量发展。我们通过构建"家校命运共同体"，早早帮助孩子规划生涯、挖掘孩子多元智能，把家校合作教育做实，就会促进学生多元智能发展。

3. 研究的价值

通过本课题的研究，构建"家校命运共同体"实践体系，初步建立初中家校合作教育的范式，丰富家校合作教育的相关理论，弥补家校合作教育个案单一的缺陷，有效杜绝校园欺凌现象，为广大城乡初中科学、有效地开展家校合作教育提供可借鉴的经验。

二、研究目标、研究内容、研究假设及创新之处

由于研究对象已经从城市走向郊区再到广大的农村，我们的对象选择范围在扩大，视角在增加，样本主要基于城市优质初中、城郊一般初中和农村初中。

1. 本课题的研究目标

通过指向构建初中"家校命运共同体"的行动研究，应达成如下目标。

（1）建立城乡初中指向构建"家校命运共同体"的家校合作教育的范式；

（2）丰富城乡家校合作教育机制的内涵；

（3）梳理家校合作教育机制的典型案例；

（4）破解家校互不信任、互相指责的现实难题；

（5）发现指向构建初中"家校命运共同体"的一般规律。

2. 本课题的研究内容

（1）分析城乡初中家校合作教育的现状及存在的主要问题；

（2）构建"家校命运共同体"实践体系，探究家校合作的策略、方法与途径（如怎样建立家长委员会才可以发挥作用、怎样进行家校沟通才可以达成谅解、采取怎样的教育方法才可以最大限度地减少学生的偶发事故对其成长的影响等）；

（3）构建家校合作评价体系（愿景达成、生涯规划、诊断评价、课程设置、活动设计等）；

（4）发展家校合作相关理论（命运共同体理论、融合理论、熵稳定理论）。

3. 本课题的研究假设

由于地域不同、社会环境不同，家校合作教育机制应该是有显著差异的。我们把城乡初中家校合作教育机制的实证研究作为课题，是在充分考虑地域特

色的基础上提出的。现实社会中，家校合作教育不仅缺乏，在某种意义上说还存在鲜明的对立，表现在出了问题互相指责、互相推诿，不能很好地坐下来倾听对方的心声。因此，在现实环境中，特别是在问题面前，学校和家庭的矛盾还是很尖锐的。为什么为了一个共同目标，却达不成共识呢？究其本质，是家校缺少沟通和信任，没有建立命运共同体。

我们把初中家校合作教育机制的实证研究作为课题，就是相信家校有共同的教育目标，就一定可以建立沟通、信任命运共同体，可以找到相互谅解的机制和方法，建立初中家校合作教育机制的目标就会达成。

4. 本课题研究的创新之处

教育科学是一门以实践为主要研究手段的科学，由于地域、环境及背景的不同，没有"放之四海而皆准"的理论。本课题研究的创新之处体现在如下四个方面。

（1）运用行动研究，本课题的观点都是在大量的数据、案例及故事中总结提升的，没有研究者主观臆断的结论。

（2）从偶发和不确定入手，紧紧抓住初中生特点，按照城市优质初中、城郊一般初中和农村初中三类学校，牢牢把握家校共同教育目标这一命运共同体，开展系列案例研究，从情感层面解决家校敌视的尴尬现状。

（3）通过大数据挖掘，确立家校合作教育的问题症结；通过转化角色思考问题，建立家校互信机制；通过走进家长内心世界，建立命运共同体。

（4）研发家校合作教育操作规程，形成操作手册。

三、研究思路、方法与技术路线

1. 本课题的研究思路

（1）从现在家校合作的现状中找出问题的症结。

（2）从现存问题中分析家校合作教育机制最应该解决的问题。

（3）从典型案例和大数据中得出构建"家校命运共同体"的一般结论。

（4）从典型经验和案例中找出构建"家校命运共同体"的一般范式。

2. 本课题的技术路线

城乡初中构建"家校命运共同体"绝不应该是大一统的模式，为此，开展此项研究，我们从模型建构到教育实践都紧紧围绕诚信体系建立，都时时恪守多元智能理论，用案例分析法、调查法找出构建"家校命运共同体"一般范式，破解大一统的模式，基于教师与学生的基本特质开展家校合作教育，努力构建"家校命运共同体"。本课题的技术路线为：现状及症结—典型案例和大数据—构建"家校命运共同体"—创设家校合作教育机制—提升总结一般范式。

四、研究进度

第一阶段（2018 年 5 月—2018 年 6 月）为准备阶段。

主要收集相关文献资料，调研国内外关于家校合作教育的范例，重点研究城乡初中的已有范例，与此同时，整理学校多年来开展的家校合作教育经验材料，适时开题。

第二阶段（2018 年 7 月—2019 年 10 月）为主要研究阶段。

通过调查、调研，系统掌握国内外初中家校合作教育典型范例及其影响和推广情况；通过测量、建模、总结，构建"家校命运共同体"，形成城乡初中家校合作教育机制范式；提炼凝结城乡初中家校联动教育机制的一般架构，并形成研究报告。

第三阶段（2019 年 10 月—2020 年 2 月）为总结验收阶段。

通过课题研究，得出一般性的结论，形成报告，接受专家组结题验收，为教育行政部门决策提供建议。

五、预期成果

（1）初中家校合作教育指导手册。

该成果主要内容为家校合作教育的一般方法、技术和规律，目的是指导更多的学校开展这项工作。

（2）初中生家庭教育指导手册。

该成果主要内容为学校聘请家庭教育指导师和学校资深教师指导家长开展家庭教育的方法、技术、路线以及操作范式和注意事项。

（3）给初中生的 100 条新建议。

该成果主要内容为基于不同类型的初中生，总结初中生教育的一般法则，给初中生提供成长励志教育的建议，让更多的孩子受益。

（4）给教师专业成长的 100 条新建议。

该成果的主要内容是教师如何成长，才可以满足初中家校合作教育的一般要求。

（5）初中家校合作教育结题报告。

第七辑

做一个"立体"的教育人

熊绮，南昌市第一中学校长，中学正高级教师，全国创新校长、全国"五一劳动奖章"获得者。如果说学校是思想创生的地方，那么校长则是这一创生的引导力量。熊绮校长用三十余载之光华致力于基础教育，年逾半百仍傲立教育改革的潮头。作为一名教育管理者，无论走到哪一所学校，她都用自己严谨的态度、坦荡的胸怀和踏实的作风，坚守着教育的理想和信仰，创设出适合学生成长的教育环境，折射出她独特的教育情怀和使命担当。

　　2014 年，熊绮校长就任一所有着厚重办学历史的百年名校——南昌市第一中学，她从顶层设计出发，始终以这所百年老校的深厚文化积淀为建设基础，在"勤朴严实"的校训中提炼出"正心明道，格物致远"的办学理念，在日常的教育教学管理中贯彻"核心素养观"，从传统经典文化入手培育孩子的健全人格，外塑学生强健体魄，内塑学生文化涵养，真正培养出现代社会所需要的综合性人才。同时，以凝练学校特色、专注学校内涵发展为主轴，打造师资团队，拓宽办学路径，提升办学效益，以坚定的教育信仰行走在教育理想之路上。

校长自画像：
做一个"立体"的教育人

　　唐代大文豪韩愈曾说："师者，所以传道授业解惑也。"如果说教师是打造中华民族"梦之队"的筑梦人，影响着学生们的未来和发展，那么，我又常常问自己：一名校长能做些什么呢？决定着一所学校的未来，抑或是建构某种教育理念？

　　其实，在我看来，一校之长无非还是一名教育工作者，只是肩负着更多的责任，他将引领着一个学校整片教育"森林"的风景，其理想信念、道德情操、行进方式的辐射和带动力量决定着学校教育的良好风范和优秀品质。

　　30多年来，我一直用行动和坚守抒写着对教育的无限忠诚，不管是沧海还是桑田，不管是时间流逝还是岁月变迁，始终不忘自己的教育初心，在教育这一片热土上挥洒着青春和热血，镌刻着我对教育矢志不渝的追求。

立身，率先垂范，做有情怀的教育人

　　我出身于一个教师之家，对教师职业充满了热爱，"干一行、爱一行、能一行、精一行"是我坚定的人生信条。凡事亲力亲为，踏踏实实，兢兢业业，这是祖辈父辈的言传身教，更是在教师家庭里的耳濡目染。从普通教师、少先队辅导员、班主任、教工团支部书记、办公室主任、分管教学副校长、校长到党总支书记，无论何时，不改的是勤奋好学、真抓实干、锐意创新的工作作风；无论何地，不变的是敬业爱岗、脚踏实地、端正平和的品性。

　　教育是一项光亮工程，要照亮别人，首先自己要有光亮。无论是大事小事，我都亲力亲为，从教育教学到班级管理，从课题研究到各类培训，从推门听课到评课指导，从潜心读书到钻研专著……我都时刻为自己"补脑充电"。只有身先示范，才能为师生们做出表率；只有紧接"地气"，才能有不竭的动力。

来到南昌一中之后，我时刻思索着这所百年老校新的办学方向，不断创新工作方法，着眼于一中校史、校情，从大处着手，从小处落笔，提出了"国学人文"教育的办学特色；始终强调制度治校、文化立校、科研助校、质量兴校、特色强校"五位一体"的办学方针，始终牢记自己的教育使命，把法纪挺在前面，把师生放在心里，不断提升全体教职工的幸福感；一心一意带领全体一中师生，按照市教育局党委书记、局长谢为民同志视察我校时提出的创办"四优一中"的要求，高举一中复兴旗帜，鼓足干劲，团结一致，为把一中建设成特色鲜明、英才辈出、品质卓越的一流中学而奋斗。

"亲身下河知深浅，亲口尝梨知酸甜。"我深知，教育是一项复杂的系统工程，随着时移世易，时代在发展，校情在变化，但不变的是，自己作为一名教育人的情怀，更是水滴石穿的韧劲、一往无前的干劲和艰苦卓绝的拼劲。

立心，创新引领，做有理念的教育人

常言道：一个好校长就是一所好学校。这足以证明校长对于学校发展的重要性。那么，校长凭什么治校？凭什么治理好学校？这是一校之长必须思考的十分重要的问题，否则，或盲目，或忙乱，治校的效果肯定不好。当然，决定一个校长治校效果的要素当然不少，但最重要的恐怕还要数校长有没有明确的教育理念，即有没有明确的办学理念或治校理念。一言以蔽之：理念治校最为重要。

从我的个人经验来看，尤其反映出"理念"的重要性。我担任学校领导23年以来，从南昌外国语学校、南昌市第二十一中学到南昌市实验中学再到南昌市第一中学，在教育之路上，无悔前行，始终着眼于"干部队伍、教师队伍和学生队伍"的建设。一路走来，我坚定着自己的办学方向，坚持三支队伍建设，从而让自己的治校理念一以贯之。

在我历任的各个学校领导岗位上，都带领学校师生一道，开拓进取，锐意创新，不断探索办学路径、思考办学方向，使所在学校在教育教学质量、校风、教风、学风、校园环境、教师生活等各方面有了新的变化，深受师生爱戴和社会认可。

从教 30 余年，我更加感受到越是面临外界诸多的教育变革，越要坚守在教育教学中的核心与守恒，做到以不变应万变。要做到在创新的行动中坚守内在的教育信仰和教育宗旨，那就是回归学校教育的本质：为社会培养健全合格的公民，为家庭培养全面发展的人。而在我的教育实践中，作为一名校长，一名教育管理者，更是深刻认识到一切创新的目的都是为优化教学常规而服务，而优化教学常规的最终目的是提升孩子的学习，培养孩子健全的人格。

12 年的教师工作，6 年分管教学工作、4 年全面主持学校工作、7 年全面主持党务工作及 5 年全面负责行政工作，不同的工作岗位让我对教育教学和管理工作有了不同视角的认识，也更让我在从教师转变为学校管理者的过程中，逐渐确立自己的教育理念，并将其贯彻应用到学校管理中，形成自身的治校理念。

不管是自己的教学实践还是管理实践，都在不断地思索和寻找，到底什么才是我们教育的核心，什么才是我们在培养学生过程中最重要的核心素养？也正是因为不断地实践、不断地总结，自己的治校理念不断发展，不断进行理论创新。

立德，全人教育，做有目标的教育人

新世纪以来，着力于深化教育领域综合改革的呼声愈来愈高，其落脚点无论是实施素质教育还是培养学生的创新精神，都是为了健全学生人格，让其发展成为全面的"人"。

多年来，我始终坚持"面向全体学生，促进全面发展，培养特色人才，为学生的终身发展奠基"的人才培养目标。因此，对于一所学校而言，理念治校应该要抓住学生发展的关键，从我的管理经验来看，应该是"因校制宜"地面对学生的实际学情进行特色培养。

在我历任各个学校领导职务期间，始终反对把学生当作标准件去锻造的做法，而是在加强综合素质教育、培养学生的核心素养、促进学生全面发展的基础上始终不遗余力，重点在发挥学生的个性特长，确立了"核心素养＋特长"的培养模式，具体制定了融知识、能力、素质三位一体的目标体系，使学生在全面发展的基础上，在科学、艺术、体育等方面具有比较浓厚的兴趣并学有所长。

在南昌外国语学校担任教学副校长期间，结合学校外国语特色，始终将培养学生外语能力作为教学抓手，不仅增强了学生知识，也开拓了学生视野；在南昌市第二十一中学担任校长期间，带领全校上下进行"第二课堂"探索，让水平中等的学生找到了对学习的自信心，找到了自己的兴趣特长，进行了大量课外素质拓展，让一所普通中学在三年之内发生了翻天覆地的变化；在南昌市实验中学担任书记期间，创造性地开展党务工作，并结合学校专长与艺术教育的特点开展了一系列的工作，使学生在音乐、美术、舞蹈等方面有所特长；自担任南昌市第一中学校长以来，针对学校的百年校史和深厚人文传统，创造性地提出"国学人文"教育，不仅编写全套适应学情的国学人文教材，而且以每周一节国学课的方式陶冶学生情操，让学生在继承我国优秀传统文化的同时养成良好的行为习惯，提升个人综合素养。

无论是在哪所学校，在实践中，我始终坚持五个重要的"人才理念"，即充分信任学生，激发学生内在的成才原动力，提高学生的自主意识，充分地展现他们的兴趣、爱好、个性、特长；提供多样化的课程，为学生特长发展创造条件，通过课程体系真正落实"合格＋特长"的育人模式；注重学生的主动参与，为学生特长发展搭建舞台，敢于让学生做主，放心地让学生做主，自然激发学生的责任感、使命感和集体荣誉感；建立良好的师生关系，为学生特长发展创造宽松环境，倡导建立一种师生间相互沟通、相互信任的朋友关系；因材施教，对学生特长发展给予必要帮助，根据学生的自身个性和成长特点组织开展活动，张扬孩子的个性，促进孩子的全面发展。

总结自身的从业经历，不管是培养学生的外语能力，还是从"第二课堂"出发实现学生的素质拓展，或者以"国学人文"为抓手，外化学生良好的行为习惯，内化学生良好的个人素养，都是我在教育之路上始终坚持的"全人教育"理念。毫无疑问，这需要我们树立正确的育人观、教育观、质量观。

立行，内涵建设，做有特色的教育人

特色是品牌的生命，也是品牌的烙印，教育更是如此。作为一名管理者，我十分注重学校文化内涵建设与管理，从讲政治、讲精神、讲人文、讲奉献等各方面来丰富学校特色文化，构建具有时代气息、健康向上、独具艺术特色和环保教育特色的校园文化。强化校风、教风、学风、班风的建设，一直不遗余力地重视校园文化活动的开展，浓厚校园文化氛围。

从外国语学校到二十一中，再到实验中学，我都会利用国庆、元旦、清明、五四等具有特殊意义的日子，开展"红五月歌咏会""春日感恩""祭扫英烈"等活动，参观革命纪念堂、科技馆，强化思想品德和科技教育。根据学生兴趣爱好，分别组织"丑石文学社"、艺术团、美术兴趣小组、研究性课题小组，丰富学生课余生活。举办校艺术节、体育节、"实验之声"文艺汇演、京剧大家唱、"校园集体舞"大赛、"十大校园之星"评选、"环保形象大使"评选、"感动校园人物"评选等活动，促进学生综合素质全面提高。认真抓好"提升软实力，打造硬品牌，推进教育发展质量优化工程"建设，对校园进行绿化、美化和人文建设，精心设计校园人文环境，学校的宣传长廊、美术画廊、德育墙、美术展厅、艺术走廊、后花园、个性化教室各具特色。

自担任南昌市第一中学校长以来，一向重视对学生的特色教育和全面素质的培养提高，实施精细化教育教学管理，外语教学、国学人文、智慧课堂是我们的三大特色。我们创办高中外国语班以来，因其"特色鲜明、高升学率、全面发展"的办学宗旨而闻名，外语课实行小班制教学，全英文模式，由特聘外教老师亲自授课。此外，学校还在朝阳校区启动"国学人文进课堂"的国学教育，将传统经典纳入高中教育教学体系，开发出以传统经典为载体的国学人文校本教材，且辐射到音、体、美、政、史、地各学科，汇编了《国学人文泛读资料》，开设了国学经典课程和国学兴趣课程。智慧课堂是我校在"互联网＋教育"的时代背景下，对教育教学进行的全新探索，它以全课堂形式展现了高效课堂的丰富性和可能性，真正实现了大班额背景下的因材施教。

优雅教育走进国学人文、精细管理发展外语教育和互联网时代的智慧课堂探索模式这"三驾马车"的并驾齐驱，使教师博学儒雅和学生知书达理的同时，也形成别具一中特色的教育景观，为我市普通高中教育多样化、特色化发展作出了新的贡献。

一份坚守，几多耕耘；一份收获，几多汗水。三十余年岁月如歌，三十余年壮心情怀。作为一线校长，我深知教育的路还很长，但是教育的梦，我还会继续做。在理想教育之路上，我们都需要不断学习、成长，在学校管理的过程中有很多地方是需要校长带领全体教职工去发现，共同寻找教育的美。我常想教育人应该像苏霍姆林斯基那样，从教育的本质出发，应该俯下身去平视教育中的每一个学生，带领教师去感受孩子们的内心世界，真正做"立体"的教育人。

学校自我诊断报告：
特色引领、纵深发展，擦亮名校品牌

一、自我诊断的目的与过程

发展是学校的根本问题，一所学校没有发展就不能满足日益增长的教育需求，就不能在激烈的竞争环境中生存下去。为了更好地促进学校发展，就要对学校现实状况进行分析，对促进学校发展的条件、优势、机遇作出判断，从而确定学校发展的目标和策略。学校发展诊断就是这样一个分析、判断、明确发展思路的过程。学校通过成立自我诊断领导小组，通过查阅文本、听课、问卷调查、座谈等形式，对学校整体办学情况进行了全面分析，查找学校存在的不足，探讨学校今后的发展方向，形成报告。

二、学校概况

江西省南昌市第一中学前身为始建于清光绪二十七年（公元 1901 年）由省会书院改组而成的江西大学堂，是江西省第一所公办学校。作为一所百年老校，历经风雨，几经变迁，于 1953 年正式改名为南昌市第一中学。现为全国教研工作先进单位、全国中学信息技术创新应用示范学校、江西省优秀重点中学、江西省现代教育技术示范学校、江西省平安校园示范学校、江西省精神文明建设先进单位、江西省首届文明校园、南昌市名校、南昌市文明单位、南昌市花园式学校、南昌市"五一劳动奖状"先进单位、南昌市德育工作示范学校、南昌市依法治校示范学校、南昌市廉政文化建设示范校等。

办学百余年来，学校积淀了深厚的历史文化传统，桃李芬芳，辉煌屡创，先后走出了 22 位中外院士和一大批社会精英。校园现占地 140 余亩，分为松柏校区和朝阳校区。学校硬件设备完备，现有教学班级 60 个，学生 3000 余人，教职工 255 人，中学高级教师 170 余人，其中正高级教师 1 名、5 名省特级教师、4 名省级学科带头人，36 名省市骨干教师、2 名南昌名师、19 名市学科带头人，全国优秀教师 2 人，省市劳动模范 6 人，优秀班主任 23 人。学校为首批南昌市名校，英语、历史、地理学科为南昌市名科。

学校坚持传承百年人文传统，内以特色课程为抓手培育深厚学识，外以实践活动为依托锻炼综合素质，在"国学人文"特色的校园文化熏陶下，着力发展学生核心素养。学校秉承个性化的理念，英语教师实行"原生态浸润式"的全程英语教学，让学生拥有良好的语言学习环境，同时聘请外教授课，形成了多元化的课堂风采。我校作为一所省级现代信息技术示范校，同时作为南昌市教育局"互联网＋智慧校园"项目的示范学校，智慧课堂是我校在互联网时代探索教育教学改革的全新模式，真正做到了线上讲解与线下作业答疑相结合，构建了完整的"课程生态链"，实现了学生在大班额背景下的因材施教。

此外，我校作为南昌市对外交流的窗口学校，现与新加坡、日本、德国等国家及地区的中学缔结为友好学校，并定期进行互访交流。学校致力于推进国际化课程建设，开辟通向国外名牌大学的绿色通道，努力拓展国际教育交流与合作的新方向。

2016 年 4 月，我校在市教育局的号召下，勇于打破区域壁垒，实现了市区共建的深度合作、交流，以松柏校区为主体校，融合南昌市第八中学、南昌市桃花学校、南昌市云飞路第一学校，成功走上了集团化办学的道路。近年来，集团化办学通过形成集团内共建、共享、共融的机制，无论在品牌形象和办学效应上，都取得了不俗的成绩。

三、学校特色发展：突出办学理念，明确特色目标

特色是学校发展的核心竞争力。学校特色建设是新形势下全面贯彻国家教育方针、深入实施素质教育、切实进行教育教学改革的一项重要工作，也是优化学校管理、丰富学校内涵、提高学校品位的重要举措。

1. 指导思想

学校特色建设以《江西省普通高中特色发展工程实施方案（2016—2018年）》为指导，坚持"正心明道，格物致远"的办学理念，先后制定了两个《江西省南昌市第一中学特色建设三年行动规划》，以深化课程教学改革为抓手，根据学校办学基础和师生实际情况，立足构建富有特色的学校课程体系，以及相应的运行和管理体制，为每个学生提供适合的教育，促进学生全面而有个性地发展，为进一步培养符合未来发展需要的创新型人才奠定坚实的基础。

2. 发展策略

学校坚持依法治校，制定办学章程，并把特色办学纳入南昌一中办学章程之中。同时，通过第一个三年规划的实践和摸索，形成了一套相对成熟的、切合学校实际的、得到学校教师广泛认同的特色建设规划及具有较强操作性和实践性的落实方案。全面开展国学人文教育，在"正心明道、格物致远"的理念上，全面培养和塑造学生的核心素养，达到全方面、立体化的发展。

3. 目标定位

学校提出"新国学·新人文"培养体系，其宗旨是致力于人格力的培养，重点发展学生人文情怀；思维力的提升，重点发展学生创新思维；实践力的锻炼，重点发展学生动手实践能力。特色办学的具体目标如下。

（1）与日常德育工作相结合。国学人文教育与学校常规工作有机结合，在常规教育活动中体现国学人文教育的思想，在国学人文教育中解读常规教育的要求，重在潜移默化，贵在扎实持久，符合学生成长成才的特点和国学人文教育自身的规律。

（2）与日常行为教育相结合。国学人文教育和学生日常行为规范等相结合，注意讲解规范言行、修养身心的传统做法，取其精华，弃其糟粕，给国学注入新的生机，升华新的境界。指导学生养成良好的行为习惯和道德修养，知行合一，使学生既有深厚的文化底蕴，又养成儒雅的君子之风。

（3）与学校历史文化相结合。国学人文教育与学校历史文化相结合，在国学人文教育中，充分利用南昌一中百年文化积淀，结合学校和学生实际，发挥优势，形成特色，使国学人文教育成为推动学校特色建设的重要动力。

（4）与校园文化建设相结合。构建书香校园，在学校整体环境的设计规划上，既要符合现代教育教学要求，又要体现中华优秀传统文化的精髓，使学生在浓厚的优秀传统文化氛围中感受国学人文，学习国学人文。

四、营造育人环境：构建和谐生态校园，激励梦想扬帆远航

环境对人的塑造作用是不言而喻的，而我们所说的一所学校的环境，应该有两个层面。

1. 人文层面

即软件上，体现为一所学校的文化和历史底蕴。毫无疑问，这是一所学校的精魂。

（1）人文底蕴构筑生态校园。

对于拥有 118 年历史的南昌市第一中学而言，打造生态校园应该是文化建设的题中之意。伟大先贤筚路蓝缕创伟业，师道人文薪火相传铸新篇，在百年的历史积淀里闪耀的是一座座高大的精神丰碑，在当下的教育图景中屹立的是一个个坚韧的伟岸形象。他们都是一中人，正是这些"最可爱的人"构筑了一中百年的精神高地。

故而，让所有孜孜不倦、努力求学的千万学子们得以在孕育院士的摇篮里成长，得以在繁盛的人文传统里拔节生长。他们的精神可以放飞，他们的梦想终将远航。一中厚重的人文积淀是莘莘学子取之不尽、用之不竭的宝藏。清华大学前校长梅贻琦先生曾经对一所学校的育人环境做出过经典阐释："大学，非大楼之谓也，而有大师之谓也。"虽然这是在阐释大学育人的环境不在楼宇的宏伟，而在真正知识分子的人格操练与文化涵养的兼收并蓄。但是，作为中学，尤其是一所拥有百年历史积淀的中学，也应如此看待。

所以，一所学校真正的育人环境在"人"，在"人文"，在"文化"，在"大师"。育人环境是一个生态系统，是一所学校的精密构成中最为复杂的一处，然而它一点也不抽象。文化在哪里？文化就在课堂里，在每一次师生之间的思想交锋；文化就在走廊上，在每一次师生之间的微笑问好；文化就在操场上，在每一次班级之间的联谊球赛。而我校在人文领域更为优势凸显的是她作为"百岁老人"的温润和优雅，每一个学生身在其中就能感受到其岁月洗练之后的通

达与智慧，她清风朗月，无须言语，只要静下心来，便可感受到她的诗意与魅力。

（2）国学教育谱写育人新篇。

我校在培育校园文化、打造一中品牌上又高度凝练出了"国学人文"的新方向。在一中，"国学人文"不仅仅是教授传统文化，诸如诸子百家的重要经典，而是结合了一中校史进行再创造的人文教育。

国学人文教育始终贯穿着学校全方位的管理工作，不仅体现在学校建设规划时的教室漂流图书架、规划在朝阳新校建设的"国学苑"，还有与之匹配的学校各项常规制度中。我校构建了以"国学人文"为主体，与高中语文教学、日常德育工作、学生行为教育、学校特色创建、校园文化建设相结合的"五大育人平台"，即心理健康教育、养成教育、传统与现代校园文化节活动教育、实践教育和生涯规划教育平台。

我校始终将国学人文教育渗透到学校育人的各个细节，如国旗下的讲话可以创新对古代经典的现代阐释，在班团会、重大节日、报告会、家长会上广泛开展多种多样以国学经典文化为内容的主题教育活动，社团活动中引导学生了解传统美德，丰富国学内涵，吸收优秀文化，提高学生的综合能力。

2. 器物层面

即硬件上，体现为一所学校的现代教学设施和校舍的建设上。毋庸置疑，这是一所学校的门面。

（1）硬件：现代化程度高。

学校朝阳校区坐落于南昌市西湖区红梅路 266 号，校园占地面积 65000 平方米，学校环境幽雅，一进入校园就可以看见高大的孔子雕像，充分体现着学校所遵从的儒学传统和人文精神。每一处花草，每一块砖墙，每一座雕像都时刻彰显着学校优雅的育人环境、和谐的校园氛围。

在教学硬件方面，朝阳校区建有数字化校园网、一体机教学系统、后勤 IC 管理服务系统，得以充分保障校园管理工作有序开展。400 米跑道的标准田径运动场、足球场、排球场、乒乓球场、体育馆，为学生开展体育活动提供了足够的场地。此外，校内一流的理、化、生实验室及探究室，高端的艺术楼、通用技术教室和互动录播室也都一应俱全，为学生获得高质量教育及丰富多彩的课余活动提供了物质保障。

（2）设备：服务教学与师生。

优质的硬件设施，体现了学校现代化标准校园的特色。然而，我们深知好的设备和技术需要真正高端的人才才能发挥效应。因此，我校着力做好一体机的校本培训，力争让每一位老师都能正确、高效地使用一体机，更好地服务课堂，真正做到现代教育技术为教学服务，为教师服务，为学生服务。

我校作为南昌市教育局"互联网＋智慧课堂"的首批试点校，近年来在多媒体课堂教育领域的探索成效显著。2017年，我校更是与科大讯飞进行深度合作，运用智学网进行测试、阅卷、授课、作业、分享资源或微课以及编写校本卷等，真正让"一生一平板""一师一账号"的智慧课堂和"互联网＋"教育普及化、实用化，为新时期实施"国学人文"提供了强大的技术支撑和人才队伍建设保障，并凭借大数据应用的先进案例入选了《南昌市教育信息化应用典型案例汇编》，被授予南昌市教育信息化应用先进单位的荣誉称号。这让课堂真正实现了师生交互，让硬件设备真正实现了线上与线下学习的完美融合，通过改变教学形式来改善教学效果，真正做到了高效课堂、高效学习。

五、领导课程教学：以课程建设为抓手，以教学质量为导向

教学质量是一个学校的生命，教学也是学校的中心工作，而课程是反映教学的显性手段，是看得见的教育形式。教学只有通过课程才能达到践行教学大纲、实现教育目的、培养杰出人才的目标。

1.课程建设：丰富多样

为了贯彻全面办学方针，促进学生全面发展，学校严格按照教学大纲要求，开足开齐体育、音乐、美术、劳动和信息技术等相关课程，并对以上课程实行专人专任。

在此基础之上，我校积极开发各类校本课程，尤为突出的是重新编制和修订了《南昌一中国学人文校本教材》，编印了国学人文活页资料，增设了除语文学科外的国学人文课程，既大大地丰富了课程体系，又培育了良好的校园文化，更为重要的是通过国学人文教育，增强了学生的文化自信和民族自信，提升了

自身的审美能力，完善了自身的知识结构。

此外，还积极开设各类运动课程，将国学教育也融入体育中。我校朝阳校区在高一年级开设了"太极拳"课，高二年级开设了"形神拳"课。更值得一提的是，我校还积极响应市教育局三大球进校园的战略部署，成为全市足球示范学校。通过这些体育课程的开设，丰富了同学们的课余生活，强健了学生的体魄，让同学们在运动中获得了快乐，得到了发展。

2. 教学质量：严格把控

我校鼓励广大教职工从教学上下功夫，不断钻研教材、钻研学生，从课堂本身出发去理解教育中的师生共生关系，以此不断提升教学水平。诚然，教学成果是反映教师水平的重要标尺，但是我校在对教学质量的把控上采取的是课前引导与课后监督相结合、过程评价与结果评价相统一的联动机制。

我校为全面掌握教育教学质量的动态管理，促进教学质量稳中有升，对教师管理建立了严格的"校领导推门听课制度""优秀教案评选制度""作业布置与批改复查制度""学生评教评学制度"等，严格对教师日常教学行为进行质量把控，实现教学环节的精细化管理和过程管控。

六、引领教师成长：专业成长与师德风貌并进

1. 专业成长，教师之根

我校为推进教师专业技能发展，积极组织骨干教师、青年教师和新入职教师参加省内外各级各类培训，为教师专业成长提供便利条件。校内，不仅以师徒结对的方式让经验丰富的老教师对青年教师进行"传帮带"活动，手把手地教，点对点地学，在浓郁的教研氛围中，让青年教师从专业上获得成长；校外，积极组织教师外出调研、学习，分别派教师到上海华东师大、成都七中、蚌埠中学参加培训、研讨，拓宽了教师眼界，提升了专业技能；组织全校 35 岁以下教师成立"青年教师联合会"，相互交流，共同成长。此外，学校开展"名师示范课""新秀杯""讯飞杯"教学大赛，为教师的教学交流提供了平台，营造了良好的学术氛围。

2. 师德师风，立校之本

师德师风关系校风学风，所谓"德高为师，身正为范"，教师的德行是维系师生关系和谐的重要纽带，是保持校园风清气正的根本所在。我校积极响应市教育局《关于进一步做好严禁在职中小学教师有偿补课行为专项治理工作的通知》《关于全市中小学在职教师拒绝有偿补课　拒收家长红包的五条禁令》，在全校师生间开展师德师风建设再动员大会。通过全体教师签订承诺书，承诺杜绝有偿家教。通过此次动员大会，我校教师提升了教育思想，提高了政治觉悟。

七、优化内部管理：以制度立校为经，以学生成长为纬

自我履职南昌一中校长以来，不断强化内部管理，优化校内各项资源配置，做到人尽其才、物尽其用，发挥一中广大教职工的智力优势，同时从细处落手，建章立制，把制度治校想在前面，把学生发展作为终极目标。

1. 内部管理规范化

学校要发展，离不开一支高水平的教师队伍，也离不开一支高素质的管理团队。学校对中层以上干部要求蹲点到各教研组、年级组，参与晨会发言、教研活动，指导教育教学工作，主动发现并解决教学中的问题和困难，成立初、高中领导小组和工作组；实行干部轮流值班制，实现"白加黑""五加一"管理；学校实行分管领导责任制，明确管理责任，形成工作合力，使各项工作均有章可循，切实提升了学校的管理水平。

2. 制度服务常态化

为创设利于学生成长的良好环境，我校积极创新朝阳新校区管理模式，先后制定了宿舍管理制度、晚自习管理制度、食堂用餐管理制度及文明寝室公约等，规范入校学生的寄宿制生活，时刻把制度管理想在前面，本着"学生第一"的原则，强化服务意识，明确责任主体，始终把学生的成长放在第一位。为此，我校专门成立领导小组，每周一召开例会，以问题为导向，围绕"学校发现、家长反映、学生感受"，找问题、想方法，通过不同渠道，让学生获得身体和精神的共同成长，引导学生积极向上。

八、调适外部环境：突破办学瓶颈，努力适应教育"新常态"

1. 国家教育"新常态"：加强中华优秀传统文化教育

当前我国教育形势日新月异，随着新技术的发展，"互联网＋"时代的来临，信息化已然进入教育领域，并大有开疆拓土之势。在这种时代背景下，作为一个教育人、一名中学校长，更要看清形势，主动作为，敢于有为，积极适应当前教育的新常态。

在教育部发布的《中共教育部党组关于教育系统深入开展爱国主义教育的实施意见》（以下简称《意见》）中，第四条特别强调"加强中华优秀传统文化教育"的重要性及具体部署："深入挖掘和阐发中华优秀传统文化的时代价值。努力从中华民族世世代代形成和积累的优秀传统文化中汲取营养和智慧，延续文化基因，萃取思想精华，展现精神魅力。以时代精神激活中华优秀传统文化的生命力，推进中华优秀传统文化创造性转化和创新性发展。"

《意见》还要求深入落实《完善中华优秀传统文化教育指导纲要》，把中华优秀传统文化教育系统融入课程和教材体系，进一步加强有关学科教材传统文化内容，体现到教材编写和课程开发等环节，引导青少年学生树立和坚持正确的历史观、民族观、国家观、文化观，不断增强中华民族的归属感、认同感、尊严感、荣誉感。

我校提出的"国学人文"特色教育正是与之不谋而合。我校的国学人文教育是在社会主义核心价值体系基础上，为进一步弘扬中华民族精神和优秀文化传统，旨在让中小学生在传统文化的滋养中建立道德行为规范，提高文明素质，形成正确的价值观、人生观的课程体系。所以，无论是从课程理念还是目标宗旨，无论是课程形态还是精神内涵，从某种程度上都与国家的教育战略是高度吻合的。

2. 南昌教育"新常态"：普通高中多样化、特色化发展

南昌教育近年来不断创新发展、保优争先、换挡进位，不断提升首位度，主动作为，融入市委提出的"共筑四强梦"的伟大战略构想中。而我校作为南昌市名校，在上级主管部门的正确领导和强力支持下，也严格按照《南昌市教育局关于推进全市普通高中教育多样化特色化发展的实施意见》要求，因校制

宜，开拓创新，结合本校办学实际，开展"国学人文"特色教育，为推进普通高中教育多样化、特色化发展贡献自己的一份力量。

近年来，南昌教育面对"择校热"问题，敢于破解难题，勇于创新，以教育人的智慧和勇气站立改革潮头，踩准节点、把握节奏，成立初中教育集团联盟区，发挥名校带动作用，扩大优质教育资源的配置效应，始终把教育公平放在突出位置，坚决杜绝有偿家教，开展课后免费辅导，采取堵疏结合的方式，始终把为学生服务放在首要位置，把提升教师的幸福感放在突出位置。

面对南昌教育"常新长效"的工作新机制，我校也主动适应，以松柏校区为牵头校，带动南昌八中校区、云飞路第一学校、桃花学校组成教育集团，开展师资交流，实现教育教学进度、教育教学活动、学校规章制度、教育质量管理、年度考核"五个统一"，真正发挥了名校的"边际效应"。同时，成立南昌一中业余辅导分中心，既很好地缓解了有偿家教的问题，又帮助学生解决了学习问题。

我校办学始终围绕市局提出的战略规划，不断调试外部环境，强化内功，提升内涵，优化管理，为南昌一中在全市教育格局的变化中实现换挡进位、赶超先进作出自己应有的努力。

九、突出办学特色：国学人文、外语特色、智慧课堂并驾齐驱

特色是品牌的生命，也是品牌的烙印，教育更是如此。2015年，我校在特色课程开发和建设上取得新突破，国学人文与外语特色常抓不懈，"互联网+"智慧课堂又添新彩，分别从课程开发的软件、硬件角度进行双向建设，形成了我校传统与现代结合、线上与线下齐飞的特色课程体系。

1. 优雅教育走进国学人文

通过优雅地走进国学人文，感受经典魅力，来构建现代课程体系，践行"学科大教育、文化大发展"的校本理念。作为一所拥有一百多年历史的老校，南昌一中的历史文化本身就是一座取之不尽的精神宝藏。传承一中的历史人文，也是国学教育的一部分。

2. 精细管理发展外语特色

我校外语学科作为南昌市名科，进行全程英语教学，并且长期聘请外教面授课程，让学生能够在良好的语言环境中进行外语学习，不仅体验到原汁原味的外语特色，还可以感知不同文化所带来的异域精彩。

3. 智慧课堂：互联网时代的"未来教室"

我校在积极探索教育教学新方式上，始终保持前沿意识。在朝阳校区的高一、高二年级，给每位教师和同学配备平板电脑，将教学资源从模拟媒体到数字媒体再到网络媒体中解放出来，通过云端教室，及时采集数据，实现线上课堂与线下作业、答疑相结合的课程设置。

智慧课堂是我校在互联网时代探索教育教学改革的全新模式，它通过硬件设施的提升，实现了从形式变革到内容变革、人机智能交互的技术飞跃，从而优化了教学手段，实现了大班额背景下的因材施教。

我校在规范办学的前提下努力形成办学特色，即国学人文、外语教育和智慧课堂"三驾马车"齐头并进，使教师博学儒雅和学生知书达理的同时，形成别具一中特色的教育景观，为我市普通高中教育多样化、特色化发展作出了新的贡献。

十、学校发展需求诊断与分析

根据对学校所处社会环境、办学特色、教师队伍、办学条件等基本情况的分析，可以看出学校未来发展需要重点注意以下几点。

（1）专家的引领指导。确定持续发展力强的学校特色发展项目，并将项目做大做强，使学校走向特色发展之路。

（2）完善人事制度，加大力度培养骨干教师，加速培养高素质、具有现代教育观念、能适应教育现代化要求的干部和教师队伍。这是推动学校发展的核心。

（3）进一步建立适合学校的管理体制，完善各项规章制度，进一步推进学校管理的规范化、科学化。

（4）加快校园文化建设和完善，形成与学校底蕴和特色发展相吻合的校园文化建设。

（5）进一步明确学校办学发展方向，加快特色学校的创建，以特色教育促学校发展，实现素质教育的全面实施。

（6）加大校本教科研工作力度，充分利用互联网和数字媒体的技术支撑，创新教学模式，确保教学质量稳步提高。

（7）培育学校发展新的突破点。

南昌一中将继续深化改革，打响"学在一中"的教育品牌，继续深耕校园文化，积极营造国学人文环境，着力推进制度治校、科学治校、民主治校相结合，始终以一往无前的干劲追求质量兴校、科研助校、特色强校的办学新方向。

课题研究设计：
高中阶段国学教育体系的研究与实践

一、选题依据

1. 国内外研究的学术史梳理及研究动态

国学是中华民族传统文化的载体，是中华民族精神的象征，是文化之根、民族之魂。国学教育是传承中华民族优秀传统文化、实现立德树人教育任务的重要途径。回顾历史，"国学热"出现在两个时期：一是 20 世纪二三十年代，以多所大学广泛设立专门机构、推动国学学术研究为焦点；二是 20 世纪 90 年代延续至今的，因国际环境变化和国内改革深入掀起的国学教育热潮。在此过程中，国学的教育意义和社会功能得到广泛讨论和重视，进而形成了在政策、实践和理论三个层面推进"国学教育"实施与研究的局面。

（1）国家政策的导向。

1995 年第八届全国政协会议上，以赵朴初、冰心、曹禺、启功、夏衍等为首的九位全国政协委员向大会联合提交了《建立幼年古典学校的紧急呼吁》的正式提案，表达了对传统文化面临断层的忧思，得到了党和国家相关部门的高度重视。1998 年，团中央、少工委和中国青少年发展基金会联合启动了"中华古诗文诵读工程"。此后短短数年间，该工程便得以在全国近 30 个省（自治区、直辖市）的数千所中小学校开展起来（杜钢，2012）。

2001 年，国家开始试点实施基础教育新课程，在《基础教育课程改革纲要（试行）》中，明确提出将"继承和发扬中华民族的优秀传统"作为重要目标之一，古代诗文作品在教科书中的比例有所增加，教学要求也有所提高。2014 年，教育部印发了《完善中华优秀传统文化教育指导纲要》，提出"加强中华优秀传统文化教育，是深化中国特色社会主义教育和中国梦宣传教育的重要组成部分，是构建中华优秀传统文化传承体系、推动文化传承创新的重要途径，是培育和践行社会主义核心价值观、落实立德树人根本任务的重要基础"，并对加强中华优秀传统文化教育的重要性和紧迫性、指导思想、基本原则、主要内容以及推进方式、实践途径、组织和条件保障等作出了详细说明。2016 年，教育部考试中心下发《关于 2017 年普通高考考试大纲修订内容的通知》，在修订内容中明确提出："增加中华优秀传统文化的考核内容，积极培育和践行社会主义核心价值观，充分发挥高考命题的育人功能和积极导向作用"，进一步明确了国学要回归基础教育的发展方向。2017 年，国务院印发《关于实施中华优秀传统文化传承发展工程的意见》，提出传统文化教育是国家战略，到 2025 年要基本形成中华优秀传统文化传承发展体系的目标，要完成深入阐发文化精髓、贯穿国民教育始终、保护传承文化遗产、滋养文艺创作、融入生产生活、加大宣传教育力度、推动中外文化交流互鉴的七大任务。

可以说，文化传承和人才培养是教育最基本的功能，两者密不可分。作为中华民族传统文化的重要载体，国学应该也必须得到重视，回归基础教育，融入立德树人的教育全过程，肩负起提升民族文化自觉、凝聚民族文化精神、彰显民族文化价值的重任。一系列相关国家政策的颁布，确立了要高度重视中华优秀传统文化的教育导向，更带动了国学教育在实践层面的探索和理论层面的分析。

（2）实践层面的探索。

自 20 世纪 90 年代以来，基于对国学教育重要价值的体认，落实国学教育的行动从未停止，不仅在国内形成了融入各级各类学校的趋势，而且在国外生成了以广泛建立孔子学院为支点的学习和传播中国文化的热潮。2003 年，北京大学国学院中国传统文化研究博士班成立。其后，中国人民大学、南京大学、清华大学、厦门大学、深圳大学、武汉大学相继成立了国学教育研究机构或商业培训机构。2007 年，首届国学教育高峰论坛在北京举行，标志着国学教育从一种民间行为逐渐演变为官方关注的教育形态，国学教育从边缘开始逐渐走向主流（范涌峰，2008）。2018 年，教育部首次确定增设国学教育本科专业，以满足当下整个教育体系严重缺乏国学教师的需求。除此，国学教育在初等和中等教育层次上渐趋普及，全国各省（包括香港和台湾地区）都有单独设立的国学教育机构或在中小学开设国学教育课程。以济南、沈阳、重庆和石家庄等地为代表而展开的国学教育实践，为相关研究的开展提供了经验材料。同时，国学教育也影响到国际交流，目前，中国已在140个国家和地区建立511所孔子学院、1073个中小学孔子课堂，将推广汉语与传播中国文化结合起来。

总体而言，整个教育体系的国学教育实践已由体制外向体制内深入，生成了两条推进脉络并行的局面。一条是以单独设立国学机构为核心的发展脉络，如各地以"国学院""国学学校""读经学校""慧文学校"为名而开办的国学学校，或广泛开展的读经班、国学夏令营、汉服成人礼等活动，具备一定的试验性质，但也存在着诸如完全封闭式管理，甚至克隆古代国学教育做法等与现代教育观念相悖的问题（毕天章，2006）。另一条脉络则是基于弘扬优秀传统文化和美德、深化社会主义核心价值观的角度，在整个教育体制内推进国学教育，形成从个别学校试行到部分区域试点，从小学、大学局部实践到全系统贯彻实施的局面。

然而，在其推进过程中，也存在着"两头热、中间弱"的问题。相较于大学和小学阶段的国学教育，中学阶段的国学教育还停留在萌芽阶段。尤其是高中阶段的国学教育，因高考、重理轻文的价值取向，学生国学意识和国学根基薄弱，以及教师国学素养匮乏等（方琦，2017），其实践范围大多限于语文教学，无论在推进力度还是实际成效上都不尽如人意。

（3）理论层面的分析。

伴随着国家政策导向和实践层面的持续探索，理论研究者对国学教育的分析，主要集中在四个维度。

一是从历史发展的角度厘清国学教育内涵与本质，对其实践价值和必要性作出解释（毕天章，2006；范永峰，2006；袁行霈，2008；朱俊瑞，2011；王熙，2014；孔增强，2015；徐卫东，2015）。诸多学者在回顾国学及国学教育发展进程的基础上，对国学及国学教育内涵及其演变作出了分析。尽管学术界就其内涵依然未有共识，且常常在一种不言自明的模糊状态中使用，但在其价值体认上，普遍认为国学教育是时代的产物，国学教育的兴起具有一定的历史必然性，它是传承中华民族优秀思想文化、培养民族意识和民族精神、提升文化思考与批判能力以及学生人文素养的重要途径，是素质教育的组成部分和有益补充。

二是从指导实践的角度对国学教育的原则、内容与途径等作出的系统分析。有学者提出中小学阶段开展国学教育要树立正确的方向、回归原意、去粗取精，有分析和联系实际地学（黄济，2015）。也有学者指出国学教育必须注重处理好国学经典与时代精神的关系、知识教育与人格教育的关系、取其精华与去其糟粕的关系、提高认识与付诸实践的关系（陶西平，2013）。更多的学者则围绕"如何开展国学教育"，结合国学教育价值思辨、文化向度和情感向度的思考（任民，2006；李迎春，2007），探究国学教育与德育的关系（何成银，2011）、国学教育与语文课程的结合（城特立，2007；丁晓敏，2014；黄伟荣，2015），或与英语、历史、地理、体育、美术等学科的具体联系，对国学教育的途径作出理性分析（李训贵，宋婕，2009），并进一步延伸出对国学教育课程设置和教材建设等问题的讨论（郭齐勇，2006；黄济，2013；吴少伟，戴庞海，2014；侯少博，2016；关键英，2017；胡虹丽，2017）。目前争议最多的，集中在对"国学教育究竟要教什么"的界说上。究其原因，除了人们在国学概念的认识上未有共识，还在于国学内容博大精深、卷帙浩繁。究竟是以儒家思想为重，还是要兼顾"诸子"和"诸史"，乃至整个中华民族传统学术文化？在面向不同学段的学生时，又该选择哪些经典内容？如何保证不同学段上内容的衔接性？这些问题未有定论。

三是对特定区域中小学国学教育实践进行的经验总结、重难点剖析或存在问题的梳理。如沈阳、重庆、安徽、济南、深圳等地的中小学国学教育实践中，大都形成了校本化的实施经验，开发了校本国学教材，开展了以经典诵读为核心的教学活动，进而也推动这些区域的教育行政部门大力推进国学教育试点，拟订国学教育行动方案，加强区域内国学教育的专项研究（王素贞，2008；何成银，2010；田立君，2013；曾小亮，2013）。同时，诸多研究还集中探讨了某一学段或某种类型国学教育的现状、问题和相应对策。在其微观视角上，有学者指出中学国学教育要注意引导学生阅读经典原著，要注重在特定历史情境中的解读，不可随意曲解文本（黄伟荣，2015）；要注重学生的自主欣赏和感悟，注重引导学生将国学素养转化为实践行动（谭净，余必健，陈凤至，2015）；还有学者深刻反思国学教育书院化倾向，提出中小学的国学教育要在经典诵读之外践行书院精神，大学要通过开设国学通识教育科目和采用书院式研讨，将国学教育融汇到人才培养的全领域、全过程（田建荣，2014）。在其宏观层面上，更多的研究则以梳理实践问题为基础，将今后国学教育发展的重难点归纳在国学的清晰定位、国学课程标准的研拟、课程体系的开发、教师素质的提升，教学方式的多元化、传统文化教育基地的建设等方面。

四是从比较研究的视角对传统文化教育或国学教育在其他国家或区域发展状况的介绍或述评。比如，日本传统文化教育的特色，体现在从过去、现代、未来相互联系的角度谋求文化的传承和创造，在理解传统文化基础上重视文化创造力的培养（沈晓敏，2011）。新加坡在传统文化教育过程中则注意国家导向作用，注重紧随时代趋势，善于利用家庭价值观进行教育，并重视实践在传统文化教育中的作用（王云卉，2017）。相较于中国大陆，中国台湾地区一直固守着国学教育的传统，其成效显著源自精神层面的坚守、课程层面的支持以及各种机构的相互配合与推进等（吴丽仙，2008）。这些不同国家或区域推进传统文化教育所形成的丰富经验为深入推进国学教育提供了参考。

2. 研究价值

（1）学术价值。

开展高中阶段的国学教育研究，是落实《完善中华优秀传统文化教育指导纲要》《关于实施中华优秀传统文化传承发展工程的意见》的精神与要求、推进人才培养模式创新、建构中华优秀传统文化传承体系的重要内容。自20世纪90年代至今，国学教育实践在公民办体制及各学段上渐趋普及，但高中开设国学课程的地区或学校比较有限，尤其是相关的专题研究极为匮乏。本研究将结合学校本土文化再生的需要，以提升高中学生人文素养为核心，打破将"国学"限于"国学经典"的理解范畴，遵循融通传统与现代、融合传承与创新的原则，落实对高中阶段国学教育的系统研究，以此充实国学教育理论体系。

（2）应用价值。

开展高中阶段的国学教育研究，是落实立德树人根本任务、传承和发扬中华优秀传统文化、增进民族凝聚力、形成文化认同与文化自信、提升学生文化理解力、培养学生文化气质的重要途径。通过多层次、多方位探索与高中阶段国学教育实践相关的文化建设、课程建设、队伍建设、制度建设、平台建设等问题，系统建构国学教育实践体系，能够为高中阶段更新国学教育观念、深入开展国学教育活动、切实提升国学教育成效提供支撑，也为其他学校的同类实践提供参考和借鉴。

二、研究内容

1. 研究对象

本研究是对一所高中学校国学教育实践全过程进行的个案研究。其中的核心概念如下。

（1）国学。

"国学"最早用于指称贵族子弟学习的场所，如太学、国子监，代表了有别于"乡学"的官学体系。其后，在"中学为体、西学为用"的指导思想下，"国学"概念发生变化，特指中国的学术和文化，也常以"中学"或"国故""国粹"称之，以此区别于西学。有学者提出，"中学"或"汉学"不同于"国学"，前者仅仅代表知识形态层面的中国学术，而后者兼顾知识形态和价值形态，是中国文化精神的重要载体（刘毓庆，1991）。

当前，学界对"国学"的认识仍不明确、尚未统一。相对而言，较为普遍的观点集中在两个层面。广义上的"国学"基本承继了近代以来的观点，指"中国固有之学"，即传统的中华文化和学术，可涵盖中国的百家哲学、史学、宗教学、文学、考据学、礼俗学，也可包含中医学、农学、数术、地理、政治、经济及书画、音乐、建筑等诸多方面。狭义上的"国学"是指意识形态层面的中国传统思想文化。一些学者还联系中国历史发展脉络，将其进一步限定在以儒家学说为主体的传统学术思想上。

本研究认同"国学"是中华民族经由历史积淀而成的优秀传统文化。同时，在本研究中，"国学"又有其新意，主要体现在：一是强调国学的概念不是规定性的而是构成性的，不是静止不变的而是动态发展的。要避免遵循"先验的规定性"，在"中西二元对立"或"新旧文化二元对立"的结构框架中，将其理解为与"西学""新文化"完全对立的概念，而应从建立"互动的学术体系"的视角上，将国学理解为"由民族语言和民族国家这两个因素构成的学术整体"，即所有"用汉语言文字写成的学术研究成果"，都可纳入国学的范畴（钱理群，2007）。由此，对"国学"的认识将超越"中国古代文化"的范围，成为一个动态的范畴，凡能体现或符合中华民族核心价值观的学术皆可纳入其中。二是强调国学的概念不限于"学术"文化，其中也包含着"非学术性"的文化。要避免将国学的认识局限在"学问"（知识体系）或"学术"（对知识体系的探究）范畴内，更不能完全按照西方分科之学的研究方法，将其切割分类甚至生搬硬套地归入现有的学科体系，而应在认识层面明确国学是当下生活的价值源泉。它以国学经典为主要载体，却又不限于经典义理，中华民族历史的文化常识、思维智慧和行为方式，京剧、曲艺、书法、武术等各种技艺皆可涵盖其中。

（2）国学教育。

对于"国学教育"，学界的界定不尽一致。有学者提出，国学教育是我国社会主义教育体系的一个组成部分，是具有中国特色全面发展教育的一个组成部分。它是以国学为核心内容，以传承中华民族思想、文化和学术传统，培养民族意识和民族精神为宗旨的教育（毕天璋，2006）。也有学者提出，国学教育有广义和狭义之分，广义的国学教育包含了各种类型、各级层次的国学教育，包括非正规（社会上针对各种层次、各年龄人群举办的国学班等国学培训机构）和正规的（学校）国学教育（包括国学启蒙教育、基础教育阶段的国学教育、高等教育阶段的国学教育以及成人继续教育阶段的国学教育等）。狭义的国学教育主要是指在正规学校中进行的国学教育，国学启蒙教育亦可包含于其中（范永峰，2008）。还有学者从国学内容的角度提出，国学教育主要是针对经学、史学、子学与集学等中国传统学术文化内容进行教授的一种教育形式（杜钢，2012）。

本研究中的"国学教育"是在正规的学校，面向高中阶段学生进行的国学教育。它是以增强学生对中华优秀传统文化的理性认识为重点，以文化引领、学科渗透、（独立）课程研发、生活融合为路径，在整合学校、家庭、社会相关资源的基础上，开展的以引导学生感悟中华优秀传统文化精神内涵、增强学生对中华优秀传统文化自信心、提升学生综合人文素养为目标的一系列教育活动。

2. 总体框架

本课题基于全球化趋势日益明显和中国国力与日俱增的时代背景，以反思和借鉴现有国学教育研究为基础，在综合前期国学教育实践经验的基础上，对高中阶段国学教育实践体系进行系统探索，形成以文化培育为引领，以课程体系建构为重点，以多学科、多团体协同推进为途径，以数字化支持为保障的国学教育体系。具体而言，本研究的主要内容如下。

（1）文化引领：国学教育与学校文化的融合。反思今日国学教育难以深入的主要原因之一，在于忽视了它在个体生命质量提升、精神世界完善及生命终极意义实现方面的价值，以致其实践呈现出机械化、简单化的一面。为保证国学教育真正在促进学生的发展上形成实效，必须将其与学校的教育思想、办学理念及育人目标等紧密联系起来，拓展对国学教育内涵及其价值的认识，基于它对学生心性、品格、志趣等发展的重要影响，探索其融入学校各类教育教学要素的可能性。

（2）课程建构：国学教育与学校教育的融合。反思今日国学教育的课程建设，缺乏整体设计、缺少统筹而陷于琐碎是其明显不足。要建构一个完整的国学教育课程体系，必须结合学校自身情况和学生发展的特点，深化课程计划、课程实施和课程管理三个方面的探索。在课程计划中，重在基于国学内涵的研讨，明确高中阶段国学教育目标与内容；在课程实施中，重在探讨国学教育融入不同学科的路径、多元化的教学方法（如诵读法、践履法、讲解法和比较法等）、课程类型（如通识课程、专家／专题课程、选修课程等）与评价方式，以及校本教材的研发与使用等问题；在课程组织与管理中，重在讨论如何从制度和资源上为国学教育课程的落实提供保障，尤其是要探索提升教师队伍国学素养的有效途径。

（3）释放活力：国学教育与学生生活的融合。反思今日国学教育的实践，往往因传统文化与现代生活的疏离而止于典章的诵读或语词的解释。要改变学生对传统文化或经典义理的理解流于浅陋的情况，国学教育就不能限于经典篇章，更不能止步于课堂，而要在更深入和广阔的范围内，与学生日常的学习生活结合起来。为此，本研究将基于国学与日常德育工作、学生行为教育、学校历史文化、校园文化建设以及家校协同教育等方面的联系，采用数字化服务与主题化行动相结合的方式，建构心理健康教育平台、养成教育平台、校园文化平台、实践教育平台和生涯规划平台，以此增进学生对传统学术文化精华义理的"实感"，在现代生活情境中形成对传统文化价值的深刻体认。

3. 重难点

（1）国学教育价值的更新与认同。尽管在理论层面，国学教育的价值已得到普遍认可，但实践层面依然存在国学教育定位不清、国学教育缺乏文化意识、国学教育边缘化以及多元文化对国学教育的冲击等突出问题（赵颖霞，2016）。比如，新课改中增加了相当比例的传统文学名篇，但语文课的教学还定位在训练课，忽略语文是一个博览群书、博古通今、知文史、纳百川的感悟过程，课内缺少对学生进行传统文化熏陶和人格教育的内容或活动设计。而长期应试教育文化的影响，国学教育作为应试教育一部分的实践倾向未得到扭转。此外，以影视作品、网络文化、现代传媒为代表的各种文化形式构成当今文化体系的重要元素，在相当程度上影响着对学生以及教师对国学教育内容与价值的体认，对传统思维模式、生存模式、行为模式等的积极关注与思考。

（2）国学教育内容的梳理和确立。正如文献综述所言，"国学教育究竟要教什么"至今是理论与实践两个层面的难题。在国学的学术研究者未有共识，国学课程缺少科学、系统研究，国学教育尚缺乏统一的课程标准的前提下，尽管国学自身内容相当丰富，但实质能够直接指导国学教育实践的课程资源相当匮乏。整个教育体系内的国学教育课程，在内容上存在缺少系统性、衔接性及针对性等突出问题。在本研究中，国学教育课程内容设计的难点集中在三个方面：一是总结和反思已有相关成果，着眼高中阶段学生特点，在传统学术文化历史变迁的时代转换中，找准传统与现实得以衔接的节点，进行国学教育内容的初步梳理；二是结合学校的历史文化和育人目标，结合现行课程中大量的中国传统文化内容，以及学校现有的国学教育基础和经验，对国学教育内容的重难点进行辨别；三是基于教育内容重点及整体框架，对可能的实施途径、可用资源、保障措施等的全面考量，形成有关课程类型、教材结构、学时与考评等方面的系统设计。

（3）国学教育方法的更新与实践。经过几十年的国学经典诵读教育，在提高学生读写能力的教学实践中已经取得了比较成功的经验和较好的效果（陶西平，2013），而要通过国学教育实现立德树人的目标，除了在认识层面明确国学教育的精髓是人格教育，而不是单纯的知识学习，更要注意在实践层面推动国学教育方式方法的更新。比如，在课堂教学中，要能立足于现实语境，联系时代精神、社会现实、现代生活和科学进步等，"增强国学经典的阐释性，从简单的复古、泥古走向与传统的对话"，"汲取国学自身所涵容的文化、历史、思想、学术等诸多精要"（杜霞，2012）；要规避常套式的从文言文翻译为白话文的教法，多样化地运用各种教学形式、媒介与手段，使经典义理的学习呈现"古今融通、灵活多变"的鲜活气息（杜钢，2012）。同时，要遵循中国经典义理所独具的实践性特征，在课堂教学之外，重视学生对国学精华旨趣的知行合一与躬行实践，注意学生对传统文化常识的感悟，对"传统与文化"相关主题的调查研究，以及对传统技艺的认识和学习。可以说，构建一个多元立体的国学教育方法体系，是增强国学教育功效的必然之举，亦是本研究的重难点之一。

（4）国学教育师资的欠缺与培养。当下影响中小学国学教育开展的最核心问题，就是师资问题。无论是国学教育价值的认定、内容的遴选还是方法的运用，其成效在相当大的程度上都取决于国学教育的师资。国学教育不仅对教师在中国传统学术文化素养方面的要求高，还涉及教师是否拥有系统、先进的价值教育理念与方法，具备一定的反思与批判能力。由此，教师才能将学术性知识转化为教育知识，将抽象价值转化为学生理解的话语，并担负起开启对话、引出反思的重任（王熙、苏尚锋、曹婷婷，2014）。就实际来说，目前国学教育的师资，无论在数量还是质量上都存在诸多问题，而多数学校的国学教师均由其他相近学科教师兼任。在缺少专门从事国学教育专职教师的情况下，如何整合学校内外的专门资源开展学术或非学术型的国学教育活动，如何强化整个教师队伍的国学教育及人文素养，这也是本研究所面对的重难点。

4. 主要目标

（1）总体目标：本研究在学习借鉴已有国学教育经验、反思国学教育实践问题、厘清国学教育核心价值的基础上，通过对高中阶段国学教育各要素的理论探讨与实践分析，尝试建构一个能够立足现代语境与比较文化视野、兼顾经典阐释与文化体验、融合学术指导与自主研究的国学教育实践体系。

（2）具体目标：第一，研制能够指导高中阶段国学教育实践的课程计划、教学方案等；第二，找到国学教育与学校日常教学、学生学习生活有机融合的途径、策略与方法；第三，建构能够适应不同学生学习能力、满足不同学生国学兴趣的课程类型或教学模式；第四，研发能够支持各种类型国学教育活动的学习资源；第五，生成能够提升教师国学素养、培育教师经典学习内在自觉性的多样化举措。

（3）成果目标：发表学术论文，提交高中阶段国学教育实践体系建设的研究报告，形成指导或支持高中学校国学教育实践的课程计划、教学方案、相关教材或学习资料等。

三、思路方法

1. 总体思路

采用理论研究与实证研究相结合的方式，按照"比较借鉴—系统建构—实施行动—总结改进"的研究逻辑予以推进。

首先，紧密联系现代教育背景和高中阶段学生发展特点，梳理和反思理论层面的研究成果和不同区域、学段的实践经验，形成对国学内涵及高中阶段国学教育特点的理性认识。

其次，结合学校先前的国学教育实践经验，以文化顶层设计为统领，在厘清学校办学理念、育人目标与国学教育内在联系的基础上，研拟高中阶段国学教育课程的基本方案。

再次，多层次、多维度推进国学教育实践，探索国学教育融入课堂、渗透生活的具体内容、形式以及方式、方法等，开发适应学生不同发展水平与需求的多种课程和教学模式等。

最后，基于实践过程中的经验与反思，修订原有课程方案，形成有关国学教育目标确立、内容选择、方法运用、资源开发、组织管理和保障措施等方面的系统性的研究成果。

2. 研究方法

本研究是以教育实践工作者为研究主体，面向实践开展的行动研究。整个研究过程中采用的方法如下。

（1）文献研究：通过收集整理国内外有关传统文化、国学、国学教育方面的文献资料与相关成果，把握国学的内涵与外延、国学教育的发展脉络与内在诉求，了解国学教育实践的发展概况、成功经验与重难点问题等，为整个研究的设计与实施奠定认识基础。

（2）比较研究：通过比较国学教育与现代教育的内涵与特征，对比国学教育理论上的应然分析与实践中的实际情况，比照不同区域、学段上的国学教育的经验成果，深化对高中阶段国学教育各相关要素的系统思考，为研拟国学教育课程方案提供支持。

（3）调查研究：通过问卷、访谈及观察等方法的综合使用，深入了解国学教育课程在课堂内外的实施情况，跟踪调查学生、教师乃至家长等多方人员在此过程中的体会，以及各方面的变化情况，为调整实施计划与过程、总结实施成果与成效提供支撑。

（4）个案研究：本研究从整体上看，是以一所学校的国学教育实践进程为主体开展的个案研究。在其实施过程中，还要开展国学教育融入课堂、学科和日常生活情境的典型案例研究和多种国学课程类型建构中的典型个案研究，以此积累国学教育实践的质性分析材料。

3. 研究计划

（1）基础研究阶段（2018 年 9 月—2018 年 11 月）：完成国学教育理论分析与学校文化资源梳理。

（2）理性建构阶段（2018 年 12 月—2019 年 2 月）：完成国学教育课程及教学方案的初步设计。

（3）系统实施阶段（2019 年 3 月—2021 年 2 月）：完成国学教育在课堂内外渗透融合的行动研究。

（4）总结反思阶段（2021 年 3 月—2021 年 9 月）：完成国学教育实践过程反思与经验成果的总结。

四、创新之处

1. 研究主题重视内涵拓展

本研究对国学内涵的界定，不限于"中国古代文化"和"学术思想"领域，将整个历史发展进程中能够体现中华民族特点和核心价值观的文化要素皆纳入其中。由此，国学教育不再止于国学经典教育的范畴，无论在内容设置、方法选择还是价值诉求上，都拥有了更广阔的融入现代教育体系的空间。

2. 研究视角突出文化统领

基于应试教育导向下国学教育被边缘化及碎片化的问题，本研究力争从学校文化延续这一角度，强化国学与学校教育思想、办学理念及育人目标之间的联系，以文化的顶层设计引领国学教育课程体系的系统研发和实践，以此推进国学教育超越知识授受层面，在融入学生日常学习与生活的过程中，作用于增进学生的文化体验，培养学生的比较视野、反思精神和批判精神，形成学生对文化现象的观察与分析能力等。

3. 研究设计强调系统分析

国学教育的有效落实，既是一个理论问题，也是一个实践问题，需要以理论与实践相结合的方式开展系统全面的研究。只有在形成国学以及国学教育内涵、价值与特征等基本理性认识基础上，才能结合高中阶段的特点建构具有一定科学性的实践方案。同时，也只有对国学教育实践过程中对各要素的系统分析，才能深化对方案适切性的追问、对理论假设科学性的思考等。

五、预期成果

1. 成果形式

论文：

（1）基于学校文化视角的国学教育实践；

（2）高中国学教育融入（某一）学科教学的实践分析；

（3）高中国学教育教学方法探究；

（4）高中教师国学素养与提升举措。

研究报告与成果集合：

高中学校推进国学教育的研究与实践报告，以及对课程方案、实践举措、教学课例、活动案例、保障制度等多项成果经验的汇编。

国学教育资源与实践平台：

由网络技术支持、多方人员参与建构而成的兼具教学与管理服务功能的国学教育平台，用于辅助课堂内外活动、学生自主研习过程，展示和宣传国学教育经验与成果。

2. 使用取向及预期社会效益

所有研究成果将用于本校的教育教学情境，以支持本校的发展，提升师生的人文素养，推进中华优秀传统文化传承体系的实践探索，为省市层面国学教育相关政策的颁布，以及同类学校国学教育实践的展开提供参考。

第八辑

让教育成为幸福的事业

王骋，宁夏银川市第六中学书记、校长。他先后任银川市第二中学副校长、银川市北塔中学书记、校长。22年的高中物理教学生涯和18年学校管理经历，让他悟出了做教育就是教育管理者为师生搭建合适的平台，从而引领师生走上幸福的成长之路。

　　2015年8月，作为建校仅仅两年却已名列银川市公立初中学校前茅的银川北塔中学的校长，他又迎来了新的挑战。组织临危受命让他担任银川市第六中学校长，作为一所有着4000多名学生的完全中学，学校领导通过充分调研、科学研判，提出"质量立校，科研兴校，走银川六中复兴之路"的发展思路；秉持"为每一位师生的幸福人生奠基"的办学思想，充分尊重并关心关爱每一个师生的发展，重视师生的培养并提出"每一位师生都是一座富矿"的思想。结合主持的宁夏哲学社会课题"青年教师专业发展策略研究"，短短几年，银川六中的青年教师在全市乃至全省范围内崭露头角，银川六中通过特色化、国际化发展，已经成为银川市中学生向往的理想求学之地。

　　在王骋看来：以博爱宽容之心对吾生，使之明德践行，为吾幸；以踏实奉献之心对吾业，终身教书育人，为吾福。

校长自画像：
让教育成为幸福的事业

    置身于校园，浓浓的爱意扑面而至：老师与孩子携手交谈，轻声细语，如沐春风；孩子们或是在课堂上吸吮知识，或是穿梭于各种社团实践活动中……洋溢在他们脸上的是自信、快乐与幸福。

    在我看来，教育更应该是一种幸福的事业，让学生享受幸福的教育，让老师收获教育的幸福。这是我所秉承的"幸福教育观"。

一、努力做最优秀的自己

    "如果每个人的素质是一个圆，没有人可以360度的完美，但是当优秀的面积越来越大的时候，不足、弱项就会越来越少，经历就是财富。"

    1998年大学毕业，我在银川二中做了一名物理老师，同时担任班主任。面对比自己小不了几岁的学生，我收起了老师的架子，成了孩子们的"大哥"。每天早晨的学校早操，在所带的班级，我总是跑在队伍中，和同学们一起喊着嘹亮的口号，同学们亲切地叫我"带头大哥"。有付出就有回报，在我全身心地投入下，所带的班班风正、学风浓。几年间，我带过的学生中，有多名被保送或录取到清华、北大等名牌大学。教育带给我的成就感让我更加热爱教育，更加享受教育。苏霍姆林斯基说：如果你想让教师的工作能够给教师带来些乐趣，就引导每一位教师走上教学研究这条幸福的道路。那时候，我爱上了教学研究，逐渐地就有多篇论文在各级各类刊物上发表。教学之余，我还积极热心于研究课题，主持的宁夏教育厅"十一五"规划课题"新课程理念下银川市区高中物理教师知识结构研究"结题并获得宁夏第十二届基础教育科研成果一等奖，主持的宁夏哲学社会科学（教育学）规划 2015 年度课题"中学青年教师专业发展策略研究"以银川六中青年教师为研究对象，探索青年教师专业发展策略。通过研究实践，学校青年教师积极上进，积极参与教育科研和课堂研讨，大批青年教师在研究实践中脱颖而出，成为学科教学骨干，在自治区和银川市组织的优质课大赛中频频获奖。该课题顺利结题后被自治区教科所作为优秀案例在全区交流推广。

成为一名学校管理者后，角色的转变并没有让我的教学"退居二线"，在 18 年的学校领导生涯中，我更一直坚守作为一名高中物理教师的初心和使命。担任银川北塔中学校长后，每天放学，我都会亲自站在校门口清理小摊贩和街边乱七八糟的人，守卫孩子们的食品和人身安全；在银川六中，我会带头拿起铁锹和学校领导班子一起铲除校园积雪。在我的带领下，如今的银川六中已逐渐被家长、学生认可。

著名教育家陶行知强调："一个好校长也就意味着一所好学校。"当前，我国基础教育正处于改革、发展的关键时期，很大程度上依赖于一线教师的教育教学水平和校长的管理水平。基础教育为整个教育之基石，而在教育之中，教师是教育的关键，校长是学校的灵魂。走上了校长岗位的我经常思考校长的优秀与教师的优秀、学生的优秀乃至学校的优秀之间的关系。一个好校长首先是一个优秀的校长，优秀的校长才能引领教师追求优秀、追求卓越，而追求优秀、追求卓越的教师才能最大限度地激发学生的求知欲，使学生树立远大的理想，从而变得越来越优秀。学校有一批优秀的、追求卓越的教师，学校的优秀是不言而喻的。

为了使学校成为一所优秀的学校，一所学生喜欢的学校，一所老百姓高度认可的学校，我不断对自己提出更高要求，必须在理论上有所建树，在实践上有所创新，学习先进的教育理论，磨砺自己、提升自己、充实自己，努力做最优秀的自己。我有幸先后在教育部中学校长培训中心两次学习，系统地学习了学校管理策略，并与全国各地的校长切磋交流，还参观了不少全国知名学校。学习期间，我阅读教育经典图书，反思教育本原，从而增长教育智慧。我要求自己不仅学习学校管理的基础理论，还要关注学校管理最前瞻性的理论，从而开阔视野，提高管理学校的能力。

人的一生都在接受教育，问题在于如何理解教育。如今学校教育有培养"工具人"的倾向，这个时候，回归经典阅读，反思教育本原就显得迫在眉睫。我首先重温了中外教育经典，从中汲取了教育智慧。阅读的中外教育经典有：《论语》《陶行知文集》《苏霍姆林斯基选集》以及美国教育家杜威的《明日之学校》、捷克教育家夸美纽斯的《大教育论》，这些经典从本原上思考教育，贴近生活，涵盖面广，蕴含着深刻道理，富含无穷的教育智慧，使我获益匪浅。

除了重温教育经典外，我还研读了在西方教育思想史上引起强烈共鸣和在中国教育界产生较大影响的两部著作，即杨自伍编译的《教育：让人成为人》和英国著名哲学家罗素的《教育与美好生活》。这两本书帮助我更好地理解了教育的本质，使我认识到人的教育必然首先要思考和认识人本身，使我对我国当今的教育现状有了更清醒的认识。

还有两本书对我的影响很大，即《学校转型：北京十一学校创新育人模式的探索》和《一流教师教什么》。北京十一学校李希贵校长的《学校转型：北京十一学校创新育人模式的探索》一书，阐述了学校以课程改革为引领的学校转型的方方面面，让我大开眼界的同时也为他的那种执着变革的教育情怀所折服。学校转型是不得已而为之，我们真正想做的，是为孩子们营造一个适合成长的生态，让他们发现自我、唤醒自我，最终成为自我。福田中学校长郭其俊的《一流教师教什么》让我清楚地认识到一流教师的高明之处在于认识到学生才是学习的主人，只要能够发挥学生的主观能动性，知识和方法问题都会迎刃而解。

两本书异曲同工，殊途同归，都站到了当代中国教育思想和教育变革的最前沿，其前瞻性、新颖性、深刻性深深地震撼了我。两本书给我的深刻启迪，使我强烈地意识到自己作为一名校长的使命和担当。

学习使我有幸认识全国各地的知名校长，使我的教育理论视野更加开阔，管理思路更加清晰，教育思想日臻成熟，学校越办越好。努力学习和大胆实践使我逐渐成为一个有影响力的优秀校长。

回望来路，足迹深深。我也有幸先后获得银川市"优秀教育工作者""青年五四奖章""优秀教师""青年科技明星""自治区313人才""宁夏自制教具能手""全国自制教具能手""全国教科研优秀教师"等荣誉。2013年9月，受中组部、教育部委托作为"西部之光"访问学者赴华东师大进行为期一年的培训，顺利完成学业，获得"西部之光"访问学者荣誉称号。近年来，又先后获得银川市"优秀教师""十佳校长"以及自治区"优秀教育工作者"、"塞上名师"等荣誉，享受自治区政府特殊津贴，入选教育部国培计划第二批名校长领航工程培养对象。

一路走来，我的教育角色不断发生着变化：银川二中物理教师、班主任，中层干部，副校长、党委委员，银川北塔中学校长，银川六中校长、党总支书记。

展望前路，更加从容。我找到了成就师生的"幸福教育"，并打算为之终身探求与实践。

二、让学生享受幸福的教育

"聪明的孩子会努力让自己优秀的积分越来越多，为将来的成功积攒更多的砝码，会保持学习的热情，让自己拥有开阔的视野，积极参加社团活动，从细微处修炼个人品行……"在学校的"开学第一课"，我更愿意以自己的故事来激励孩子们，努力做最优秀的自己。我对同学们说："我是在农村长大的，父母都是农民，十多年寒窗苦读的求学经历让我终生难忘——当学生太苦了，尤其是只是为了考大学摆脱农村生活现状而读书的学生。那些年，我背井离乡到城市，住在大通铺的宿舍里，吃着食堂里的水煮菜，为了考大学拼命死学知识，没有快乐和幸福，有的就是学习学习再学习。晚自习室关灯了，还要点蜡烛学习，就这样努力，高三补习两年才勉强考上了大学。经历了四年的大学生活，读了更多的书，接触到了更多的人和事，我慢慢才了解社会，了解教育，成为一名光荣的人民教师。"

我热爱教育事业，热爱教师这一职业，喜欢和孩子一起成长。

在银川六中，我把让学生幸福确定为学校的育人目的。首先，我积极了解学生的学习现状，了解学生在银川六中的幸福指数。为此，让学校工会对每个年级的学生代表进行问卷和访谈，了解学生的在校学习生活状况，是否快乐，学习压力如何，教师上课情况如何，以及对学校教育教学的建议和意见等，让每个学生感受到学校对他们的关心和爱护，感受到学校真心希望他们在学校里幸福地成长。

为了满足学生学习个性化需求，在我的鼓励和引导下，全校教师创设了适合学生全面发展的课程体系。根据学生爱好和兴趣，学校分别在不同年级开设了"剪纸在六中""扎染艺术""打击乐团""我是小小歌唱家""计算机组装和维护""生涯规划""书法""走进虚拟机器人世界""健美操""排球""足球""武术""话说回族节日""生物创新课堂""你的名字""欢乐英语舞台剧""探访数学家""礼仪学""百家讲堂""超级记忆"等近60种校本课程，让学生自由选择喜欢的课程，极大地满足了学生的学习愿望和需求，使得学生在学习国家课程之外，还选修自己喜欢的一些知识，为以后的发展奠定了基础。

创设了让学生快乐学习的"小组合作学习"。一阵阵嘹亮的歌声从初一（3）班教室传出，飘进一片湿湿漉漉的春色之中。当你饶有兴趣地走进教室，会被眼前的景象振奋：8人一圈的学习小组，竞赛式的提问求证，意气风发的笑脸，时不时的热烈掌声……沉闷和困倦、被动和烦厌在这里早已一扫而光，取而代之的是轻松而有效、主动而活泼的幸福学习氛围，这是段钧老师在上的一堂常规课。

让学生成为学校的主人，体验成长的幸福。在银川六中，我推行学生自主管理模式，即在班级管理以及班级活动中倡导"自我管理"和"自主活动"，倡导以学生为主体，教师为陪伴者，突出班级管理的主动性和实效性。学校成立学生自主管理委员会，在原先监督检查为主的职能基础上，突出对学生自主管理的指导和引领功能。以共青团和少先队工作为自主创新的突破口，通过学生干部队伍的培养以及各级各类活动的开展，激发整个学生队伍的活力。自主管理就是把发展的权利还给学生，让学生体验成长的幸福。

学生会组建了各类社团和兴趣小组。国学经典诵读社、乐器棋类兴趣社、影视文学兴趣社、球类武术兴趣团、科技创新兴趣社等，共有十余种，做到班班行动、人人参与，丰富学生的课余生活，陶冶学生情操，增强学生的合作与团队精神，发展学生的综合能力，达到在活动中锻炼人、塑造人的目的，让学生感受、展现自我的幸福。

德育处规划了丰富多彩的实践活动。办好"阳光体育节""文化艺术节"，开展了班级口号、班旗、班歌评选等班级文化建设活动。运用成人礼的亲情凝聚（高考冲刺、素养提升、家校教育的合力形成）、端午节的传统保持、清明节的慎终追远（远足和革命老区参观学习）、国庆节的仪式强化（军区仪仗队的参与和示范、引领作用）、红五月的经典合唱、入学教育的校史和校园文化感知、社团文化节的全面展示、校园文化艺术节的全员参与、开学和毕业典礼的隆重体会、高中部辩论赛唇枪舌剑的交锋等形式来实施德育创新，发挥教师情绪智力在幸福教育中的作用。

幸福去往何方？中学只是人生征途中小小的驿站。我所构建的"幸福教育"，不只狭隘地看到这三年，而是放眼孩子的未来发展，让学生拥有持续获得幸福的能力。因此，我坚持开放办学，探索和构建家校合作共同开展学生活动的新模式，以活动促成长，以成长促幸福，用更加丰富、更具拓展性的学生活动让幸福更全面、更绿色，努力让每一个六中毕业的学生懂得感恩、热爱劳动、尊重劳动成果、爱护生命、心理健康、品德高尚、学会分享，成为一个努力为社会作贡献的合格公民。

走进课堂，走进食堂，走进体育场，走进银川六中的每一个地方，都能听到孩子们开心的笑声，都能看到孩子们灿烂的笑脸，都能感知到孩子们在学习和生活中满满的幸福感。

三、让教师收获教育的幸福

我的成长经历证明：只有教师有崇高的教育追求，用爱心灌注教育全过程，把每一个受教育的孩子当人看，把教师工作当作自己的事业来对待，像农民种庄稼一样教育学生茁壮成长，才能把人教育好，体会到当教师的无上光荣，才谈得上幸福。我从一名一线教师成长为学校领导，知道当教师的不易。在初中部当执行校长三年，通过自己的努力和实践，把一所新建立的初中变成银川市公立学校的第一名。多年的工作实践，让我深刻地感受到：做教育首先需要教师有情怀，爱学生的教师才能收获满满的幸福感，培养出的学生才是幸福的、快乐健康的。学校就应该为师生搭建适合师生幸福成长的平台，创设适合师生幸福成长的氛围。学生幸福的源泉来自学校有一批专业技能高超、充满幸福感的教师队伍，所以我努力办一所幸福的学校，做幸福教育，让师生享受教育的幸福。

"一所名校更多仰仗的是名师，这个名师不是名气，而是师德。作为一名教师，要有理想信念，有道德情操，有扎实知识，有仁爱之心。"对于教师队伍，我的要求是不仅仅上好每一堂课，更要对孩子有爱心和耐心。初任银川六中校长，为充实学校师资队伍，我与学校领导班子商议，招聘了一批优秀的年轻教师，同时为默默奉献的老教师们争取相应的职称待遇，让他们有了归属感。我认为，让每个老师看到美好的愿景和希望，我们的队伍才能更团结。

我认为，管理就是引导教师在工作和生活中创造幸福，在教育教学中传播幸福；管理就是激发教师的情感内驱力，点燃工作的热情，注重为教师的专业成长搭台助力，为教师的生活分忧解难。管理者要深入教师的工作、生活，加强基层矛盾的研判和解决，努力创设一种和谐、宽松、民主的教育工作氛围，让每一位师生自主、快乐地成长。

为此，我策划了激励师生成长、提升幸福指数的系列活动。学校开展了"我的教育故事""我的六中、我的老师"的演讲和征文比赛等活动，引导教师树立正确的幸福观，增强教职员工主人翁的幸福感，激发学生对教师和学校的感恩之情。

工会开展了"踏青""骑行""毽球比赛""书法""趣味运动会""生日庆祝"等教工活动，丰富了教工的业余生活。学校开辟的"教师之家"有舒适的阅览室、宽敞的健身房和乒乓室，使教师有了良好的活动环境，提高人文关怀力度，让每一位在六中工作的教师如同兄弟姐妹一般，相互关心，相互关照，亲如一家。

我希望老师们如兄弟姐妹一样相处，开心快乐地过好每一天，为此，我努力为老师们营造和谐轻松的工作环境。学校通过邀请校内外优秀教师、优秀师德标兵等人作报告，使全体教师确立现代教育的新型师生关系，在教育教学中传播幸福，用幸福的心态去培养幸福的学生，引领全体教师把职业定位为"实现教师个体生命价值的平台"。同时，逐步形成教师三大文化：形象文化——美丽的工作者，凸显教师的幸福感；学习文化——智慧的工作者，凸显教师的成就感；合作文化——快乐的工作者，凸显教师的归属感。

校园里这些温馨的场面已经成为常态：

学生不慎摔伤了，班主任第一时间带学生去医院，挂号、垫款、联系家长、倒水、安慰，直到凌晨一点，疲惫中一直挂着亲切的微笑，迎来了家长的放心。

当有老师因病请假时，同组或同学科其他老师义不容辞地主动承担班主任工作或教学工作。教师们在同一教研组办公亲如兄弟姐妹，相互关心，相互帮助，就像一家人一样。

教师节这一天，一批又一批的毕业学子，三五成群的，特意赶来学校。他们手捧着鲜花，个个脸上写满了感恩和幸福之情，寻找着当年的老师、当年的亲人。在这芬芳的花香里，该有多少个幸福的故事啊！这个时候，也许是当老师最幸福的时光，和曾经教过的孩子们交流过去的教育故事，分享孩子们的成长故事。

学校建立健全了教师业务培训的长效机制。通过校委会研究，校领导三年内保证让全校近300名教师分批到全国各地学习交流，提高教师的眼界，拓宽教师的视野。学校划拨经费支持青年教师在职读研深造，组织教师参与兄弟学校校际教研活动，鼓励教师出版自己的个人专著，鼓励教师之间通过合作交流发表论文或者开展课题研究，不定期聘请多名教育专家来校讲学……种种举措促进教师业务水平和能力迅速提高，也让教师有了成长的快乐感。

学校通过各种灵活的机制激励教师快速成长，各类名师不断涌现。近几年，银川六中有10多名教师获得国家级荣誉称号，近50人获得区、市级骨干教师，12位教师获得区、市两级名师并成立名师工作室。有1位老教师被授予正高级教师称号，2名教师获得自治区特级教师称号，1名教师享受自治区政府特殊津贴。这些成绩的取得，让六中教师有了充盈的事业成就感，每一位教师都不断努力，快速成长。近三年，100位教师评上了更高一级的专业技术职称，200名教师实现了岗位工资晋级。

在银川六中，笑容不仅绽放在孩子们的脸上，同样洋溢在老师的脸庞。

四、"幸福教育"思想的凝练

在从教师到学校管理者的教育教学实践中，我不断地探求着教育的真谛，提炼着自己的教育思想。逐渐地，"幸福教育"的思想在我的脑中越来越清晰，在我的心中越来越成熟。从一个农村的苦孩子，到十年寒窗苦读的中学生，再到跳出农门的大学生，从银川二中的物理教师、班主任到副校长、党委委员，再到银川北塔中学校长，直至今天的银川六中校长、党总支书记，我的人生经历，我的为人良知，我的教育实践，我的教育梦想，最终使我形成了"幸福教育"思想的雏形。

不知是机缘巧合还是人生的必然，2015年，当我的"幸福教育"思想逐渐明晰的时候，我来到了银川六中任校长兼党总支书记。这所有着55年办学历程的学校，沉淀下来的办学理念正好是"助力人才成长，奠基幸福人生"。"奠基幸福人生"的提法让我激动了好一阵，自己探索多年的"幸福教育"在这里找到了契合点，找到了进一步培育的沃土。当我进一步探寻银川六中在55年办学历程中沉淀"奠基幸福人生"的原因时，却发现找不到轨迹和脉络，也没有较系统的梳理和提炼。尽管如此，银川六中已经具备了实施"幸福教育"的历史积淀和现实土壤。这样看来，在新时代追求和实践"幸福教育"就成了我和银川六中共同的使命。为此，我系统地梳理了银川六中"奠基幸福人生"的教育实践，在此基础上，对"幸福教育"进行了艰辛的理论探索。

首先，我对"奠基幸福人生"做了诠释，认为：幸福是一种追求，是一种渴望，更是一种信念、一种体验。学校是一个幸福的磁场，要不断汇聚众多德艺双馨的教师，不断培养更多个性不同、才能各异的人才，让人人都能成人成才，畅享快乐幸福，并为终生的幸福人生奠基。学校重视校园文化环境的打造，让师生沐浴在温馨而幸福的育人氛围里，能幸福地工作、快乐地生活，能幸福地学习、快乐地成长，能幸福地活动交往、体验成功。我的诠释得到了学校干部的高度认同，然后在教师大会上作了详细的解读，会下组织全体教师进行讨论。就这样，我所倡导的"幸福教育"思想和银川六中"奠基幸福人生"的理念高度融合了，得到了全体教师的高度认同。在此基础上，我对银川六中的办学目标进行凝练：让学生享受幸福的教育，让教师享受教育的幸福。

罗素说，"幸福的秘诀是：尽量扩大你的兴趣范围，对感兴趣的人和物尽可能的友善"。在学校，我认为没有"幸福的教师"，就没有"幸福的教育"，更没有"学生的幸福"。在教学活动中，学生的激情迸发需要教师激情的激荡，学生的快乐拥有需要教师快乐的感染，学生的幸福体验需要教师幸福的传递，只有幸福的教师才能托起学生幸福的人生。所以，学校通过多种途径努力为师生搭建平台，让每一名教师幸福地教，每一名学生学得幸福。

教育的价值在哪里？苏霍姆林斯基说："在教学大纲和教科书中，规定了给予学生各种知识，却没有给予学生最重要的东西，这就是：幸福。理想的教育是：培养真正的人，让每一个从教师手里培养出来的人都能幸福地度过一生。这就是教育应该追求的恒久性、终极性价值。"德国哲学家康德的观点"人是目的，不是手段"是教育应遵循的原则。教育应本着"以人为本"的理念，以人的本性、尊严、潜能在教育过程中得到最大的实现与发展，最后达到人人都拥有幸福人生为终极目标。可见，教育以幸福为目的既是一种实然事实的存在，也是一种应然价值的追求。

银川六中的四年是我的"幸福教育"思想的成熟期。参加教育部领航工程，在基地导师的指导下，我最后完成了对"幸福教育"思想的凝练，可用三句话概括如下。

"幸福教育"的内涵是：以人的终生幸福为目的，在教育中创造、生成丰富的幸福资源，培养出能够创造幸福、享受幸福的人。

"幸福教育"的目标是：为学生智慧和人格的同步发展创造最佳的环境和条件，使受教育者都有理解幸福的思维、创造幸福的能力、体验幸福的境界、奉献幸福的人格。

"幸福教育"的核心是：把教育当作一件幸福的事情来做，"教师幸福地教、学生幸福地学"。

关于系统阐述我的"幸福教育"思想的专著我正在撰写中。

"路漫漫其修远兮，吾将上下而求索。"为了使更多的学生享受幸福的教育，更多的教师获得教育幸福，更多的学校成为幸福的校园，我将在"幸福教育"的路上不断求索，永不停息。

学校自我诊断报告：
宁夏银川第六中学发展自我诊断报告

为了更好地把握机遇，迎接挑战，明确学校的发展方向，规范学校的办学行为，提升学校的文化品位和师生对学校文化的认同，根据《国家中长期教育改革和发展规划纲要（2010—2020年）》和《宁夏回族自治区中长期教育改革和发展规划纲要》的精神，结合学校教育改革和发展实际，客观分析学校发展现状、影响学校发展的因素，明确学校未来的发展方向、任务及目标，并制定行之有效的改进策略。

一、学校现状分析

1. 学校概况

银川六中始建于1963年，是宁夏银川市直属的一所完全中学，2005年被中国教育学会确定为实验学校，被自治区民委、自治区教育厅命名为"百标工程学校"。随着学校办学规模的扩大，2005年，银川市政府投入资金搬迁到现在的位置（银川市金凤区福州南街366号）。学校占地165亩，建筑面积5.2万平方米，现有在职在编教师267人，38个初中教学班，32个高中教学班，共约4000名在校学生。学校坐落于宁夏银川市发展最快的核心区金凤区，地处银川市中央区域，南临长城路，北靠黄河路，交通便利，是学生理想的求学之所。历任领导注重校园文化建设，校园内绿树翳翳，碧草茵茵，花香四溢，鸟鸣蝶舞，是银川市著名的"花园式学校"之一。

2011年以前，银川六中是银川市金凤区一所非常优质的学校，得到了社会的普遍认可，是家长和学生向往的学校。近几年，由于银川市中考招生制度改革等多种因素的影响，我校高中生源质量下降，初中优秀学生留不住，优秀教师2015年以前调走了近30人，教师队伍极不稳定。2015年临危受命，组织安排我到银川六中担任校长。通过班子领导的调研沟通，我们提出"质量立校，科研兴校，走银川六中复兴之路"的奋斗目标。经过三年的不懈努力，现阶段教师队伍稳定（近三年，没有一个教师调到银川市其他学校），中高考成绩逐年攀升，名列银川市中学前茅；学生生源稳定，学风浓，校风正，校园美，是银川市学生理想的求学之地。这几年，高中部探索多样化、特色化发展，成立了国际部，开始招生。学校注重艺术、体育教育，通过校本课程、兴趣小组等形式因材施教，使得学生全面发展。近期，学校通过了国家足球特色学校、自治区信息化示范校、自治区禁毒示范校、自治区民族团结示范校、自治区素质教育示范校、自治区"一师一优课，一课一名师"优秀组织单位等一系列荣誉称号。但发展到现阶段，如何让学校更好地发展，提高办学品质，让师生有更多的获得感和主人翁意识，是当前思考的主要问题。我所提出的"让学生享受幸福的教育，让教师获得教育的幸福"办学思想真正能够在师生工作学习中贯彻落实，还需要不断地细化管理，做好顶层设计和规划。

2. 学校发展有利条件

（1）基础设施建设基本完成。2014年8月，我校斥巨资改善学校基础设施和校园环境，对网管系统、安防系统进行了全面更换，对所有校园建筑都进行了外粉刷和内装修，校园面貌焕然一新。

（2）校园文化建设有了初步成效。各种活动的开展也是按照党的教育方针政策执行，并结合中国优秀传统文化、重大节日、核心价值观等开展。学校有社团文化节、校园文化艺术节、成人礼仪式活动、毕业典礼仪式、校本化活动课程。同时，校领导还下大力气构建学校文化，以"雏凤文化"为核心的校园文化建设正在实施中。

（3）高中教学质量呈稳步上升的态势。学校自2015年至今，高考、中考成绩每年逐步上升，2016年高考一、二本上线率已达66.6%，中考达到银川市最低控制线人数首次突破256人大关，名列银川市公办学校前茅。

（4）学校教师平均年龄39岁，青年教师所占比例较高，年轻教师蕴藏着巨大的教育教学潜力，容易接受新的教育思想，积极主动参与教育改革。

（5）校园的周边环境发生了很大变化，中高档小区高楼林立，居民文化素质逐步提升，商业圈已经形成，周边道路畅通，交通便利。

3. 制约发展的因素

（1）教师队伍建设任重道远。学校教师按编制配齐，学科结构基本合理，学历达标率为 100%。截至 2016 年 10 月，共有在职在编教师 267 人，其中硕士研究生 14 人，在读教育硕士 18 人，高级职称 39 人，中级职称 56 人，区级骨干教师 15 人，市级骨干教师 16 人，自治区"塞上名师"2 人，银川市"凤城名师"3 人，市级学科带头人 5 人，校级学科带头人 8 人，校级骨干教师 30 人。

通过分析研究发现：①目前我校薄弱学科较多，学科教师团队整体发展不平衡，教育教学特色不明显。学校地处城乡结合部，教师发展的外部环境相对比较封闭，年轻教师成长周期较长，在全市有影响力的名师人数不多，各学科缺乏领军人物，为学校实现跨越式发展带来一定难度。②班主任团队整体的管理能力和素质还须提升，将学校办学理念渗透到具体管理实践的能力不足。班主任队伍中年轻者较多，带班经验不足，遇事处理问题的方法简单，对教学工作和班主任工作的关系认识不到位。班主任在学生管理目标方面不够统一，有个别班主任我行我素、各行其是。③教师的教研能力和水平有待提升，一个不搞教育科研的教师是没有发展前景的。教师中能够积极申报课题或者参与课题的人数极少，缺少对教育科研的认同，须加强相关培训工作，引领教师走上教育研究之路。

（2）生源状况不容乐观。截至 2016 年 9 月，学校有 70 个教学班，其中初中 38 个班，高中 32 个班。学生总数为 3571 人（其中初中 2015 人，高中 1556 人）。学生生源主要由三部分构成：一是我校学区所辖居民子弟；二是银川市三区内初中班学生；三是银川市三区外自主招收学生。生源相对较弱，学生素养和家长受教育程度参差不齐，给学校常规管理和教育教学增加了难度。

（3）学校干部队伍建设滞后，影响学校内部管理质量和效度。由于受学校办学历史因素和银川市委干部管理制度的制约，我校现有中层以上干部年龄普遍较大，缺乏干事创业的干劲和闯劲。干部之间管理思想不统一，部门之间缺少协调和沟通，使得学校管理低效，干部和教师之间矛盾较多。

（4）课程建设还不够完善，课程体系还不够完备。学校教科研的整体状况不容乐观，部分教师缺少课改意识，学科带头人、骨干教师的引领作用发挥不够，为青年教师成长提供的平台过少。为完善国家、地方、学校三级课程体系，学校相继自主研发和开设了一些校本课程，但是能激发学生学习兴趣、提升学科素养的校本课程相对较少。

二、学校发展目标和任务

以学校发展为主题，落实"立德树人"根本任务，坚持内涵发展、特色发展的思路，我们确立了公平、优质、个性、开放的教育价值观，以改革创新为动力，以提质增效为导向，以师生成长为主体，落实"让学生享受幸福的教育，让教师感受教育的幸福"的办学思想，促进每个学生主动地、多样化、个性化地发展，为每一位教师自主发展构筑平台和搭建舞台，努力培养富有创新精神和实践能力的合格人才。

1. 发展目标

抓住新一轮课程改革的机遇，把银川六中办成一所银川市一流、全区知名度高、全国有一定影响的现代化、有特色、高质量的品牌学校。

（1）中高考升学率稳步提高。

通过三年的努力，学校教学质量有了明显的提高，社会认同度不断增加。高考目标：高考一、二本上线率力争达到80%。中考：银川市中考最低控制线人数突破320人以上。

（2）教师素养不断提升。

有一大批师德高尚、专业技能精湛且在全市有影响的教育教学名师，有一支素质精良、管理水平高超的班主任队伍，有超过半数的教师主持或参与自治区或银川市课题，有个别突出的学科高地，有少数在全省、全国有影响的学科带头人。

（3）学生综合素质不断提高。

全校学生养成了良好的文明礼仪习惯、自主学习习惯、运动习惯。特别是养成了良好的卫生习惯，不随地吐痰、不乱扔废弃物；养成了勤俭朴素的习惯，特别是不穿名牌服装、不吃垃圾食品；养成了热爱劳动的习惯，特别是会打扫卫生、会做家务；养成了良好的艺术素养和文化素养，知书达理，文明礼貌，普遍地具有自觉精神、优良的作风和端正的品行。

（4）学校管理更加和谐、高效。

通过多种途径选拔德才兼备的年轻干部参与学校管理，进一步优化学校内部管理制度，完善学校的服务体系、职工民主议会制度，使学校更加和谐稳定、高效运行。

（5）强化校园文化建设。

进一步加强校园文化建设，完成从和谐管理到管理和谐、从自觉教学到教学自觉、从主动学习到学习主动的根本转变，使这些作风和精神成为我校文化的核心内涵，入脑入心，自觉遵守，成为学校可持续发展的软实力。

（6）学校各项改革不断深化。

学校关键环节改革取得明显进展：进一步推进管理体制改革，尽快转变行政职能；进一步深化课堂教学改革，快速提升课堂教学质量；进一步改革薪酬分配制度，快速形成多劳多得、优质优酬的激励机制；进一步强化办学特色，快速形成六中优势和六中品牌。

（7）营造优良的育人环境。

通过不懈努力，学校软硬件设施设备在全区一流，为师生营造了优美、高端的育人环境，校园实现"花园式学校、现代化楼舍、互联网＋教育示范校、信息化管理学校"的建设目标。

2. 主要任务

（1）促进学生全面发展。

第一，健全学生人格。

坚持德育为先。优化德育资源，用丰富多彩的形式对学生进行思想品德教育，引导学生积极参加社会实践活动，使学生牢固树立正确的世界观、人生观、价值观，形成良好的道德品质和健全的人格。重视公民教育。通过多种形式的社团活动，培养学生的民主参与意识和社会责任感，使每位学生都能关心公共事务，热心公益事业。强化法制教育。继续聘请法制校长，以校本法制课程、普法报告和社会实践活动等形式定期开展法制教育系列活动，使每位学生都能成长为遵纪守法的公民。

第二，促进学生各种能力的发展。

提高学生主动学习的能力。树立现代教育质量观，深化教学内容和方法改革，完成学习方式的转变，实现减负增效，提高学生的主动学习能力。提升学生实践能力。丰富教育内容，将学校教育与社会进步和社区生活紧密结合，让学生参与社会实践，学会知识技能，学会动手动脑，加大操作力度，增强实践智慧。培养学生创新能力。创新教育教学模式，加强校本课程研发，开展研究性学习活动，积极引用外部学术资源，培养学生解决实际问题的能力，把教育的落脚点放在学生的实践能力和创造能力的培养与促进上。提高学生交往能力。开展形式多样的校内外活动，使学生积极参与社会交往，增进学生与同学、教师及社会各界的交往，使学生学会生存生活、做人做事，积极适应社会。

第三，促进学生身心健康发展。

优化运动条件，强化健身运动。加强公共体育设施建设，使用好体育馆和操场的活动器材，不断更新体育器材，完善加大体育设施投入机制，进一步改善体育运动条件，拓展学生活动空间，满足学生运动需求。广泛开展学生健身运动，提升学生的体育健身意识，促进学生健康成长。丰富活动形式，增添活动色彩。开好开足体育活动课，办好每届运动会，组织好春季田径运动会、秋季篮球运动会及足球运动会。抓好早操、课间操、眼保健操活动，抓好运动队和艺术团建设，继续推进阳光体育运动和大课间跑操等多种形式的体育活动。重视心理教育，构建和谐关系。优化心理健康教育环境，提升本校专兼职心理辅导教师的专业水平，帮助学生健康发展，引导学生健康成长，使每一位六中学生都成为心智健康、人格完整、乐观进取的优秀青少年。

第四，促进学生个性化发展。

确定个性化发展目标。根据学生的兴趣爱好，因材施教，确保每位学生都能有 1~2 项艺体类特长，为每个学生提供合适的教育，使每一个学生都得到适合自己的发展空间。加强个性化课程建设。进一步创造条件，探索课程体系改革，增加选修课分量，为学生提供丰富多样的个性化课程资源。促进特长生发展。加大投入，为有特长的学生提供特殊的学习、训练、探究的条件，开设开足培优艺术活动课程，将它们整合到传统的课程领域中去，在促进学生全面发展的同时，促进学生的特殊才能得到最大限度的发展。

（2）促进教师专业发展。

第一，优化教师队伍结构。

优化教师专业素养，更好更快地提升教师的专业知识、专业技能和专业理想三方面的素养，特别是在专业理想素养方面，要创造条件，加大力度培养、提升。加大名师培养力度，规范名师培训模式。规范、扩大名师的培训规模，力争各学科均在现有基础上新增一大批区市级骨干教师，充分发挥好他们的作用；努力培养"塞上名师"、"凤城名师"、特级教师和正高级教师，促进青年教师成长。继续走"师徒结对"的"传帮带"的师资培养之路，帮助青年教师形成科学合理、有针对性的职业发展规划，缩短青年教师成长周期。

第二，提升教师职业道德。

加强师德教育。继续实施师表工程，组织多种形式的教育活动，进行爱岗敬业、为人师表等方面的师德教育。强化法制观念。通过多种形式的活动开展法制教育，组织教师学习教育政策法规，提升教师把握国家教育政策的能力和依法执教的水平。提升职业幸福感。关爱教师，减轻教师压力，营造宽松和谐的工作和生活环境，提升教师职业幸福感。

第三，加强教师业务培训。

开展全员培训。充分发挥本校骨干教师的作用，对各学科教师进行培训。继续加强与品牌学校的合作，邀请区内外专家每学期来校作报告。开展以提升教育教学能力和科研能力为重点的全员培训，全面提升教师业务素养。加强骨干教师培训。继续实施名师工程计划，统筹"走出去"与"引进来"的培训方式，培养一批在县市乃至全区具有一定影响的中青年骨干教师。实施班主任专业化培训。定期开展班主任系统培训，走校内培训和外出学习相结合的培训道路，实现对班主任的全员轮训，促进班主任的专业化成长，打造一支优秀的班主任团队。

第四，发展教师专业能力。

增强管理能力。通过自主学习、自我反思、同伴互助和专家引领等方式，增强全员育人意识，不断提升教师的内驱力，全面提升教师的教书育人和教育管理能力。提升教学能力。继续深化课堂教学改革，结合学科特点，探索新的课堂教学模式改革，构建平等、民主、和谐、共进的教与学关系，促进每一位教师在适合自己的层次上获得教学能力的提高。提高科研能力。继续办好中青年教师学术沙龙活动，创造条件，收集教育教学心得，特别是教学反思。

（3）促进学校整体发展。

第一，进一步提升办学水平。

优化管理团队。优化学校管理团队的学科、年龄结构，提升管理团队的管理水平、政策理论水平、决策能力、破解难题的能力。提高教学质量。深化教学改革，构建自主高效课堂，完善"银川六中课堂教学模式"，形成银川六中教学品牌；向课堂教学要效益，提高学校高考本科上线率，在提升学生综合素质的基础上进一步提高学生升入国内知名高校的比例。增强示范作用。继续保持学校高位发展态势，力争教育行政部门举办的各种讲学等活动在我校开展、国家级学科竞赛活动在我校举办、承担高级别多学科培训任务，进入银川市优质高中行列。

第二，进一步加强文化建设。

形成风正、心齐、气顺、劲足、主动、自觉的学校文化。进一步改善办学条件，继续美化校园景观，构建平安、健康、生态的人文校园。进一步净化周边环境，诸如网吧、歌厅对学校育人环境的不良影响。营造和谐校园。开展丰富多彩的教育活动，形成学校的文化特色，塑造学生心灵，培养学生能力，提高学生素质，形成积极、健康的人际关系，营造浓郁的校园文化氛围。

第三，进一步发展办学特色。

进一步彰显学校现有的信息技术特色，做优、做强特色学科，提高特色学科的知名度，增强特色学科的辐射力。创新学科特色。抓住新一轮教改的契机，创出我校学科特色。

第四，进一步扩大对外交流。

加强学术交流。充分利用国家师资培训项目，有目的、有针对性地派出一线教师外出培训。积极参与各级各类的教研活动，派出教师参加交流研讨。加强校际合作。加强与区内外兄弟学校的合作与交流。

三、主要改进措施

1. 统一思想，上下联动，健全管理体制机制

学校领导要统一思想，树立"校兴我荣，校衰我耻"的主人翁意识。要逐

步健全学校管理体制，按照学校党委领导、校长负责、各个部门协调、职工参与的学校管理体系，加强学校管理体制建设。坚持党委的领导核心作用，总揽全局，把握方向，整合力量，科学决策，提升引领学校、管理学校的能力。发挥学校各部门的协同作用，推进学校管理的规范化、民主化、法制化进程。不断检查、诊断、梳理管理系统中的各个环节和各个细节，疏通渠道，弥补缺漏，增加动力，使整个管理系统高效运转；进一步简政放权，各司其职，让主要负责人在所负责的范围内有责、有权，敢抓善管，充分发挥他们的管理才能，从而形成生机勃勃的、上下联动的发展局面。

2. 狠抓常规教学，提升教学质量

第一，实施精细化管理，教学常规落实到位。

以"四个规范"为抓手，全面规范学校的教学常规，即规范课程设置、规范教师行为、规范学习习惯、规范教学评价。依据《银川六中教师教学工作量化考核细则》对每个教师进行考核，考核成绩记入教师业务档案，并作为教师评优选先、晋职晋级的主要依据。依据《银川六中教师备课、上课、辅导、作业批改、复习、考试、课外学习指导规范》对教师进行业务监测。在原制度的基础上，努力制定出一套更细节化的规范，让制度更明细。同时，加大督查指导，每学期要对教案、作业批改、课堂教学、听课评课等进行定期普查与不定期抽查，并详细填写《备课、作业批改检查记录》。

第二，提高课堂教学的有效性，全面实施素质教育。

以校本教研作为改进和推动学科有效课堂研究和实施的主要阵地，以制订和落实备课组的双向细目表为主要抓手，加强有效课堂的研究力度。加强学校体育工作，做好《学生体质健康标准》的上报及达标工作。坚持课余运动训练，形成有学校特色的阳光体育活动。整合资源，丰富校园艺术节内容，大力开展艺术类兴趣活动，提升艺术品位。

第三，深化基础教育课程改革，调整课程结构，形成富有我校特色的课程体系。

通过学习先进的课改理念，制订出符合学校办学特色和办学目标的课程体系建设规划方案。以组织管理为先导，稳步实施课程改革；以师资培训为动力，全面引领课程改革；以教育科研为突破口，整体推进课程改革。以资源整合为支撑，切实保障课程改革。积极推广"模块设计、分层课程、走班教学"的教学管理模式，形成富有我校特色的课程体系。

3. 充分发挥教科研的先导作用

要以"活""实""真"为目标搞好学校教研工作。"活"就是灵活和活跃，要以灵活机动、形式多样的教研活动把教师特别是青年教师引领到热衷教研的道路上来。"实"就是扎实和务实，从我校的实际出发，从教师和学生实际出发，扎扎实实发展具有我校特色的教研之路。"真"就是真实和求真，要建立一支我校自己的教研专业团队，创立我校自己的科研课题，在独立自主的基础上加强横向联系，使我校教研取得有价值的成果。

构建以教师实践反思、教学创新、科研创新为核心的学习型组织，研究课程教材、教学手段、教学方法，尤其是力争在符合校情的教育科研常规化、正规化方面取得突破性进展，鼓励教师开展多种形式的教科研合作活动，充分发挥教科研的先导作用。从思想和行动上把教研放在优先发展的位置上，建立每个教师的科研数据库，实行专人管理统计制度。学习外地成功经验，以课堂教学为突破口，不断地研讨、小结、归纳、深化、诊断、推进、概括、提炼，逐步形成具有六中特色的课堂教学模式。

4. 建立科学合理的教师业务评价体系

整合现有的《银川六中年度考核方案》《银川六中中高考奖励办法》等一系列方案，在运行中不断修订完善，对教师的工作进行客观准确的评价，实行动态调整，绩效评价各有侧重，完善评价机制。把教师引导到埋头苦干的方向上来，引导到踏踏实实钻研业务上来，引导到乐于为学校献计献策上来，使教风优良、业务精通、教育教学成绩突出的教师享受应有的待遇、荣誉和尊严。

5. 充分发挥骨干教师的引领、示范作用

发挥骨干教师在教师团队中的引领与示范作用，投入财力、物力打造名师，推进科研，崇尚学术，尊重人才，高瞻远瞩地引领提升学校的教育教学工作，树立自己的学术权威，培养不同层面的学科骨干，使之一线贯通、一脉相承。

6. 完善学校民主会议制度

拓宽职工表情达意渠道，完善学校决策的公示制度、职工听证制度，扩大职工参与范围。注重职工民意收集与信息反馈，落实接待家长来访、处理家长

信访制度。完善领导协调、排查预警、疏导转化、调节处置机制。建立重大政策制定的论证评估机制，完善教职工制度，依靠各年级组、各处室、各年级党支部，充分发挥工会、校团委的作用，引导学校组织完善校内治理结构，提高自律性，积极推进学校民主会议制度建设。

7. 进一步创新学校管理机制

加快构建源头管理、动态管理和应急处置相结合的学校管理机制。加强源头管理，更加注重制度建设，防止各种问题的产生；加强动态管理，注重调研，解决职工合理的要求，及时化解学校矛盾；加强应急处置，提升应急能力，有效应对突发事件。

8. 进一步优化学校外部环境

争取政府支持。密切与市政府和市教育行政部门的联系，积极为学校的发展争取有利的政策支持。加强社区联系。密切与学校所处社区的联系，为学校的发展营造和谐、安全的社区环境。赢得家长配合。通过组织家长委员会、召开家长会等多种形式，促进家校合作，为学校发展和学生创造良好的条件。密切媒体关系。积极与区、市媒体沟通，扩大我校在区、市的知名度，通过媒体舆论引导，为学校发展营造良好的社会氛围。

课题研究设计：
为师生幸福人生奠基的教育实践研究

一、国内外研究现状述评、选题意义及其研究价值

1. 国外研究现状

关于幸福教育，国外研究始于 20 世纪 60 年代，以温纳·威尔逊 1967 年撰写的《自称幸福的相关因素》为标志。迪纳（Diener，1997）在其论文《主观幸福感研究新纪元》中，把西方幸福感研究划分为描述比较、理论建构、测量发展三个主要阶段。马丁赛·里格曼的研究提出人的幸福取决于三个因素：遗传基因、与幸福有关的环境因素以及能够帮助获得幸福的行动。遗传基因是无法改变的，所以，创造幸福的环境和获得幸福的行动成为人获得幸福感的重要因素。尼尔指出："生活的目的是寻求幸福。""幸福应该是教育的目的，而一种好的教育就应该极大地促进个人和集体的幸福。"诺丁斯这样理解教育的目的。罗素说过，"你的每一项专长，都能为幸福铺路"。国外许多国家开设了幸福课程。耶鲁大学政治学教授罗伯特·莱恩的《市场民主制度下幸福的流失》中指出，幸福才是人们追求的终极目标。

2. 国内研究现状

我国幸福感研究大约从 20 世纪 80 年代（杨彦春、何幕陶、朱昌明、马渝根，1988；周建初，1988）开始，主要的研究内容与老年人精神心理卫生有关。20 世纪 90 年代至 21 世纪初，逐渐开始对其他人群进行研究，如杨宏飞（2002）的教师幸福感研究、王艳梅（2002）的中学生幸福感研究等。

在中小学最早提出幸福教育的是山东东营市胜利第四小学校长、潍坊市北海双语学校校长高峰。他们在 2002 年开始提出并实施幸福教育，在中央教科所朱小蔓教授和北师大肖甦教授的帮助下，理论建构和实践研究形成相互支撑。

朱小蔓教授在《情感德育论》中系列提出了"教育的最高目的是培养完整的人"。幸福教育的本质是促进学生精神的发育和发展。刘次林博士在《幸福教育论》中提出，"幸福是教育的终极目标"，他对当代教育作了理性的反思。吴安春博士在北京新源里中学等就幸福教育进行了研究与实验，收到了良好的效果。

教师幸福是教育幸福的前提，是引领学生走向幸福人生的重要资源。在中国知网学术期刊检索"教师的幸福"这一关键词，共得到146篇文章；检索"幸福教育"这一关键词，共得到34篇文章。朱永新在《新教育实验与教师专业发展》中指出：教育的成败关键在于教师的专业素养，提出阅读、写作、共同发展的教师专业发展模式。肖川在《教师的幸福人生与专业成长》中提出：哪些因素影响教师的幸福、教师的幸福与专业成长有怎样的关系、如何促进教师的成长。高峰在《苏霍姆林斯基教育思想与幸福教育》中提出：幸福教育要通过构建幸福课程、打造幸福校园、促进教师幸福等多种途径来实现。

3. 选题意义、研究价值

在物质条件高度发展的今天，教师和学生在学校里真的感受到幸福了吗？通过调查发现：许多教师对自己年复一年的工作倍感枯燥，每天早出晚归，身心疲惫，产生职业倦怠，丧失工作热情，教育的幸福感更谈不上了。尤其是作为西部落后地区的学校，学校将升学作为教育的目的，对学生的评价起决定性作用的依然是考试成绩，有些教改只是停留在教育教学方法上，只是在探索如何更好地实现升学目的；也有些教改的确试图全面发展人的素质，但是面对片面的、不公正的教育评估，他们能顶得住各方的压力吗？一批批的学生被这种教育压得气喘吁吁，广大的教师为此落得心力交瘁，无数的家长对此有苦难言。在这种评价体系下，家长、教师们也往往过度看重学习成绩，而对于孩子们其他方面的特长和爱好却不予以足够的支持，甚至强烈反对。在这样的教育形势下，升学、评价等竞争压力正逐渐使教育远离应有的幸福。所以，我们想怀着对教育本源的追求，把教育的一切都与师生的幸福生活联系起来，执着地想尝试幸福教育，努力打开教育的幸福之门，最终实现学生享受幸福的教育、教师享受教育的幸福的目的。

《国家中长期教育改革和发展纲要（2010—2020 年）》强调，要全面提高普通高中学生综合素质：深入推进课程改革，全面落实课程方案，创造条件开设丰富多彩的选修课，提高课程的选择性，促进学生全面而有个性地发展；推进培养模式多样化，满足不同潜质学生的发展需要。苏霍姆林斯基说："理想的教育是：培养真正的人，让每一个人都能幸福地度过一生。这就是教育应该追求的恒久性、终极性价值。"

二、研究目标、研究内容

1. 研究目标

幸福教育理念既包括人的完善和道德的追求，也包括对智慧、知识与技能的追求，它有意识地以科学、艺术与体育影响学生的身心发展，促进学生人格完善和潜能发挥，培养学生获得与感受幸福的能力，从而成就高品位人才，促进个人与社会的和谐发展，让美丽的校园、艺术的熏陶、健康的体魄、人文的校园文化、和谐的师生关系、高效的课堂文化为师生能享受幸福生活奠基。

我们要使学生的智慧和人格同步发展，使接受教育的所有学生都有理解幸福的思维、创造幸福的能力、奉献幸福的风格、体验幸福的境界，拥有提高生命质量的能力。我们要让教师树立幸福从教的职业自豪感、成就感，构建和谐教育，实现师生共享的幸福；为在校的学生造就健全的人格、健康的身心、艺术的气质，来面对走向社会时遇到的挑战和困难；为我们的师生有高尚的情操、艺术的修养、高雅的生活、幸福的家庭而实践幸福教育。

2. 研究内容

（1）以课堂变革为抓手推动幸福教育。

①对教师、学生进行幸福感的问卷调查，收集相关的基础数据，写出调查报告。

②依托学校教研室努力打造各学科的"幸福课堂"。"幸福课堂"简单理解就是"教师幸福地教、学生幸福地学"。上好每一堂课，让学生、教师在课堂教学中共同成长、共享快乐、感受成功、拥抱幸福。开展用幸福教育理念优化课

堂教学的实践研究，提高课堂效率，减轻课后负担，探索分层次分组合作教学模式。重视情感态度与价值观的课程目标，将幸福教育与学科教学紧密地结合，使学科渗透成为进行幸福教育的主阵地之一。因此，打造"幸福课堂"是我校实施幸福教育的重中之重。

（2）以师生专题活动来促进幸福教育的开展。

①结合银川市开展的"书香银川"，开展"书香校园"系列活动。如：开展教师读书学习演讲比赛、"经典诵读教师大讲堂""名师伴我行"活动；开展"书香校园"与教师的幸福人生、我的教育故事演讲和征文比赛。针对学生开展"我爱我师""我喜欢的课堂""我和我的老师""爱我六中""我眼中的美丽六中"等系列活动。

②开展教师的幸福人生与专业成长研究，进行"教师的幸福与专业化发展""我的成长故事""名师成长之路"等交流体会活动或报告会。

③开展家校牵手共建幸福的"感恩教育成就幸福家庭"系列活动，如家校合作共育活动、成人礼仪式、入团退队仪式、毕业典礼仪式等。

（3）积极进行相关课题研究，将师生的幸福与教育教学实践相结合。

①将师生的幸福教育研究与争创"银川市文明校园"紧密结合，树立每个师生的自信和自豪，提高师生的幸福指数。

②成立多个课题组，如"高雅的艺术教育对学生健全人格影响的研究""积极心理健康教育，为师生幸福人生奠基的实践研究"等课题，重点研究学生如何才能更幸福快乐地在学校里健康成长。

（4）以促进青年教师队伍建设为目标实现幸福教育。

①探索青年教师专业发展策略，使青年教师快速成长，为教师幸福教书、学生幸福学习奠基。

②通过开发新校本课程——以校本课程建设带动师资队伍培养，开发教育资源的同时，使教师丰富自身修养，享受幸福生活。学生可以自由选择课程学习，拓展学习内容，享受幸福教育。

③积极营造尊师重教的良好氛围，表彰爱岗敬业、真爱学生、全身心投入教育的先进典型，让全体教师按照习近平总书记提出的"四有"好老师为标准，提高教师对职业的认同感和幸福感。

三、研究思路、研究方法、实施步骤、预期成果

1. 研究思路

幸福教育既包括人的完善和道德的追求，也包括对智慧、知识与技能的追求，它有意识地以科学、艺术与体育影响学生的身心发展，促进学生人格完善和潜能发挥，培养学生获得与感受幸福的能力，从而成就高品位人才，促进个人与社会的和谐发展。

通过对银川六中现有 3000 名师生进行问卷和访谈（高三、初三学生除外），主要涉及课堂教学、课程设置、活动开展、校园文化等问题。调查师生在教育教学和学习过程中存在的与幸福教育理念不一致的问题，就存在问题成立一个个课题研究组，通过行动研究和叙事研究等方法，研究出教育教学中如何让学生幸福地学、如何让教师幸福地教的策略和方法。

2. 研究方法

（1）调查问卷法：进行教师、学生幸福感问卷调查，对数据进行统计分析，完成调查报告。

（2）访谈法：访谈是一种研究性谈话，是研究者通过口头谈话的方式从被研究者那里收集第一手资料的研究方法。本课题在"教师的幸福实践研究"中，访谈教师在研究实践中所得到的收获、体会及存在的问题，是借助教师的自我陈述，用到了访谈法。

（3）行动研究法：行动研究是研究者在实践中发现并确定问题，制订研究计划，开展探究活动，观察并反思，调整方案，进而循环进行计划—行动—观察—反思—再调整的研究方式。本研究在着力打造"幸福课堂"、开展"用幸福教育理念优化课堂教学的实践研究"中用到了行动研究法。

（4）叙事研究法：指研究者以讲故事的形式诉说自己或别人经历过的教育生活，并诠释其中的意义。

3. 实施步骤

（1）准备阶段（2018 年 5 月—2018 年 7 月）：查阅文献资料，进一步厘清思路。认真设计基于幸福教育理念的问卷和访谈表，了解师生教育教学和学习现状，统计数据，并针对问题成立课题组，进行开题论证。

（2）实施与阶段总结（2018年8月—2019年12月）：通过环境文化、课堂文化的建设实践幸福教育理念；开展营造"书香校园"系列活动，开发新校本课程；开展教师的幸福、学生的幸福、幸福课堂、感恩教育、文明校园创建、积极心理健康教育等研究。

（3）总结成果阶段（2020年1月—2020年4月）：基本完成幸福教育课堂变革、专题活动、课程建设等目标，总结并完成研究报告、成果文集。

4.预期成果

（1）通过课题研究撰写一份研究报告——《为师生幸福人生奠基的教育实践研究——基于银川六中》。

（2）探索出银川六中"分组分层合作模式下的高效课堂模式"。

（3）撰写若干基于幸福教育理念的论文，并在公开刊物发表。

（4）学校教师整体业务素质提升，课堂高效，教师在"一师一优课，一课一名师""推进课堂变革，提升课堂质量"等优质课比赛中成绩优异。

（5）学校办学质量明显提高，师生幸福指数明显提升。

图书在版编目（CIP）数据

让校长成为教育家：实践探索与案例研究／于慧，谈心，龚孝华主编．—上海：华东师范大学出版社，2022

ISBN 978-7-5760-2764-8

Ⅰ.①让… Ⅱ.①于… ②谈… ③龚 Ⅲ.①中小学—校长—学校管理—研究 Ⅳ.① G637.1

中国版本图书馆 CIP 数据核字（2022）第 053344 号

大夏书系·学校领导力

让校长成为教育家：实践探索与案例研究

主　　编　于　慧　谈　心　龚孝华
策划编辑　任红瑚
责任编辑　万丽丽
责任校对　杨　坤
封面设计　百丰艺术

出版发行　华东师范大学出版社
社　　址　上海市中山北路 3663 号　　邮编　200062
网　　址　www.ecnupress.com.cn
电　　话　021-60821666　　行政传真　021-62572105
客服电话　021-62865537
邮购电话　021-62869887　　地址　上海市中山北路 3663 号华东师范大学校内先锋路口
网　　店　http://hdsdcbs.tmall.com/

印 刷 者　北京密兴印刷有限公司
开　　本　700×1000　16 开
插　　页　1
印　　张　18
字　　数　280 千字
版　　次　2022 年 5 月第一版
印　　次　2022 年 5 月第一次
印　　数　3 000
书　　号　ISBN 978-7-5760-2764-8
定　　价　65.00 元

出 版 人　王　焰

（如发现本版图书有印订质量问题，请寄回本社市场部调换或电话 021-62865537 联系）